U0659908

高校思政工作建设研究

李向妃◎著

中国出版集团 | 全国百佳图书
中国民主法制出版社 | 出版单位

图书在版编目（CIP）数据

高校思政工作建设研究 / 李向妃著. — 北京:中国民主
法制出版社，2024.2

ISBN 978-7-5162-3502-7

Ⅰ.①高… Ⅱ.①李… Ⅲ.①高等学校 – 思想政治教育
– 研究 – 中国 Ⅳ.① G641

中国国家版本馆 CIP 数据核字（2024）第 033107 号

图书出品人： 刘海涛
出版统筹： 石　松
责任编辑： 刘险涛　吴若楠

书　　　名／高校思政工作建设研究
作　　　者／李向妃　著

出版·发行／中国民主法制出版社
地址／北京市丰台区右安门外玉林里 7 号（100069）
电话／（010）63055259（总编室）　63058068　63057714（营销中心）
传真／（010）63055259
http://www.npcpub.com
E-mail: mzfz@npcpub.com
经销／新华书店
开本／16 开　787 毫米 ×1092 毫米
印张／13　　**字数**／212 千字
版本／2024 年 4 月第 1 版　　2024 年 4 月第 1 次印刷
印刷／廊坊市源鹏印务有限公司

书号／ISBN 978-7-5162-3502-7
定价／78.00 元
出版声明／版权所有，侵权必究。

前　言

　　新的形势向思想政治工作者提出新任务和新要求。我们只要解放思想，更新观念，克服实际工作中存在的不正确的认识和倾向，勇于开拓和创新，就一定能开创思想政治工作的新局面。随着社会的不断向前发展，高校必须在思想政治工作中大胆地改革和创新。要想做好高校的思想政治工作，我们必须树立科学发展观，在观念、理论、方法和内容上不断创新，要以求真务实、勇于创新、不断思考和探索的精神在当代大学生的思想政治工作中发现新的问题、新特点。在实践中摸索、在实践中总结、在总结中创新、在创新中发展，在不断地发展中升华。以正确的思想政治工作理论为导向，不断增强思想政治工作的感染力和号召力，为高校的和谐发展提供可靠的政治思想保证。

　　在高校教育活动中，加强思政工作队伍建设，不断提升其整体教学质量和水平，是保证思政教育取得实效，落实立德树人这一根本任务的具体路径。在高校思政教育活动中，加强思政工作队伍建设，完善教师队伍培训体系，可以提高教师个人理论素养和教学能力，保证教育活动能够更加高效稳定开展。同时，在高校教育活动中，通过加强思政工作队伍建设，能够有效提升整体教学质量。

　　编者在撰写本书的过程中，借鉴了许多前人的研究成果，在此表示衷心的感谢！由于本书涉及的范畴比较广，需要探索的层面比较深，编者在撰写的过程中难免会存在一定的不足，对一些相关问题的研究不透彻，恳请前辈、同行以及广大读者指正！

目　录

第一章 思政工作基础理论

第一节 思想政治工作的概述

一、新时代高校思想政治教育的功能定位

意识形态工作是一项极端重要的工作，这将意识形态工作提升到前所未有的高度，该定位同样适用于高校思想政治教育。在中国共产党历史上，对思想政治教育功能的概括经历了保障功能、中心环节等定位变化，而极端重要是对新时代思想政治教育功能的最新定位，对高校思想政治教育来说也是如此。

首先，高校是做好宣传思想工作、凝聚主流思想的重要阵地。高校一直是思想意识形态最具先进性、导向性的前沿阵地，其对于新思想、新事物的接受与传播非常迅速、十分深远，因此，高校对于一个国家、一个民族的未来发展有着重要的作用和极大影响力。做好高校的思想宣传工作，其战略意义不言而喻。当前，高校思想政治教育面临的主要问题之一就是应对各种声音共存、各种思潮蜂拥而起、各种思想纷乱复杂的现象。为了防止思想不够成熟的大学生被各种不良思想意识所侵蚀，高校必须通过思想政治教育强力汇聚主流思想，实现其作为灵魂教育的主要功能。第一，保证课堂主渠道。要坚定开好思想政治课，推进马克思主义中国化最新理论进教材，入耳入脑入心，确保课堂教学的社会主义导向性，使其成为学生真心喜爱、终身受益的重要课在；第二，坚持"专递课堂""名师课堂""名校网络课堂"（以下简称"三个课堂"）贯通，利用各类校园文化活动进行多元化教育，使社会主义核心价值观深入人心，达到春风化雨的效果；第三，巩固舆论阵地。守好信息时代主阵地，牢牢把握校园网络舆论引导的主导权、话语权。运用

现代网络技术，借力各类媒体平台、渠道和载体，做强线上正面宣传，通过师生喜闻乐见的方式来做思想政治工作。只有这样，高校才能通过思想政治教育不断汇聚主流声音，凝聚主流思想。

其次，新时代高校思想政治教育是培育民族精神、弘扬社会主义核心价值观的重要手段。民族精神体现了一个民族的根本价值观，是一个民族赖以生存和发展的精神支撑。在中华文明五千多年的历史长河中，中华民族形成了以爱国主义为核心的团结统一、爱好和平、勤劳勇敢、自强不息的伟大民族精神。民族精神的核心是爱国主义，实现中华民族伟大复兴的中国梦，是新时代中国爱国主义的鲜明主题。在当代中国，爱国主义的本质就是坚持爱国和爱党、爱社会主义高度统一。高校思想政治教育的一项任务是通过课堂教学、校园文化建设和专业教师队伍建设，促进对大学生民族精神的培育。同时，将在长期的社会实践中形成的优秀价值观念和价值追求发扬光大，为人们所熟知和接受，结合时代与社会的发展要求，不断赋予民族精神新的内涵，使其不断凝聚人心，积聚力量。

在新时代高校要承担起培养担当中华民族伟大复兴使命的时代新人的重任，就必须把建设社会主义核心价值观作为中心环节来创新，发展思想政治教育工作，不断增强大学生社会主义共同理想教育的实效性，整合思想教育的各种要素，形成教育的合力。同时，以社会主义核心价值观作为价值引领培育大学生的民族精神。社会主义核心价值观是当代中国精神的集中体现，是民族精神培育的方向和目标，而民族精神培育的过程就是弘扬和践行社会主义核心价值观的过程。高校思想政治教育要找准社会主义核心价值观与民族精神的契合点，充分考虑学生的成长阶段特征，善于从学生需求出发来开展社会主义核心价值观教育，调动大学生主体性，不断提高大学生对社会主义核心价值观的主体认同、情感认同与道德认同，使其努力践行社会主义核心价值观，将勤学、修德、明辨、笃实内化于心，外化于行，成为培育爱党、爱国、爱社会主义的民族精神的内在驱动力。

最后，新时代高校思想政治教育是激发爱国情怀、坚定文化自信的精神动力。只有大力加强爱国主义教育，弘扬爱国主义精神，才能形成和发展最广泛的爱国统一战线，引导人民群众将热情和力量凝聚到建设中国特色社会主义事业中，为实现中华民族的伟大复兴而奋斗。广大青年是实现中华民族伟大复兴的主力军，肩负着国家和民族的希望，对他们进行最深刻的爱国主义教育尤为重要。高校思想政治教育要激发大学生的爱国情怀，一方面要把握好两个课堂，既重视第一课堂的理论指引，也要重视第二课堂，也就是实践课堂的延伸，让大学生在各地各处的爱国主义教育基地身临其境地感受爱国情怀的激荡；另一方面是在学校教育中，将爱国主义教育贯穿到教育教学的全过程，实现全程育人、全方位育人。通过校园文化建设和爱国主义教育实践基地建设，引导青年人建立忧国忧民的责任意识，关心祖国的发展和进步，为祖国贡献自己的智慧和才能。

文化自信是一个国家、一个民族发展中更基本、更深沉、更持久的力量。对本民族的文化自信，对本民族的历史感到自豪，爱国主义的理想信念才能更加坚定。青年一代的理想信念、爱国情怀，不能靠自发养成，很大程度上取决于党的思想政治教育的成效。高校思想政治教育要深入挖掘中华优秀传统文化、革命文化及中国特色社会主义先进文化中的爱国主义思想，引发大学生的情感共鸣，激发其爱国情怀。同时，要继续巩固马克思主义在意识形态领域的指导地位，坚定共产主义信仰，增强对中国特色社会主义的文化自信。

做好青年人的思想政治教育工作，促进大学生正确价值观的养成，为祖国培养出更多优秀的社会主义事业接班人，能够促进中国特色社会主义事业的圆满成功。

二、新时代高校思想政治教育的基本特征

中国特色社会主义进入新时代的五个特征，展示了中国特色社会主义新时代的历史地位、现实境域和未来意蕴。这五个特征也决定了高校思想政治教育的新特征。思想政治教育是一门与国际、国内形势及经济社会发展紧密关联的学科，时代发展、国家进步、理论创新都会对思想政治教育产生直接或间接的影响。新时代思想政治教育是伴随着中国特色社会主义进入新时代而开启新征程的，它关系到党的教育方针的贯彻和落实，关系到立德树人根本任务的完成，关系到"培养什么人、怎样培养人、为谁培养人"这个根本问题的解决。随着时代发展的阶段性变化，其必然呈现新的时代性特征。

（一）价值导向性

社会主义社会的思想政治教育的本质是坚持主流意识形态的主导和灌

输，这个定义本身就决定了思想政治教育具有导向性的特征。思想政治教育的价值导向，既是始终贯穿思想政治教育理论研究和实践工作的主线，也是思想政治教育区别于其他学科和工作的最根本特征之一。而中国特色社会主义进入新时代所显现出来的特征，决定了新时代高校思想政治教育的价值导向性特征依然不变。

高校思想政治教育同样要坚持以人民为中心的价值取向，因为思想政治教育具有群众性的特征，这是由无产阶级政党的群众路线决定的。在新时代，高校思想政治教育要坚持以人民为中心的价值取向，需要做到以下两点：第一，充分阐释新时代中国特色社会主义思想的人民立场和人民主体地位，不管是对共同富裕目标的强调，还是以人民为中心的发展思想，都是以实现发展成果人民共享为价值目标；第二，不断促进人的全面发展。共同富裕目标不仅表达了人的物质需求，也内在地包含了人的精神需求。实现人的全面自由发展是共产主义社会的根本特征，教育则是实现这一目标的重要方法。新时代思想政治教育应当将现实的个人的全发展作为其论域基点和核心取向，在"培养什么人、怎样培养人、为谁培养人"的过程中更好地实现为人民服务。面对当代大学生群体逐渐呈现的价值观念多元化、价值选择现代化、价值立场个性化等时代特点，新时代高校思想政治教育应当从微观层面的大学生个体出发，让学生通过接受理想信念教育、思想道德教育，建立起自己的价值观念与行为准则，以马克思主义的科学世界观、人生观、价值观规范自身行为，自觉成长成才，从而实现思想政治教育的价值引导和价值选择。

（二）内容全面性

新时代高校思想政治教育的内容更加全面，体现了时代主题与时代精神，更加关注人们合理的精神需求，高校思想政治教育内容的广度和深度不断增强。具体来讲，高校思想政治教育包括以下四方面的内容。

第一，思想教育。简言之，一是树立以辩证唯物主义和历史唯物主义为主要内容的科学世界观，掌握观察社会现象、改造世界的科学武器，把握时代和历史的发展方向；二是树立为人民服务、艰苦奋斗、创新创造的马克思主义科学人生观，正确审视人生价值、人生目的与人生道路；三是培育和践行社会主义核心价值观，造就有崇高理想的时代新人。

第二，政治教育。高校思想政治教育要帮助学生树立正确的政治观，善于从政治上看问题，在大是大非面前保持头脑清醒。

第三，道德教育。国无德不兴，人无德不立，新时代高校思想政治教育要突出道德教育，主要包括马克思主义道德观教育、中华民族传统美德教育，以及社会主义道德观教育。

高校在推进社会主义道德教育的过程中，不能仅仅停留在理论层面的宣讲，还要加强榜样示范作用和实践教育，要精心培育、大力选拔时代楷模、最美人物等各类道德模范，让广大青年学有榜样、行有示范。同时，要增强社会实践，让广大青年成为践行社会主义核心价值观，弘扬社会主义道德的主力军。

第四，心理健康教育。要坚持不懈地促进高校和谐稳定，培育理性平和的健康心态，加强人文关怀和心理疏导，把高校建设成为安定团结的模范之地。新时代是催人奋进的时代，充满机遇和挑战，全面建成小康社会和基本实现社会主义现代化的宏伟蓝图激励着大学生为国家、为家庭、为了自我价值的实现而努力奋斗，但是随之而来的各种压力也给大学生带来了不容忽视的心理问题。学业压力、家庭经济的压力、就业压力等，都使青年学生感到困惑和迷惘。

心理健康教育实际上就是心理疏导教育。高校思想政治教育的心理疏导法包括情感疏导、教育疏导、激励疏导等多种形式。高校要对进行大学生积极心态的引导与培育，强化价值引领，以心理疏导为手段，加强人文关怀，培养大学生理性平和的健康心态。同时，健全大学生心理危机预防和快速反应机制，建立学校、院系、班级、宿舍"四级"预警防控体系，完善心理危机干预工作预案。充分发挥学校和教师的教育职能，建设一支政治素质高、工作能力强、业务水平高的心理健康教育工作队伍，利用学校教育组织形式的优势，构建全方位心理健康教育服务网络。值得注意的是，对大学生的心理健康教育不能仅停留在解决心理问题的层面，而应站在培养合格的社会主义建设者和接班人的战略高度对学生进行引导和支持，重视思想道德教育在大学生心理健康成长过程中的调节和导向作用，通过对理性与精神力量的宣扬来引导大学生消除各种思想和精神的困惑。

除了以上几方面，社会主义法治观教育、文化教育、实践教育也非常重要，它们共同构成了高校思想政治教育的内容。

（三）方法多样性

创新思想政治教育方式方法，注重理论与实践相结合、育德与育心相结合、课内与课外相结合、线上与线下相结合、解决思想问题与解决实际问题相结合。

第一，遵循思想政治工作规律，注重方法的前沿性。思想政治工作的规律包括主客体认同的规律、思想转化递进规律、知行统一规律、物质利益本源规律、综合手段协同规律等。遵循思想政治教育的规律要求，就要注重课内与课外相结合、线上与线下相结合、解决思想问题与解决实际问题相结合。体现在方法上，就是要善于运用新兴媒体技术、网络技术、现代传播技术，把握其前沿性。这些新兴技术的运用，使新时代思想政治教育方法更趋交互性与综合性，要求思想政治教育工作者改变单纯的灌输式教育模式，做到灌输性与启发性相结合，在教育过程中充分调动学生的主观能动性、自主性和创造性，推动思想政治教育传统优势同信息技术高度融合，既能以透彻的学理说服学生，又能熟练地运用现代化的方法和手段搭建平台、建设网站、整合资源，加强互联网内容、网络治理体系、网络传播机制等方面的建设，从而增强思想政治教育的时代感、亲和力和吸引力。

第二，遵循教书育人规律，注重方法的情感性。教书育人规律主要是指学校教书和育人之间的内在统一关系。遵循教书育人规律，就是要坚持以立德树人为中心，注重育德与育心相结合。落实到思想政治教育方法上也是一样，要从心出发、以理服人，要见微知著、春风化雨，要让受教育者易于接受、乐于接受。新时代思想政治教育方法要注重人文关怀，不能单纯将思想政治教育看作知识的传授，要坚持价值性和知识性相统一，寓价值观引导于知识传授之中，寓情感于价值观引导之中；要以学生为中心，加强对大学生价值观的教育，既要以理服人，又要以情感人。高校思想政治教育要注重激励教育法、心理疏导法的运用，通过物质激励、榜样激励来鼓舞学生，通过及时的沟通与关怀来引导学生；要建设优秀的思政课教师队伍，用他们高尚的人格来感染学生，引导学生扣好人生第一粒扣子，树立正确的世界观、人生观、价值观，成为有理想、有本领、有担当的时代新人。

第三，遵循学生成长规律，注重方法的实效性。学生成长规律是指学生的生理、心理、人格等要素之间的本质联系及其矛盾运动的必然趋势。遵循学生成长规律，就是要注重理论与实践相结合，把思想政治小课堂同社会大课堂结合起来，用科学理论培养人，用宝贵的实践锤炼人，让学生接受时代洪流的冲刷与考验，立鸿鹄志，做奋斗者。实践育人是对知识的解读和建构，是对能力的塑造，能强化大学生的主体地位，促进其全面发展。当前，互联网发展迅速，高校要适应"互联网＋"这种新的形态，通过加强校企、校政、校社协同，推进多元化路线，把校内实践与校外实践结合起来，构建起"互联网＋"视域下的高校创新创业实践育人体系，实现全员育人、全程育人、全方位育人。

第二节 思想政治工作的任务

为了实现培育社会主义和共产主义新人的根本任务，思想政治工作必须抓住"灌输""转变""调节"等重要环节，坚持这些重要环节的辩证统一。

一、抓好"灌输"环节，帮助人们提高思想觉悟

向群众"灌输"马克思主义，这是思想政治工作的一项重要任务。所谓"灌输"就是指有领导、有组织地对人们进行马克思主义理论教育。具体来讲，就是在共产党的领导下，有组织有计划地对党员、干部和群众进行马列主义、毛泽东思想、邓小平理论和"三个代表"重要思想的教育，使他们的思想政治觉悟不断提高。向工人群众"灌输"马克思主义，即科学共产主义理论，是列宁针对俄国的机会主义者鼓吹工人运动"自发论"而提出来的，人们就把列宁的这一论断简称为"灌输论"。它的基本含义是，工人运动不能自发地产生马克思主义，马克思主义必须由工人阶级的先锋队组织从外部"灌输"进去。这里讲的"灌输"，不是指教育方法上的强迫硬灌，而是指有领导的正面教育。如果把列宁提出的"灌输论"理解为强迫硬灌而加以反对，那就曲解了列宁的原意。有人说，"灌输论"在工人阶级夺取政权以前文化程度低的情况下是对的，现在工人阶级不仅成了国家的主人，而且文化程度提高了，可以自学，不必再坚持"灌输论"了。很明显，这种观点实质上认为列宁提出的这个原理已经过时了。我们认为，这个原理没有过时，因为，文化程度的提高只能为先锋队有领导、有组织地进行马克思主义理论教育创造更有利的条件，而不能得出否定有领导有组织地向群众进行教育的结论。

也就是说，不能得出取消"灌输"的结论。应该指出，一个人的马克思主义觉悟固然和文化水平有一定的关系，但不能说文化程度高，思想觉悟就一定高。如果说工人文化程度提高了，马克思主义思想觉悟就会自然而然地提高，那就必然得出不再需要向工人"灌输"马克思主义的结论了，这实质是鼓吹"自发论"。坚持这种理论，就会导致取消党的思想政治领导，取消党的政工部门、取消四项基本原则，从而助长资产阶级自由化的泛滥，这是非常危险的、有害的。大量的事实证明，无论在夺取政权以前，还是在革命胜利以后，无论是文化程度低的群众，还是文化程度高的群众，都需要党的思想政治工作，都需要把马克思主义科学思想体系有领导、有组织地灌输到党员、干部和广大群众中去。只要共产党还存在，我们就要坚持向党员、干部和群众灌输马克思主义科学思想体系的原理，任何时候都不能动摇。现在，确实有一些人不重视对马克思主义理论的学习，甚至说马克思主义已经过时，贬低马克思主义学说，否定马克思主义是普遍真理。而我们一些党组织和思想政治工作人员在这种错误思潮面前却显得软弱无力，不善于理直气壮地、旗帜鲜明地向群众宣传马克思主义学说。资产阶级自由化思潮的一度泛滥，正是不鲜明地坚持马克思主义旗帜、态度不坚决的结果。我们要从中吸取教训，应当理直气壮地坚持"灌输"的理论，旗帜鲜明地向群众宣传马克思主义的科学理论。党组织和思想政治工作部门如果做不到这一点，就是失职。

二、抓好"转变"环节，帮助人们认真改造思想

思想政治工作的过程，就是帮助人们转变思想的过程，也就是"立"和"破"相结合的过程。这里说的转变就是在灌输马克思主义的过程中，积极地帮助人们改造思想，克服各种不健康的、错误的思想意识，提高社会主义、共产主义的思想觉悟，这是思想政治工作的一项重要任务。毛泽东同志认为，世界观的转变，是一个根本的转变。世界观是人们对世界总的看法和总的观点。世界观人人都有，不是正确的，就是错误的；或者某些是正确的，某些是不正确的。在一般情况下，人们往往不是自觉地、系统地掌握着某种世界观，而是自发地非系统地具有某种世界观。加强思想政治工作，就是要帮助人们自觉地、系统地掌握科学的正确的世界观，也就是马克思主义的世界观，又称无产阶级世界观。辩证唯物主义和历史唯物主义是无产阶级世界观的理论基础，全心全意为人民服务的人生观是无产阶级世界观的核心，帮助人们转变思想，中心问题就是帮助人们转变人生观，也就是克服形形色色的个人主义人生观，树立全心全意为人民服务的人生观。

世界观和人生观的转变过程，是一个艰苦的思想斗争过程。要清除各种非无产阶级思想，要确立高尚的社会主义和共产主义思想，必然要进行思想斗争。思想政治工作的任务，就是要帮助和引导人们积极正确地开展思想斗争，自觉地进行思想改造，使错误思想转变为正确思想，使非无产阶级思想转变为无产阶级思想。

要积极正确地进行思想斗争，首先就要正确认识进行思想斗争的必要性和意义。现在，我国仍然处于社会主义初级阶段，由于国际的影响和国内的因素，阶级斗争还将在一定的范围内长期存在，并且在某种条件下还有可能被激化。因此，我们必须长期坚定不移地坚持四项基本原则，实行改革、开放、搞活的总方针、总政策，正确地处理各种社会矛盾，在党内生活和社会生活中，坚决克服资本主义思想的腐蚀、封建主义残余思想的影响和官僚主义的遗毒，这是一个艰巨的任务。正确解决这个问题，我们的革命队伍才能不断地兴旺和发达起来。所以，党的思想政治工作的任务，就是要引导干部和群众全面贯彻执行十一届三中全会以来的路线，坚决排除资产阶级自由化和思想僵化的错误影响和干扰，抵制和反对剥削阶级思想的腐蚀。其次，要坚持思想斗争的正确方针、原则和方法；也就是说，要坚持正面教育为主，团结绝大多数的正确方针，要坚持实事求是的原则，要坚持批评与自我批评的方法和说服教育的方法。解决思想矛盾主要靠自我改造。因此，我们应该提倡进行自我思想斗争，鼓励自我批评。当然，批评也是不可缺少的，尤其当一些人犯了严重的政治原则错误而不能进行自我批评时，更需要开展严肃认真的批评，促使其进行思想斗争。无论是批评还是自我批评，都应该是诚恳的、心平气和的、实事求是的、以理服人的。这样，才能真正促使错误思想向正确思想转变，使人们在积极正确的思想斗争中逐步树立无产阶级的世界观和人生观。

三、抓好"调节"环节，正确处理人民内部矛盾

在社会主义国家，人民内部人与人之间的关系，是一种新型的同志式的相互合作关系。这种新型的同志关系，是社会主义制度决定的。社会主义制度下人与人之间关系的特点，就是全体人民内部的团结一致、互助友爱、

共同奋斗、并肩前进。

既然我们国家人民内部人与人之间的关系是互助合作的新型同志关系，那么，为什么还要提出调节人与人之间的关系呢？这是因为，社会主义国家人民内部还存在着根本利益一致基础上的某些矛盾。这些人民内部矛盾，主要表现为工农之间的矛盾、领导和群众之间的矛盾、上下级之间的矛盾、群众之间的矛盾等。这些矛盾反映在生产、劳动、工作、学习、生活等社会活动和党内政治生活的过程中。党的思想政治工作的一项重要任务，就是要调节和处理这些矛盾。这里，我们着重谈谈如何调节领导与群众以及群众之间的矛盾问题。

社会主义国家的领导干部，既是人民的公仆，又是革命和建设事业的骨干，这样的领导干部是深得群众信赖、支持和拥护的。然而，在执政的条件下，在长期的和平环境中，一些思想意识不健康的领导干部容易滋长不正之风，其中最主要的就是以权谋私的行为和对人民不负责任的官僚主义作风，这些不正之风，严重地脱离了广大群众。这是领导与群众之间产生矛盾的主要原因。党的思想政治工作的主要任务，就是要教育领导干部树立社会主义和共产主义人生观，发扬全心全意为人民服务的精神，纠正领导干部中以权谋私的行为，克服对人民不负责任的官僚主义。同时，也要教育群众正确对待党的领导，把拥护党的领导和反对领导干部的不正之风加以区别，不能借口个别领导干部有以权谋私行为就否定党的领导，只有这样，才能正确处理领导与群众之间的矛盾，调节好他们之间的关系，充分调动干部与群众两个方面的积极性。

在革命队伍内部，除了领导和群众之间存在一定的矛盾外，在工农群众之间、知识分子和工农群众之间、一般管理干部和劳动者之间、这一部分群众和那一部分群众之间也存在着矛盾。这些矛盾表现在物质利益关系上，主要是根本利益一致基础上个人所得利益差别上的矛盾；在生产、工作和学习上，主要是先进与后进的矛盾；在思想政治和道德问题上，主要是不同的思想政治观点、道德观念和不同认识上的矛盾。另外，还有由于工种不同、岗位不同、地区不同而出现的矛盾，以及邻里关系、同志关系、家庭关系、爱情生活处理不好而出现的矛盾等。思想政治工作的一项重要任务，就是要通过贯彻党的路线、方针和政策，协同有关单位调节人们之间的利益关系，提高人们的思想觉悟和认识能力，正确处理这些矛盾，在人群之间建立起团结、互助、友爱、信任、和谐的新型同志关系，形成一股同心同德、齐心协力进行社会主义现代化建设的强大力量。要看到，我国人民内部的矛盾是在根本利益一致基础上的矛盾，只要采取正确的方针、政策和方法，这些矛盾是能够解决好、调节好的，人与人之间的新型同志关系是能够建立和巩固起来的。当然，原有的矛盾解决了，新的矛盾又会出现，这就要求我们随着情况的变化，及时不断地解决群众之间的矛盾。为此，就要学习社会学和社会心理学，研究人们在特定社会生活条件下的个体心理活动和行为发展变化的规律，了解人们当前的社会心理特点，正确处理人际关系及其矛盾。只要人际关系处理得好，矛盾解决得好，人们之间相处得比较协调、愉快，就有利于革命和建设事业，有利于物质文明和精神文明建设。因此，在做思想政治工作时，一定要重视调节领导和群众以及群众之间的相互关系，正确处理人民内部的矛盾，这是新时期思想政治工作一项极为重要的任务。

第三节 思想政治工作的途径

思想政治工作的途径和方法，是为实现其目的和任务服务的，途径正确、方法得当，就可以使教育内容较好地为人所接受，从而得到理想的效果，达到教育的目的；途径不对、方法不适当，就会事倍功半，达不到预期的效果。所以，在进行思想政治工作时，不仅要注意教育内容的思想性和科学性，还必须认真注意方法和途径，使教育的目的和任务得以更好地实现。

一、马克思主义理论教育

对广大群众进行马克思主义理论教育，是思想政治工作的主要任务之一，也是重要的途径。这是因为思想政治工作最根本的目的是要解决人们的世界观问题，而马克思主义正是唯一科学的世界观和方法论，是反映客观世界发展规律的科学的思想体系。只有掌握了它，才真正获得正确观察世界、认识世界、改造世界的强大思想武器，才能遵循客观世界发展的规律，对所遇到的一切纷繁复杂的问题作出正确的分析和判断，得出正确的结论，指导自己的思想和行动。所以，只有十分重视马克思主义理论的教育，才能从根本上提高人们的思想水平和觉悟程度。

坚持马克思主义理论教育，最重要的是要组织人们认真学习马克思主义，首先是要求广大党员和党的各级领导干部要坚持不懈地学习，真正掌握马克思主义的立场、观点和方法，弄懂马克思主义的基本原理。只有这样，才能提高理论素养，不致在复杂的斗争中迷失方向。为此，要建立、健全并坚持干部学习马克思主义理论的制度，要大力提倡阅读经典著作，规定干部必读的书目。如果我们有了一大批具有马克思主义理论素养的干部，我国的社会主义现代化建设事业就大有希望。同时，要坚持开展对职工的系统共产主义教育，提高广大职工的思想理论水平和政治素质。

要充分发挥马克思主义理论教育这一途径的重要作用，必须认真贯彻理论联系实际的原则。首先，要有一个对待马克思主义的正确态度，即一要坚持；二要发展的态度。对马克思主义的基本原理，它的立场、观点、方法，一定要坚持，因为它是经过革命实践检验的真理，是不能违背的，违背它就会走弯路。要坚持马克思主义的基本原理，就必须完整、准确地把握马克思主义的科学体系，划清马克思主义的基本原理和革命领袖的个别结论的界限。马克思主义的基本原理，为社会主义革命和建设指明了方面，但在社会主义革命是"数国同时胜利"还是"一国首先胜利"、社会主义经济是产品经济还是商品经济等具体问题上，革命导师不可能都准确无误地作出预测。这些个别结论经过实践检验后，加以充实和发展，是很自然的事，不仅不违背无产阶级革命和无产阶级专政等基本原理，而且，这正是它在理论上的彻底性的表现，也是它保持旺盛生命力的原因所在。可见，坚持是发展的前提和基础，发展是坚持的必然趋势，二者是互为目的、互为因果的。马克思主义不是教条，而是行动的指南；它是发展的科学，而不是终极的真理；它是随着国际共产主义运动的发展而发展的，永远不会停留在一个水平上。因此，那些看到社会主义实践中出现了某些与马克思主义创始人当初的具体设想不尽相同的新情况，便认为马克思主义"过时了"的观点，都显然是错误的。

贯彻理论联系实际的方针，要把马克思主义的基本原理同中国社会主义现代化建设的实际紧密结合。理论如果脱离了实际，也就失去了它的价值，起不到教育和指导的作用。在学习理论时，首先要强调掌握理论，这样，联系实际才有武器；同时，又要联系实际，这样才能加深对理论的理解，但归根到底，学习的目的全在于应用，目前，就是要应用它来解决建设有中国特色的社会主义中遇到的各种问题。用马克思主义的基本原理做指导，对现代化建设中出现的新情况、新问题进行理论的探讨，做出科学的、有说服力的回答，这是思想政治工作人员应尽的责任和光荣的使命。在这方面做出努力，就是为坚持和发展马克思主义做出贡献。

贯彻理论联系实际的原则，必须帮助人们树立崇高的理想和坚定的信念。坚持马克思主义理论教育的根本目的，在于引导人们树立科学的理想和信念。因此，必须在理论和实际的统一中，使人们认清社会发展的客观规律，认清共产主义代替资本主义是历史的必然，从而逐步树立起坚定的共产主义信念和为共产主义奋斗终生的崇高理想。为此，要把远大理想和现实目标统一起来，使马克思主义理论教育符合不同层次的人的思想实际，取得较好的效果。

马克思主义指导着我们社会主义革命和建设的各个领域，指导着我们社会主义的全部意识形态，离开了它，在重大理论性、原则性问题上就会出现混乱，科学文化事业的繁荣和发展就会偏离正确的方向，青少年一代的健康成长就会受到影响，社会主义物质文明和精神文明都不可能建成。思想政治工作人员应该意识到自己的责任，自觉坚持马克思主义的理论阵地，为宣传马克思主义，对广大群众进行马克思主义理论教育做出贡献。

二、结合各项业务工作进行思想政治工作

在我国的社会主义建设中，各行各业都有自己的学问和事业。人们对自己所从事的某项事业、所研究的某门学问、所学的某个专业学科，都可称之为自己的业务。思想政治工作结合各项业务工作来进行，既是思想政治工作的主要途径，又是它的一个显著特征。

第一，从思想政治工作的作用看，它要调动人们建设社会主义的积极性，保证各项业务工作的顺利开展和胜利完成，因此，它不可能离开各项业务工作去孤立地进行。党在一定的历史时期，都有特定的中心任务要完成，不论是革命战争时期还是经济建设时期，都可以把它分解为业务工作和政治工作两大类。战争年代，政治工作只有结合军事工作一道去做，才能保证革命战争取得胜利；建设时期，政治工作只有结合经济工作和各项业务工作一道进行，才能保证社会主义现代化建设的顺利发展，促进社会生产力的不断提高。

第二，各项业务工作都具有一定的教育性。这是思想政治工作和各项业务工作结合起来进行的又一根据。思想政治工作和经济工作、技术工作等业务工作是相互渗透、相互配合的。做经济工作必须遵循经济发展的客观规律，贯彻执行党和国家《关于经济工作的各项方针政策》。搞工程建设必须采取科学态度，严格按照设计方案和操作规程施工，保证工程质量和施工安全。学校开设的各门课程也都有教育性，社会科学方面课程的思想性、教育性自不必说，即使自然科学方面的课程，也无不体现了辩证唯物主义的观点和方法，同样富有教育性。教育者要善于利用各项业务工作中的教育性，紧密结合业务工作去开展思想政治工作。

第三，人们的思想政治工作问题，往往产生在业务工作的过程中。人们的主要精力是在从事各自的事业，思想问题、实际问题大量产生在业务工作中，或者跟业务工作密切相关。在业务工作中常常具体出现人们的事业心、责任感、工作态度、协作精神和业务水平等。如，有的工人因在生产中追求数量而不注意产品质量或不注意节约能源、原材料；有的教师对于教学和科研工作的关系处理不当；各行各业都会遇到改革与守旧的矛盾等。只有深入到具体业务工作中去，才能发现问题，较好地解决这些问题，提高人们的思想觉悟，激发人们的社会主义积极性。这样我们的思想政治工作才能落到实处、收到实效。

三、参加社会实践

组织和引导群众广泛参加各项社会主义实践活动，这是思想政治工作的一个极为重要的有效途径。

第一，人的正确思想只能来自社会实践，马克思主义认识论认为，人们的认识总是在"实践—认识—再实践""感性—理性—感性"的循环往复过程中，不断得到提高的。思想政治工作必须遵循认识的规律，除了结合各行各业的业务实践去进行外，还应当变封闭型为开放型，善于组织和引导群众参加其他有关的各项社会实践活动。社会实践是一个大课堂，人们通过社会实践可以获得大量的感性认识，这就为提高他们的理性认识创造了有利条件，打下了坚实的基础，思想政治工作要做到理论联系实际，而社会实践则是理论联系实际的重要渠道。虽然人们不可能事事亲身实践，很多知识可以通过书本的学习而间接获得。但是，要有真知灼见，要使书本知识这种不完全的知识变成完全的知识，却非得参加变革现实的社会实践不可。

第二，思想政治工作要服务于社会实践，思想政治工作要引导人们树立全心全意为人民服务，增强人们的社会责任感。只有组织人们参加社会实践，在为社会服务之中，才能得到亲身体验，不仅从多侧面加深其对社会的了解，而且培养了其为社会服务的能力，从而增强社会责任感，提高对社会的适应能力。

第三，实践既是检验真理的唯一标准，也是检验思想政治工作成效的最好场所和尺度。人们通过亲身实践，使获得的理性认识得到检验，不全面的发展得全面，不正确的得以纠正，在实践中取得切身感受，从而改变思想感情，使原有的认识得到升华，正确的认识更加深刻、牢固。

总之，参加社会实践，加强与社会实际生活的联系，对于陶冶人们关心祖国的命运、关心四化大业的高尚情操，提高人们的思想觉悟和认识水平，增强对党的路线、方针和政策的理解，都有重要意义。社会实践必然使人们在改造客观世界的过程中，不断地改造自己的主观世界，改造主观世界同客观世界的关系，改造自己的认识能力，逐步向社会主义、共产主义新人的目标迈进。

要充分发挥社会实践的教育作用，必须对知识青年和工农青年提出不同的要求。知识青年有较多的书本知识，但缺乏社会生活经验和实践根基，因而他们的理论知识难免肤浅和片面，理论知识离实际能力就有很大的距离。引导他们参加社会实践，是促进他们健康成长，成为适应四化建设需要的有用人才的必由之路。应当教育和组织他们经常参加社会实践，坚持长期地深入社会生活，在实践中了解社会、服务社会，把书本知识同经济建设、科学实验、民主与法制建设和其他事业结合起来，同人民群众创造新生活的火热斗争结合起来，提高自己各方面的能力，真正学会运用马克思主义基本理论和科学文化知识，去解决社会主义现代化建设中的各种实际问题，同时，坚定为人民服务、为现代化建设服务的正确方向。对于工农青年，通过社会实践，一是领导他们服务社会，培养为人民服务的思想品德；二是引导他们开阔眼界，激发开拓、创新的精神；三是引导他们追求科学，追求真理，在实践中加强学习，总结经验，提高科学文化水平和思想政治觉悟。

要充分发挥社会实践的教育作用，必须精心组织，周密安排，加强指导。参加社会实践前应有合理的计划和具体的布置，全部活动要把教育目的放在首位并贯彻始终。指导社会实践活动要注意发挥群众的主动性、积极性，尊重群众的首创精神，增强群众的主人翁责任感。活动告一段落要及时总结，巩固和提高大家的收获，引导社会实践更加深入地开展。

四、党、团、群众组织的日常思想政治工作

党、团、群众组织所开展的思想政治工作是经常、大量的，在思想政治工作中占有重要的位置，是进行思想政治工作的又一重要途径。

搞好党的思想建设，不仅是搞好整个执政党的建设的基础和中心环节，还是搞好全部思想政治工作的关键。一方面，通过党性、党风、党纪的教育，可以不断地提高广大党员素质，要求党员在政治上、思想上与党中央保持一致，坚持贯彻执行党的路线、方针和政策，为实现党的总任务而奋斗，并以优良的党风来促进整个社会风气的根本好转，以共产党员的模范行动来影响和带动广大人民群众，共同为实现党的总任务而奋斗；另一方面，通过加强党的思想建设，使党的各级干部提高对加强党的思想政治工作的认识，决心从包揽行政事务中解放出来，把主要的时间和精力用于思想政治工作，并教育广大党员、干部密切联系群众，关心群众，同群众交朋友，切实帮助群众解决生活和工作中的实际困难和问题。要通过党的发展工作，办业余党校，组织党章学习小组、理论学习小组，大力培养积极分子，并通过他们去做广大群众的思想政治工作。要加强对共青团、工会、妇联等的组织领导，通过他们去广泛开展多种形式的思想政治教育活动。

加强对职工的思想政治教育和文化技术教育，建设一支有理想、有道德、有文化、有纪律的职工队伍，这是新时期工会工作的方针和基本任务之一。各级工会除维护职工当家作主的民主权利和他们的切身利益外，要把工会办成共产主义学校，做好职工的思想政治工作，充分发挥工人阶级在两个文明中的主力军作用。要过好工会组织生活，对职工进行马克思主义理论教育。还可以举办各种读书班，开展文化教育、法制教育等。大力表彰职工中的先进集体和个人，使更多的职工学有楷模、做有榜样。

共产主义理想的实现，需要一代又一代人的努力。青年处在承前启后的地位，建立共产主义社会制度的任务要由他们来承担。这就必须通过共青团去团结广大青年，对他们进行训练、教育，使他们逐步树立起科学的世界观和为共产主义而奋斗的坚定信念。团组织对青年的教育要注意青年的特

点，要通过各种生动实践和丰富多彩的活动，达到教育的目的。创优争先，做合格团员，以及开展读书、歌咏、演讲比赛等活动，都是易于为青年所接受的可取的教育形式。团组织要随时注意向党组织推荐思想觉悟高、工作成绩突出的团员作为党组织的发展对象，为党组织不断输送人才，也为广大团员树立榜样。

学生会、研究生会要成为党组织和学校领导联系全体学生的纽带，要在党组织和学校领导的关怀下，在学校共青团组织的指导和帮助下，维护广大学生的利益，为广大学生服务，要积极开展健康有益的课外活动，促进全体同学在德、智、体、美各方面全面发展。

五、寓教于学、寓教于乐

寓教于学、寓教于乐这一思想政治工作的途径被广泛应用于实践，其显著特点是它的易接受性。它是在"寓"字上下功夫，把思想政治工作寓于科学文化知识教育和各种文化娱乐活动之中，使人们在潜移默化中受到熏陶和启迪，避免产生硬灌输，它既适用于学校，也适用于工厂、农村、机关、部队和街道；不仅容易为广大青少年所接受，也为中老年人所欢迎。它体现着鲜明的时代性，对于造就社会主义新人，推动社会主义精神文明建设，帮助人们科学致富等都有重要的作用和意义。

第二章 中国特色社会主义进入新时代的
思想政治教育

第一节 当前我国社会思想意识领域的新变化

当前我国社会思想意识领域的新特点和新变化是多方面的。在如今严峻的经济形势下，人们的思想意识也在发生着前所未有的变化。

第一，随着经济的快速发展，人们对于财富的追求变得越来越强烈。人们希望通过自己的努力赚取更多的钱财，从而提高自己的生活水平。

第二，随着新媒体的发展，信息化已然成为人们获取信息的主要途径。人们通过各种社交媒体平台、新闻客户端等获取各种信息、互相交流。这使得社会群体有了更加广阔的视野，同时也为人们的思想意识提供了更加多元化的选择。

第三，社会变革和人口结构的多元化使得人们在人生观、价值观等方面出现了更多元的变化。曾经固有的对于家庭、婚姻、性别等传统观念都得到了挑战，人们的自由意志和选择权得到了更多的尊重。这种变化具有不可逆转性，是当今社会最重要的趋势之一，发展势头已经日益明显。

第四，国家政策的调整为创新创业、大众创业、万众创新等创新型思维带来了更加宽广的发挥空间，人们对于创新、新技术等方面的关注度也明显提高。在以创新为主要驱动力的时代背景下，任何不断创新、渴求变革的思想，在社会意义上都具有着重要的价值。

第五，社会信任度的降低也是当代社会的一种特点。在过去，人们有着深厚的信任基础和价值共同体，社会的信任度较高。但是在市场化、商业化的时代背景下，社会信任的缺失已成为人们关注的现实。

总体来说，当今社会思想意识领域出现了许多新的特点和变化，如，财富追求、信息化、价值多元化、创新思维和社会信任度降低等。这些新变化的出现，既反映了社会的发展进步，也给社会和个人带来了挑战和机会，对于推动社会的进步、发展具有重要的意义。

第二节 当前我国思想政治教育对象的鲜明特点

一、确定的政治性

我们党的思想政治工作的政治性在不同时期有着不同特点和具体内容。从地位作用看，新形势下思想政治工作，是经济工作和其他一切工作的生命线，是团结全党和全国各族人民实现党和国家各项任务的中心环节，是改善党的领导的最主要方面。从任务目标看，新形势下的思想政治工作，就是用马克思列宁主义、毛泽东思想特别是邓小平理论武装全党、教育人民，努力培养有理想、有道德、有文化、有纪律的社会主义公民，团结、动员全党全国各族人民为建设富强、民主、文明的社会主义现代化的国家而奋斗。从现阶段思想领域的矛盾来看，这种矛盾非常错综复杂，有时还表现得相当激烈。马克思主义不去占领思想领域的阵地，非马克思主义和反马克思主义的东西必然会去占领。我们一定要坚持讲政治，旗帜鲜明地同各种错误思想作斗争，绝不能任其自由泛滥。思想政治工作的政治性，要求我们必须全面贯彻落实"三个代表"的要求，从巩固党的执政地位、完成党的历史任务的高度，来充分认识和高度重视这项工作。

二、突出的服务性

一方面，思想政治工作紧紧围绕经济建设中心，为全党全国工作大局服务。通过深入细致、扎实有效的工作，统一思想，凝聚力量，振奋精神，鼓舞士气，促进改革发展，维护社会稳定，为改革开放和现代化事业提供强大的动力和保证；另一方面，思想政治工作坚持群众观点，全心全意为人民服务。必须坚持把解决思想问题同解决实际问题紧密结合起来，既讲道理又办实事，诚心诚意为人民谋利益。在改革攻坚阶段和发展关键时期，人民内部矛盾呈现比较复杂的情况。思想政治工作已经成为解决新时期人民内部矛盾的重要手段和途径，发挥着积极的不可代替的作用。

三、鲜明的针对性

在过去计划经济体制下，人们的职业相对固定，流动性较小，思想相对稳定，对思想政治工作的内容没有更多特殊的需求。在建立社会主义市场经济体制过程中，东西部之间、城乡之间、不同行业职业之间经济发展和生活状况不平衡，各种各样的社会经济组织和社会群体不断涌现，人们的思想状况、价值观念也有差异，不同层次的对象在不同环境中的物质文化需求又各不相同。思想政治工作必须因地制宜、因人制宜、因事制宜、因时制宜。要区分层次，有的放矢，具体情况具体分析，具体问题具体解决。根据不同地域、行业、职业的实际以及不同群体的特点和思想状况，确定不同的教育内容，采取不同的工作方式，努力增强针对性和实效性。

四、广泛的民主性

随着社会主义市场经济体制的建立和社会主义民主政治的发展，人民群众的自主意识、竞争意识、民主法制意识逐步增强。思想政治工作要适应广大人民群众行为方式和思维方式的积极变化，坚持以人为本，贯彻民主和疏导的方针，倡导平等、互助、和谐的人际关系。思想问题要用说服、疏导的方式去解决，而不能用行政命令方式去解决。要尊重人、理解人、关心人，以理服人，以情感人，把逻辑力量与情感力量有机结合起来，使思想政治工作由"说教式""号召式"向"引导式""启发式"转变，由"我打你通式"向"参与互动式"转变，使广大群众入脑入心，口服心服。

第三节 新时代我国思想政治教育的突出使命

政治要强、情怀要深、思维要新、视野要广、自律要严、人格要正——座谈会上，习近平总书记对广大思政课教师提出希望，也对思政课改革创新提出坚持八个"相统一"的要求：坚持政治性和学理性相统一；坚持价值性和知识性相统一；坚持建设性和批判性相统一；坚持理论性和实践性相统一；坚持统一性和多样性相统一；坚持主导性和主体性相统一；坚持灌输性和启发性相统一；坚持显性教育和隐性教育相统一。

一、是党进行具有许多新的历史特点的伟大斗争的武器

十八大以来，以习近平同志为核心的党中央从全面推进中国特色社会主义事业的战略高度，在不同场合、从不同角度多次强调，进行具有许多新的历史特点的伟大斗争对推进中国特色社会主义伟大事业、实现中华民族伟大复兴中国梦和推进党的建设伟大工程的意义。特别是在省部级主要领导干部"学习习近平总书记重要讲话精神，迎接党的十九大"专题研讨班的讲话中，习近平总书记明确把进行伟大斗争同建设伟大工程、推进伟大事业、实现伟大梦想并列，强化伟大斗争对伟大工程、伟大事业和伟大梦想的意义。

二、是全面加强党的政治建设和思想建设的重要内容

党的十九大报告中提出"中国特色社会主义最本质的特征是中国共产党领导，中国特色社会主义制度的最大优势是中国共产党领导"，突出政治建设在党的建设中的重要地位。党的十九大报告在新时代党的建设总要求中提出要"以党的政治建设为统领，以坚定理想信念宗旨为根基，以调动全党积极性、主动性、创造性为着力点，全面推进党的政治建设、思想建设、组织建设、作风建设、纪律建设，把制度建设贯穿在其中，深入推进反腐败斗争"，进一步明确了党的政治建设的首要地位和思想建设的基础性地位。

三、是党治国理政的重要方面

十八大以来，以习近平同志为核心的党中央把意识形态建设作为一项极端重要的工作，积极开展意识形态建设、国家文化软实力建设、中国特色社会主义教育和中国梦教育、社会主义核心价值观建设、中华优秀传统文化弘扬、中国特色哲学社会科学构建、群众性精神文明建设、新闻舆论引导、网络空间净化等方面工作，主动回应意识形态领域各种挑战，推进治理体系和治理能力现代化建设，成为党中央治国理政新理念新思想新战略的重要组成部分。

四、是党领导军队的政治保证

坚持党对军队的绝对领导，强调军队的革命性质，充分发挥政治建设在革命军队建设中的地位和作用，这是中国共产党领导的人民军队战胜一切艰难险阻和凶恶敌人的精神源泉。十八大以后，以习近平同志为核心的党中央进一步强化思想政治工作在军队建设中的生命线的重要地位。

第三章 高校思政工作的特点和目的

第一节 高校思想政治工作的特点

一、高校思想政治工作具有鲜明的党性

党性原则，是高校思想政治工作的根本出发点。当前，各种思想文化交流、交融更加频繁，意识形态领域的斗争深刻复杂，西方国家不断加强对我国的思想文化渗透，实现意识形态领域的"两个巩固"的任务依然十分艰巨。高校是意识形态领域斗争的前沿阵地，高校思想政治工作必须坚持党性原则，必须坚持党的理论和路线方针政策，始终坚持同党中央保持高度一致。高校思想政治工作就是要坚持党的领导，用正确的理论鼓舞师生，用先进的思想激励师生，把广大师生凝聚在党的周围，使广大师生保持正确的政治方向，站稳政治立场，保持政治定力。

二、高校思想政治工作具有先进性

高校以培养社会主义时代新人为己任，是文化精英的聚集地，也是先进思想的萌发地。高校师生是传统文化的传承者，是先进文化的创造者，是马克思主义理论的传播者，也是时代精神的引领者。未来社会将是一个高端人才竞争的社会。高校的思想水平往往是一个国家实力的象征，是一个时代的象征。然而，人才的衡量标准不仅是科研能力和智力水平，更重要的是"德"。高校的根本任务是"立德树人"，是为党和国家培养堪当大任的社会主义建设者和接班人，因此，高校必须充分意识到自身在思想政治领域的先进性，并且充分发挥自身的先进性，为社会各领域输送具有坚定政治信仰和先进思想理念的时代新人。

三、高校思想政治工作对象具有特殊重要性

大学阶段是人的世界观、人生观、价值观确立的重要时期，是校准人生航向的重要阶段，也是最容易受到多元文化影响而迷茫困顿的时期。青年兴则国家兴，青年强则国家强，青年人的头脑，不用马克思主义理论去武装，就会有别的思想来填充。因此，高校思想政治工作的特殊性是由其工作对象的特殊性决定的。做好学生的思想政治工作，就是在为青年人校准人生航向，就是为青年人的未来负责。

四、高校思想政治工作具有组织上的系统性

我们党始终高度重视高校思想政治工作，思政课堂作为思想政治工作的主渠道，思政课堂建设已经形成了较为完善的运行体系，作为大学生思想政治教育主体的学团辅导员系统已经形成了规范的运行模式。特别是党的十八大以来，高校思想政治工作领导体制和运行机制逐步健全，"三全育人"理念逐步深入人心，为进一步加强和改进思想政治工作奠定了良好的基础。

五、高校思想政治工作具有巨大的社会辐射性

良好的学风如同良好的家风一样，对大学生具有持续而广泛的影响力。高校思想政治工作影响的不仅是一个人的青年时代，它将会随着一代代青年的成长成才，而进一步影响和辐射到每个家庭，乃至整个社会，进而世代传承。大学精神的传递是社会进步的力量，高校的这种辐射性是任何其他组织都无法比拟的，必须高度重视并尽最大努力发挥好。

第二节　高校思想政治工作的规律

一、高校思想政治工作始终坚持用党的创新理论武装师生头脑

高校作为意识形态工作的前沿阵地，必须坚持党对意识形态工作的绝对领导。因此，高校思想政治工作必须从大学教师的培养做起，从青年大学生的培养做起，始终把师生的思想理论武装放在首位，始终坚持党的创新理论的学习宣传，把党对高校的领导落到实处，这是高校坚持社会主义办学方向的必然要求，是培养担当民族复兴大任的时代新人的必然要求，也是建立中国特色社会主义大学的必然要求。

二、高校思想政治工作始终坚持培育和践行社会主义核心价值观

价值取向决定高校思想政治工作的定位。始终坚持培育和践行社会主义核心价值观，增强大学师生对中国特色社会主义的道路自信、理论自信、制度自信、文化自信，是高校培育新人，对大学生发挥引领作用的重要价值取向。大学是青年学生确立"三观"的时期，是塑造灵魂的时期，价值观的塑造就是人的灵魂的塑造，把社会主义核心价值观内化于心，成为当代青年的内心操守，是营造良好社会风尚的重要环节。因此，始终坚持培育和践行社会主义核心价值观是高校思想政治工作的基本要求。

三、高校思想政治工作始终贯穿着人类终极关怀

高校思想政治工作归根结底是做人的工作，是丰富人的思想、陶冶人的情操、引领人的思想方向的工作，因此，自始至终都贯穿着对人类、对社会、对人生的终极思考，具有理想性和超越性。引领师生把个人的命运与国家的命运紧密结合，把自己的人生理想与中华民族伟大复兴的中国梦紧密结合，既关照"小我"的现实理想，又超越"小我"，关切"大我"的社会理想，使高校师生树立起"心有大我、至诚报国"的雄心壮志，这是高校思想政治工作的境界追求。

四、高校思想政治工作始终伴随着时代精神与时俱进

高校思想政治工作在任何时代都应具有先进性，也应保持它的先进性。大学始终代表一种思想启蒙的力量，是时代精神的代言人。高校思想政治工作也必然伴随着时代精神的进步而进步，伴随着时代精神的变革而变革，它的先进性是确保高校把握时代脉搏和正确发展方向的思想前提。

五、高校思想政治工作始终发挥着凝聚师生思想共识的作用

凝聚共识是凝聚力量的基础，也是做好一切工作的前提。事实上，高校思想政治工作本质上也是一项凝聚人心的工作，其终极目标就是通过一系列有效手段，传播党的创新理论，传播时代精神，使全校师生对中华民族伟大复兴的中国梦达成共识，对中国道路、中国制度、中国文化达成共识，对党的创新理论达成共识，对知识分子的使命担当达成共识，从而增强凝聚力，为社会主义建设提供积极的思想力量。思想政治工作就是为了传递价值和理念，凝聚思想共识，这是社会稳定与发展的重要基础。

第三节 高校思想政治工作的目的

一、确定思想政治工作目的的依据

我们党进行思想政治工作，其根本目的就是不断提高人们的素质，提高人们对世界的认识和改造的能力，为建设社会主义，实现共产主义而奋斗。整个世界，要靠全人类来认识和改造，伟大的中国，则要靠整个中华民族来认识和改造。只有不断提高整个中华民族的思想道德素质和科学文化素质，提高人们对世界的认识能力、改造能力，才能迅速把我国建设成为社会主义现代化的强国，为人类做出更大的贡献。只有坚持这个根本目的，思想政治工作才能真正起到经济工作和其他各项工作的灵魂和保证的作用。

思想政治工作的目的分为根本目的和具体目的，都不是纯粹主观的东西，不是人们可以随意规定的。人的目的是客观世界产生的，正确的目的只能是客观世界的存在和发展合乎规律的反映。我们确定以提高人们的素质，提高人们对世界的认识和改造的能力为思想政治工作的根本目的，依据主要有以下三方面。

第一，认识世界和改造世界是无产阶级肩负的历史使命。无产阶级只有提高自己对世界的认识和改造的能力，才能完成认识世界和改造世界的历史使命。因此，我们党进行思想政治工作，就必须始终围绕无产阶级的认识世界和改造世界的历史使命来做文章。

大家知道，在马克思、恩格斯刚创立共产主义学说的时候，尽管只有他们两个人，但由于他们抓住了提高工人阶级认识和改造世界的能力这个主题，用自己的学说去教育、武装工人阶级，提高了工人阶级对剥削制度本质的认识和革命斗争的觉悟，认识了自己的历史使命，从而变单纯的经济斗争为推翻旧世界的政治斗争，由自在的阶级发展成自为的阶级。只有像马克思、恩格斯那样，把提高人们对世界的认识和改造的能力放在首位，才能使无产阶级和广大人民更加自觉地肩负认识世界和改造世界的重任，正确地认识世界，有效地改造世界。

第二，马克思主义是认识世界和改造世界的强大思想武器。开展思想政治工作，就是要大力宣传马克思主义，用马克思主义的立场、观点和方法去能动地认识世界和改造世界。开展思想政治工作，就是为了使党员、干部和广大群众掌握马克思主义这一代表无产阶级的先进思想，提高人们的素质。这样，就能通过社会意识对社会存在的反作用，变成人们认识世界和改造世界的能力，使无产阶级和人民群众在革命斗争的实践中，不断地取得改造社会、改造世界的胜利，并在实践中进一步完善和提高自己。经济工作和其他各项业务工作都是改造社会、改造世界的具体工作，这些工作都是要靠人去做的。进行思想政治工作如若不去做培养人、教育人、提高人的素质的工作，不去用马克思主义武装人们的头脑，不以提高人们认识和改造世界的能力为根本目的也就无法发挥思想政治工作对经济工作和其他各项工作的服务和保证的作用。

第三，把提高公民素质、提高人们对世界的认识和改造的能力作为思想政治工作的根本目的，这是我们党的历史经验的科学概括和总结。人们对客观世界的认识能力和改造能力都属于人的素质。提高这两个能力就是要改造人的主观世界，改造人们的认识能力和实践能力，改造主观同客观的关系。思想政治工作把全面提高人的素质作为根本目的，才能推动革命人民改造世界的斗争。而人的素质则是历史的产物，它又给历史以巨大的影响。在无产阶级夺取政权之前，在阶级斗争还是社会的主要矛盾的条件下，思想政治工作主要是为阶级斗争的胜利服务，在阶级斗争的实践中虽然起了培养人、教育人、提高人的政治觉悟和斗争才能的作用，但是由于社会条件的限制，当时还不可能把全面提高人的素质放在突出地位，相反，为了改变束缚绝大多数人的自由发展的社会制度，革命队伍内部还要在一定限度内限制或牺牲某些个人的发展。因此，当时如要明确地把全面提高人的素质作为思想政治教育工作的根本目的，自然是不适当也是不可能的。在社会主义制度建立起来以后，党的中心任务已从破坏旧世界变为建设新世界了，思想政治工作作为做人的工作、培养人的事业，理应把全面提高人的素质放到突出的位置上来。但是在在过去相当长的一段时间里，党的工作重心没有转移到经济建设上来，一直是"以阶级斗争为纲"，思想政治工作成了阶级斗争政治斗争、思想批判的同义词，在这种情况下，人的自身素质的改善和提高被忽视了。这一失误伤害了很多人的积极性，使人的自身发展受到了不应有的限制，从而导致社会主义优越性得不到充分的发挥。因此，明确地把提高人的素质、提高人们对世界的认识能力和改造能力作为思想政治工作的根本目的，是对历史经验的科学概括和总结。

二、如何把握和坚持思想政治工作的根本目的

思想政治工作的目的是一个多方面、多层次的主体动态结构。它有直接目的和间接目的、近期目的和长远目的、具体目的和根本目的的区别。对于不同的时期，不同的战线来讲，思想政治工作的目的也有所不同。因此，把握和坚持思想政治工作的根本目的极为重要，主要应正确认识和处理好以下四个关系。

第一，改造主观世界和改造客观世界的关系。

思想政治工作是做人的工作的，属于改造主观世界，它同改造客观世界一起，都属于无产阶级改造世界的历史使命，但归根结底，改造主观世界是为了更好地改造客观世界。所以，思想政治工作的根本目的应当服从党的最终奋斗目标，服从共产主义事业的根本利益。为了改造客观世界而改造主观世界，使主观世界适应改造客观世界的需要，改造主观世界要在改造客观世界的斗争中进行，主观世界的进步性要在积极进行改造客观世界的实践中表现出来。由此可见，改造人的主观世界，提高人的素质是思想政治工作的直接目的，改造客观世界则是思想政治工作的间接目的，不改造人的主观世界，人们就不可能取得改造客观世界的胜利。

第二，提高认识能力和提高实践能力的关系。

提高人们对世界的认识能力，包括提高人们对自然界和社会的观察能力、分析综合能力、分辨是非的能力等，这除了智力因素外，还要受到政治觉悟和思想意识、道德品质等的制约，因此，都是思想政治工作要解决的问题。提高人们改造世界的能力，既包括改造主观世界的能力，又包括改造客观世界的能力；即要提高人们的思想品德修养能力和从事各项工作的业务能力、创造能力等，都是实践能力。思想政治工作既要提高人们的认识能力，更要注意提高人们的实践能力，这是因为无产阶级认识世界的目的就是为了改造世界。如果思想政治工作只是提高人们认识世界的能力，只停留在如何说明世界，而不讲如何改造世界，不动员群众去实践这个改造，那就无异于讲空话。只有既提高认识世界的能力，又提高改造世界的能力，才能够有效地实现由物质到精神，又由精神到物质的飞跃。这样，思想政治工作才能收到实际的效果。

提高人们对世界的改造能力，就是要把人们对于世界的正确认识，通过实践转化为对世界的能动改造。无论人们对世界的认识多么正确和深刻，如果不通过实践，就永远无法转化成改造世界的能力。我们进行思想政治工作，就是要帮助人们正确地掌握马克思主义的立场、观点和方法，科学地认识世界，并鼓励和激发人们改造客观世界的信念、热情、毅力和斗志，去掌握改造世界的过硬本领，争取社会主义革命和现代化建设的胜利。无产阶级的革命导师曾反复告诫人们，马克思主义不是教条而是行动的指南。因此，进行思想政治教育工作，学习马克思主义理论，不是为了教育而教育、为了学习而学习，而是为了帮助人们运用革命理论去指导改造世界的革命实践。

第三，提高思想道德素质和提高科学文化素质的关系。

思想政治工作和精神文明建设的目的都在于提高人的素质。人的素质主要包含思想道德素质和科学文化素质两大方面。有的人认为，社会主义精神文明建设才要全面提高人的素质，思想政治教育只是提高人们思想道德素质的。这是片面的观点。思想政治工作的目的虽然是要用最大的努力去提高人们的思想道德素质，但也不能忽视提高人们的科学文化素质。要克服过去曾出现过的轻视知识、轻视教育的错误倾向。要认清提高人们的科学文化水平，不仅是提高人们的思想道德素质的前提条件，而且是提高全民族的素质的重要基础。我国目前的情况下，更应该为彻底摆脱低文化状态而进行顽强、持久的斗争。识字、扫盲以及接受普及义务教育，只是提高全民族科学文化素质的起码要求，还应组织越来越多的人接受现代教育，不断吸取最新的科学文化成果，掌握人类创造的一切有用的知识。广义上看，科学文化素质当然不仅仅是书本知识，还应当包括一定的业务水平和创造能力，包括高的文化素养和审美的能力等。因此，那种认为没有文化也会有崇高的理想和道德的看法，是毫无根据的。没有文化，只能"站在政治之外"，理想信念、道德情操都要受到限制，甚至只能意味着愚昧和落后，又怎么能建设社会主义现代化强国呢？所以，科学文化素质是提高思想道德素质的智力基础，思想道德素质又为提高科学文化素质提供强大的精神动力。二者互相渗透，互相促进。思想政治工作既然是建设社会主义精神文明的中心环节和根本保证，那么，也应当以全面提高人们的素质为自己的根本目的。

第四，思想政治工作的根本目的和具体目的的关系。

思想政治工作的根本目的的实现，要通过各个时期、各条战线以至各项思想政治工作的具体目的的实现而实现。因此，要善于把思想政治工作的根本目的和具体目的统一起来。在进行各个时期、各个部门进行思想政治工作的时候，要牢记思想政治工作的根本目的，特别是在开展日常思想政治工作时，不要把具体目的乃至具体的形式、方法混同于根本目的，以避免思想政治工作的盲目性和只讲做了什么而不问实效如何的事务主义和形式主义的倾向。这样，思想政治工作才不至于零敲碎打、忙于应付，头痛医头、脚痛医脚，才能做到系统性，通过各个具体目的的实现，逐步改善人们的素质，不断提高人们认识世界和改造世界的能力，推动社会主义事业的迅速前进。

第四节 高校思想政治工作的意义

新世纪新阶段，高校的思想政治工作具有重要的战略地位和作用。它对于保证高校的社会主义发展方向，保证党对高校的领导，保证党和国家的大政方针在高校的贯彻落实；对于保证高校完成人才培养的根本任务，引导和促进高校的建设与发展，引导和促进高校融入国家经济文化建设的洪流，都发挥着不可替代的重要作用。

一、大学生思想政治工作是高校一切工作的生命线

思想政治工作作为高校一切工作的生命线，实质是对大学生思想政治工作的根本价值定位。所谓"生命线"，是一个形象的比喻，即是指生命存在和发展的最基本条件。在改革开放的新时期特别是在社会主义市场经济条件下，思想政治工作对于保障高校改革发展坚持正确方向、健康推进，无疑具有"生命线"的价值和意义。比如，在高校改革中，究竟怎样认识适应市场经济的发展以及利益驱动机制的作用与理想信念、思想道德建设的关系，是新时期以来大学生思想政治工作中始终带有核心意义的问题。由于市场经济是商品货币关系、价值规律的实现形式，本质上是以追求利益最大化为目的的。在现实中特别是在高校改革和发展的实践中，由于利益格局的变动，收入差距拉大等现象极易造成的社会氛围和心态变化，使得一些同志过分看

重利益驱动机制，甚至认定所谓"实惠"为唯一实在，思想道德、理想信念和思想政治工作则被称为"假大空"，这就需要引导师生员工提高认识。我们搞的市场经济，是社会主义市场经济，它必须也只能按照共产党的历史使命、战略意图和远大理想的基本走向来建设、发展和完善。尽管市场经济及其利益机制与加强思想道德建设、理想信念教育在某些方面也存在某种矛盾，但在全局、根本、长远的意义上，两者又是一致的。因此，依据社会主义初级阶段的国情建立和发展社会主义市场经济的情况下，忽视、淡化甚至放弃我们党的思想政治工作显然是不对的，在政治上是短视的。我们应当树立信心，把这一具有"生命线"意义的工作搞好。

在社会主义现代化建设的新时期，伴随着改革开放和市场经济大潮，高校必须在不断改革中发展，在不断发展中改革。改革是新的历史时期高校生存发展的基本动力，发展才是硬道理。而在这种关乎高校命运的改革发展中，思想政治工作担负着方向定位、精神动力、舆论先导、理论支持、思想保证和调动一切积极因素的重要作用。

第一，我国的高等学校是社会主义大学，不仅担负着培养有中国特色社会主义建设者和接班人的历史重任，而且是社会主义精神文明的先行者、主阵地、辐射源。因此，高校的一切改革和发展，必须保证社会主义的发展方向，必须坚持为社会主义现代化建设服务和为人民服务，坚持培养"四有"新人的目标。在这方面，思想政治工作担负着指明高校改革、发展的方向和道路的重要使命，担负着保证高校为社会主义现代化建设培养思想上、政治上、道德上合格的有用人才的重要职责。

第二，民族精神是一个民族赖以生存和发展的精神支柱。在弘扬优秀中华民族精神的同时，更加注重结合时代和社会发展的需要，为民族精神增添新因子，更加强调在世界范围各种思想文化的相互激荡中培育新的民族精神，为中华民族的伟大复兴提供昂扬向上的精神动力。思想政治工作是弘扬和培育民族精神的重要途径。只有通过广泛深入的宣传教育，充分发挥思想政治工作的作用，才能真正弘扬和更好地培育中华民族精神。

第三，高校在新的历史条件下，既要适应时代发展，更要引导时代潮流；既要继承优良传统，更要改革和创新；既要阐释改革的必要性，更要阐明改革的实质、改革的内容、改革的可能性和良好的发展前景；既要坚持社会主义的办学方向，更要发挥推动社会的全面进步与发展的重要作用。这些都需要搞好深入细致、经常持久的思想政治工作，都需要有充分、合理、有力的思想理论来说明。

第四，高校的改革与发展，是高校全体师生员工共同的利益、共同的事业，既需要消除计划经济体制下的某些思想观念，宣传论证高校改革的必要性，阐明高校改革的特殊性，指明高校改革的紧迫性，更需要广大师生员工的积极参与和共同努力，没有广大师生员工的共同参与，高校改革与发展的任务，不可能完成。这就必须充分调动广大师生员工参与学校改革与发展的自觉性、主动性、积极性和创造性。只有充分发挥思想政治工作的作用，才能把广大师生员工的思想统一到党的路线方针政策上来，把广大师生员工的行动协调到发展高校改革的事业上来。

第五，在高校的改革与发展的过程中，一方面，改革就意味着现存秩序的改变与革新，要同传统价值观念、传统发展模式发生冲突，就有可能出现思想上的困惑、迷惘甚至是混乱；另一方面，改革也意味着既定利益结构的调整和变革，涉及人们的切身利益问题。这些既关系到社会的稳定，也直接影响赋予改革大业的顺利进行。思想政治工作担负着更新观念、解疑释惑、化解矛盾、调整关系，变消极因素为积极因素，使高校各项工作有效开展，保证改革与建设任务顺利完成的重要使命。

二、大学生思想政治工作是高校一切工作的前提和保证

深化高校改革，加快高等教育事业发展，为社会主义现代化建设培养有用人才，首要的是需要解放思想、转变观念、提高认识、统一步调。只有通过坚强有力的思想政治工作，加强党的自身建设，提高广大党员和干部的思想觉悟，才能实现广大师生员工在思想上和政治上的高度一致。尤其在涉及师生员工的切身利益和现存利益关系调整的情况下，更应该加强思想政治工作，正确认识和处理伴随着改革开放和利益结构调整出现的各种人民内部问题，消除矛盾、理顺关系、凝聚人心、集中力量，使广大师生员工心往一处想，劲儿往一处使，共同为完成高校改革与发展的各项任务而努力奋斗。因此，做好人的工作，做好思想政治工作，是在现代化建设实践中把两个文明建设统一起来的中心环节。深入一步讲，一个民族、一个国家，如果没有自己的精神支柱，就等于没有灵魂，就会失去凝聚力和生命力。在高校的改

革与发展中，国际上西方敌对势力亡我之心不死；国内的各种思潮也鱼龙混杂，良莠并存。思想政治工作担负着排除一切干扰和破坏，以科学的理论武装人，以坚定正确的政治理念保障高校改革与发展的正确方向的重要任务。扎实有效的思想政治工作，是铸造高校强大精神支柱和灵魂的工作，是其他各项工作顺利进行的前提和保证。

三、大学生思想政治工作是高校以德育人的重要载体

充分发挥思想政治工作在以德育人中的重要作用，当前需要着重解决好两个突出问题：第一，要克服畏难情绪，树立坚定信念。有些同志的畏难情绪主要有：一是面对我国经济发展水平和科技实力与西方发达国家存在差距的局面，感到进行思想政治工作难度很大；二是面对世界社会主义处于低潮的局面，感到进行思想政治工作特别是加强理想信念教育不那么理直气壮；三是面对社会主义市场经济条件下人们的价值取向多层次、多样化的状况，感到进行思想政治教育不易收到较好的效果；等等。当前进行思想政治工作确有难点，但正因为有一定难度，才需要我们去奋力工作。思想政治工作本身的价值，就在于克服困难去达到预期目标。在这里，我们正确的思维逻辑应当是：由于历史的国际的复杂原因和诸种条件的制约，我们同发达国家还存在差距，历史发展的真正趋势被许多现象所掩盖，而我们又坚信真理在自己手里，所以我们才去加强思想政治工作，我们的工作才是有意义的。从这个意义上讲，克服目前的畏难情绪，也要靠我们自己具有坚定的理想、信念；第二，思想政治工作还有个不断学习提高的问题。除了有计划地学习和钻研马克思主义基本理论和思想政治工作理论外，还要注意对党的路线和时事政策的学习，要学习一点历史知识包括世界史知识，要学一点经济学、哲学、心理学、教育学，等等。

四、大学生思想政治工作是高校落实科教兴国战略的重要保证

所谓科教兴国，是指全面落实科学技术是第一生产力的思想，坚持教育为本，把科技和教育摆在经济、社会发展的重要位置，增强国家的科技实力及向现实生产力转化的能力，提高全民族的科技文化素质，把经济建设转移到依靠科技进步和提高劳动者素质的轨道上来，加速实现国家繁荣强盛。

中国是一个有着漫长的封建社会和小生产者众多的国度，自给自足的

自然经济对科学技术和教育的需求度和依赖度很低，缺乏发展科技和教育的内在动力。因此，长期以来，排斥科学技术、轻视教育的倾向，具有一定的社会心理基础。这就需要通过深入细致、坚强有力的思想政治工作，充分阐明科学技术和教育在现代社会的重要作用，阐明党中央关于科教兴国战略的重大意义，把党的正确决策变为全党全社会的共识，从而把科教兴国战略变为人们的自觉行动。

实施科教兴国战略，高校责无旁贷，必须大力弘扬尊重知识、尊重人才的良好精神。只有通过科学有力的思想政治工作，大力宣传科学技术和教育在社会生活中的重要地位和作用，大力弘扬优秀科技人员的拼搏精神和成就，树立科学家、技术专家崇高的社会形象，使科技工作、教育工作成为受人尊敬、令人羡慕的职业，彻底清除轻视甚至歧视知识和知识分子的观念，才能使知识和知识分子在社会生活中的重要地位和作用得到人们的深刻理解，才能使改善科技人员、教育战线工作人员的工作和生活条件，改进和完善科技和教育的奖励制度，加大对做出突出贡献的科技人员奖励的力度等政策得到人们的认可，从而为科教兴国战略的贯彻实施，奠定坚实的社会心理基础。

在高校实施科教兴国战略，首先要调动广大师生的积极性。人才的培养在教育，教育的发展特别是高等教育的发展，在于调动高校教师的积极性、主动性和创造性。思想政治工作的任务，在于阐明科技人员和教师的历史使命和时代责任，增强科技人员和教师的使命感和责任感，激励他们在高校发展中充当排头兵，在贯彻落实科教兴国的战略中充分发挥骨干作用；其次要造就高质量的科研队伍。实施科教兴国战略，高校必须培养、造就一支高水平的科研队伍。科技人才是第一生产力的开拓者，是社会主义现代化建设的骨干力量。加速培养优秀科技人才是一项十分紧迫的战略任务。因此，要通过思想政治工作，在高校大力弘扬爱国主义精神、求实创新精神、拼搏奉献精神和团结协作精神，树立良好的科学道德和教师道德风范。要鼓励科技工作者、教育工作者崇尚科学、追求真理，用知识报效祖国、服务人民。

第四章 高校思政工作的原则和方法

第一节 高校思想政治工作的基本原则

思想政治工作是中国共产党的光荣传统。中华人民共和国成立后，中国特色社会主义事业之所以能够不断发展、壮大和巩固，除了靠党的路线、方针、政策的正确外，还因为党有坚定的思想政治工作，始终坚持用思想政治工作的根本原则教育、启发、激励人民，调动了千百万群众的革命积极性和首创精神，保证了党的事业不断胜利。实践已经充分证明，思想政治工作是经济工作和其他一切工作的生命线，它在党的历史上和现在都曾发挥巨大的威力，是我们一切工作取得胜利的可靠保证。对此，我们必须坚持以下五个方面的基本原则。

一、坚持以马克思主义为指导

思想政治工作从属于马克思主义的科学理论体系，是以马克思主义哲学、政治经济学、科学社会主义作为理论基础的。

（一）坚持马克思主义的指导地位，是由马克思主义的科学价值所决定的

马克思主义是指导我们思想的理论基础。我们党之所以始终不渝地坚持马克思主义的指导地位，是因为马克思主义是值得我们确信并为之实践和坚持的科学理论。马克思主义是被无数事实、无数实践证明了的科学真理。正因为如此，在新的历史条件下，高校思想政治工作如果要突出理想信念教育，就不能不坚持马克思主义的指导地位，就不能不用马克思主义关于社会发展规律理论教育学生、武装学生、引导学生。

（二）坚持马克思主义的指导地位，是夺取社会主义革命、建设、改革胜利的根本保证

党领导中国革命、建设、改革的历史，就是一部坚持和巩固马克思主义指导地位的历史。中国人民找到马克思列宁主义这个放之四海而皆准的普遍真理，中国的面目就发生变化了。马克思列宁主义与中国工人运动相结合，建立了中国共产党。

（三）坚持马克思主义的指导地位，是抢占思想文化阵地的迫切需要

时代在变化，社会在发展，但马克思主义基本原理依然是科学真理。尽管我们所处的时代同马克思所处的时代相比发生了巨大而深刻的变化，但从世界社会主义发展500年的大视野来看，我们依然处在马克思主义所指明的历史时代。这是我们对马克思主义保持坚定信心、对社会主义保持必胜信念的科学根据。马克思主义就是我们党和人民事业不断发展的参天大树之根本，就是我们党和人民不断奋进的万里长河之泉源。背离或放弃马克思主义，我们党就会失去灵魂、迷失方向。坚持马克思主义的指导地位，是我们立党立国的根本，关系到党变不变色和社会主义转不转向的大问题。执政许多年的苏联共产党和第二次世界大战后建立的一些东欧社会主义国家，由于放弃了马克思列宁主义旗帜，从而导致了"红旗落地"。我们党也曾因放松了思想政治教育，出现过"政治风波"。这说明，能否坚持和巩固马克思主义在我国意识形态领域的指导地位，不仅影响着社会主义上层建筑的性质，而且关系到粉碎西方敌对势力对我国实施"和平演变"的图谋。就国内形势而言，随着社会经济成分、组织形式、利益分配和就业方式的多样化，人们的价值观念、兴趣爱好、文化选择必然会多样化。所以，我们在提倡"百花齐放，百家争鸣"的多元文化发展过程中，必须保证指导思想的一元化，而绝不能搞指导思想的多元化，这个指导思想就是马克思主义。也就是说，我们的多元文化，必须是马克思主义指导下的多元文化。马克思主义的指导地位是这种多元文化的主心骨，有了这个主心骨，才能保证我国文化的社会主义性质，保证我国文化始终沿着进步的方向前进；有了这个主心骨，才能唱响主旋律，发挥各种不同类型的文化为我国两个文明建设服务；有了这个主心骨，即使意识形态领域出现一些与主旋律格格不入的杂音和噪声，我们照样可以"任凭风浪起，稳坐钓鱼船"。如果动摇了马克思主义的指导地位，在多元文化

中缺少了主心骨，这样的多元文化只能是一种无序的、混乱的多元化，最终必将导致我国文化的变质和转向。

（四）坚持马克思主义的指导地位，是社会主义市场经济发展的必然要求

马克思主义认为，在整个历史发展的过程中，经济是基础，是历史发展的决定因素，没有一件历史事实的起源不能用社会经济来说明；同时，也没有一件历史事实不为一定的政治状况、意识形态所引导，两者交互作用，共同影响和促进社会发展。不管经济成分和经济利益如何多样化，只要坚持公有制的主体地位，中国市场经济的社会主义性质就不会改变。我们坚持马克思主义的主导地位，不仅与这种"占统治地位的物质关系"相适应，还是巩固与发展这种物质关系的根本要求和根本保证。那种认为既然经济成分和经济利益多样化，指导思想也应多样化的认识，显然是错误的，是不利于社会主义市场经济健康发展的。

（五）坚持马克思主义的指导地位，是加强和改进高校思想政治工作的根本任务

坚持马克思主义的指导地位，既是高校思想政治工作的根本原则，又是加强和改进高校思想政治工作的根本任务。我们要做好新时期高校思想政治工作，必须从国际和国内、历史和现实的角度，深刻分析新形势下对广大高校的思想政治教育发生作用的客观环境及其基本特点，正确审视和解决那些影响高校思想政治教育的重大理论问题和实际问题。而要完成这个任务，离不开马克思列宁主义、毛泽东思想、邓小平理论、"三个代表"重要思想、科学发展观、习近平新时代中国特色社会主义思想的指导。这是严密而完整的科学体系，是科学的世界观和方法论。我们掌握了这个"政治上军事上的望远镜和显微镜"，才能科学地认识社会主义发展的历史进程、资本主义发展的历史进程、我国社会主义改革实践过程对大学生思想的影响，才能科学地认识当今的国际环境和国际政治斗争对大学生思想的影响，进而作出科学的，有说服力的解释和说明，充分发挥革命理论在高校思想政治工作中的基础性作用。正是从这个意义上说，坚持马克思主义的指导地位，最基础的工作就是用习近平新时代中国特色社会主义思想武装广大高校学生。坚持唱响主旋律，打好主动仗，主动地宣传马克思主义，引导广大高校学生不断克服

和抵制错误的、落后的、腐朽的思想文化的影响与侵蚀。这些年来，社会上出现了一些与马克思主义、社会主义相悖的言论，需要引起我们的高度警觉，绝不能掉以轻心。在事关政治方向和根本原则的问题上，我们一定要旗帜鲜明、理直气壮、毫不含糊地进行积极的思想斗争，不能听之任之。当然，在批评和斗争中，一定要摆事实，讲道理，以利于教育和团结广大高校大学生。只要我们紧密结合我国社会主义改革和建设的伟大实践，紧密结合国际形势发展变化的新的实际，紧密结合高校大学生的现实思想，切实加强对马克思主义的研究和宣传，就一定能进一步坚持和巩固马克思主义的指导地位，开创高校思想政治工作的新局面。

二、坚持"实事求是"原则

所谓"实事求是"，就是一切从实际出发，理论联系实际，用辩证唯物主义和历史唯物主义的观点进行科学的分析与研究，找出事物存在和发展的规律。"实事"就是客观存在的一切事物；"求"就是我们去研究；"是"就是客观事物的内在联系，即规律性。实事求是，实质上是对马克思主义的认识论、唯物论、辩证法和唯物主义史观的高度概括，也是对中国革命实践的高度总结和概括，它是中国革命胜利和发展之本，是我们社会主义现代化建设立于不败之地的根本保证，也是做好高校思想政治工作的根本保证。

（一）思想政治工作是做人的工作，是研究人的思想和行为活动规律

思想政治工作作为一门研究人的思想活动的科学，无疑也具有自身的规律性，它以马克思主义的辩证唯物主义为理论基础，它是理论和实践的统一，它坚持一切从实际出发，按客观规律办事。早在 20 世纪 40 年代，毛泽东同志就倡导了一条以实事求是为核心的马克思主义思想路线。我党正是由于坚持了这一思想路线，革命才得以胜利，社会主义建设才取得了辉煌的成就。多年的实践证明，坚持了实事求是，各项工作就会健康稳步发展；淡忘了这一思想作风，工作就会陷入混乱，就会出现各种各样的问题。客观事物在不断变化，人们的实践活动在不断发展，认识也会不断深化。客观规律告诉我们，思想政治工作必须遵循客观要求，不断更新、不断发展，只有顺应了时代的变化而开展思想政治工作，才有生命力，才能有实效。同时，思想政治工作必须为保证党的路线、方针、政策的大方向而服务，决不能只为顺应潮流而不顾原则，只顾眼前而不顾长远。否则，高校思想政治工作就会

失去自身的作用，徒有虚名。随着改革开放的不断深入，一些新的思想甚至腐朽落后的旧思想的大量涌入，导致大学生的世界观、人生观、价值观都发生了很大变化。令我们感到忧虑的是实事求是的思想作风在一些人，特别是高校某些领导干部的头脑中也渐渐淡化起来，对于思想政治工作他们成了口头上的巨人，行动上的侏儒。由于这一问题的存在，有的高校思想政治工作越来越跟不上时代的节拍，飘浮而缺乏实效，空洞而缺乏道理，致使一些大学生在精神上缺乏动力，思想上空虚乏味等。由此可见，新时代必须加强高校思想政治工作，这是我们高校的立足之本。坚持解放思想、实事求是的思想路线和思想作风，是我们高校顺应时代进步潮流的根本要求。高度重视和加强高校思想政治工作，必须要坚持实事求是的思想作风。

（二）实事求是是马克思主义的思想基础，是辩证唯物主义的主要观点

实事求是既是高校开展思想政治工作中必须严格遵循的一条重要原则，也是准确地处理思想和认识问题的重要保证。我国高校要切实遵循实事求是的原则办事，关键是要对学生思想活动中暴露出来的种种问题进行调查研究。思想意识问题中有单纯的，也有复杂的；有的符合客观事实，切中时弊，有的掺杂着个人恩怨情感，或凭空捏造、节外生枝。高校要从现实的角度，深刻地分析新形势下大学生思想活动发生作用的客观环境及其基本特点，正确审视和解决这些问题。对已经取得的丰富材料进行对比和分类，使隐藏在其中的本质和规律显现出来，然后鉴别其真伪，并去伪存真，由此及彼，由表及里。思想政治教育要有的放矢，对症下药，不能照本宣科，空喊口号，要坚持把先进性要求与广泛性要求有机结合起来，从而形成正确的思想认识和找出恰当的工作方法。当然，世界的物质统一性和物质形态的多样性，决定了客观事物的差异性，即当今社会是错综复杂的，高校学生的思想和认识问题也是千差万别，各不相同的。在思想政治工作中，也会受到自身主观条件的制约和影响，受被调查对象和客观条件的影响，导致大学生对事物的认识也带有一定的局限性。为此，我们的大学生要注重学习，以掌握唯物辩证法、知识经济、科学技术、法律、心理、自然科学、行为科学等多方面知识，以提高自身的知识水平和思考能力。同时，要注重倾听各方面的意见，克服和减少自身思想认识的局限性，从而达到学习与运用、理论与实践、主观与客观的高度统一，以确保高校思想政治工作导向正确，基调平稳，效果良好。

三、坚持以人为本原则

思想政治工作必须坚持"以人为本"。时代在发展，社会在前进，一个"新生事物"要有生命力，那绝不是因为它讲得多么动听和时髦，而是在于它有深刻的内涵和历史必然性。因此，我们很有必要从理论和实践的结合上去探个究竟。

（一）坚持"以人为本"是马克思主义的本质要求

"人的全面发展"始终是马克思、恩格斯关注的重大问题之一。关于"人的全面发展"的思想是贯穿于马克思、恩格斯的整个学术生涯之中的，是马克思主义理论的重要组成部分。

马克思主义关于"人的全面发展"的思想涵盖了人的需要、活动能力、人性、人的社会关系等各方面的丰富和发展，以及人的价值的全面实现。可以说重视人的作用，一切为了人，是马克思主义关于"人的全面发展"思想的本质含义。

思想政治工作是以"人"为研究主体的工作，因此它必然要求广大高校遵循马克思主义关于"人的全面发展"的思想理论，也就是要重视大学生的作用。而思想政治工作坚持"以人为本"，讲得就是要以人为根本，也即以人为核心、为根基，以实现人的利益和价值为目的。其实质就是要重视大学生的作用，适应学生的需要，按照学生的意愿办事，要关心学生、尊重学生、理解学生。所以，坚持"以人为本"，不仅符合马克思主义关于"人的全面发展"思想，而且是马克思主义关于"人的全面发展"思想的本质要求。

（二）"以人为本"是社会不断发展进步的必然选择

"人的全面发展"是一个复杂的、艰苦的客观历史过程，是一个不断提高、不断完善的历史过程，是一个与社会政治、经济、文化发展相统一的历史过程。马克思主义认为，人的全面发展作为人自身发展的最高形态，是人类发展的必然趋势。要实现这一最高形态，绝不是一件轻而易举的事，必须经过一个长期的历史过程。因为最终实现人的全面发展有三大必备的条件，这就是：要充分发展生产力；彻底消灭私有制、不合理分工和人的异化，建立起自由人的联合体；全面提高人的素质。所以，任何企图超越社会历史发展阶段，提前实现这个目标的主观设想，只能是不切实际的空想。

在革命战争年代和中华人民共和国成立初期，中国人民所面临的首要问题是生存问题。"人的全面发展问题"客观上受到了很大限制。改革开放40多年来，中国的经济取得了举世瞩目的伟大成就，它为"人的全面发展"创造了良好的舆论氛围和物质基础。

（三）"以人为本"是思想政治工作的现实需要

目前，我国正处在改革开放的攻坚阶段和发展的关键时期，社会发生了复杂而深刻的变化，经济成分和经济利益多样化、社会生活方式多样化、社会组织形式多样化、就业岗位和就业方式多样化日趋明显，给思想政治工作带来大量的新情况、新问题。如，随着国家的全面开放和政治体制、经济体制的逐步改革，人民群众的思想观念、价值取向和行为方式发生了深刻变化。随着社会主义市场经济体制的建立健全，大学生的自我意识、独立意识、平等意识及民主意识不断加强，大学生的物质利益观念大为增强，并呈现出一种日趋强化的趋势。

面对现实，思想政治工作必须勇敢正视，必须更新观念，调整思路，改进方法，主动适应新观念，切实把思想政治工作放在改革开放的大环境中来审视和筹划，及时更新和改进与环境发展不相适应的观念、内容、方法和工作体制。而客观科学的思路之一就是要坚持"以人为本"，即从既有的历史前提出发，在尽可能广泛的范围内和能够达到的程度上努力促进人的全面发展。这里要特别注意两方面的问题：一方面，强调高校思想政治工作要坚持"以人为本"原则，就是要立足实际努力去为大学生的全面发展创造良好的条件。要尊重学生的个性发展，努力让具有各种不同个性的学生有自己的活动天地，能充分发挥自己的积极作用。另一方面，高校思想政治工作要坚持"以人为本"，就是要防止不顾客观现实，一味讲究"学生的个性发展"，放任、迁就一些学生的错误思想和行为。

在新的历史条件下，高校思想政治工作坚持"以人为本"原则，更好地调动、激发广大学生的积极性和创造性，有利于增强思想政治工作的针对性和有效性，因此，它必然成为我们高校思想政治工作需要坚持的一个重要原则。

总之，人是靠利益驱动的。人有物质和精神两重利益，即生理的需求、安全的需求、社交的需求、尊重的需求、自我实现的需求。近些年来，中国人在反对主观唯心主义的同时，有的人又走上了机械唯物主义道路。片面强调人的物质利益与需要，把人变成了单纯靠物质利益驱动的经济动物。这样一来，有的人在金钱面前失去了人的本性，变得野蛮与贪婪。"以人为本"的思想政治工作原则，也就是尊重学生、关心学生、理解学生、服务学生的原则。

四、坚持服务原则

思想政治工作是以人为对象，解决人的思想、观点、政治立场问题，提高人的思想觉悟的工作。它是党的工作的重要组成部分，是实现党的领导的重要途径和社会主义精神文明建设的重要内容，也是搞好高校教育教学工作的有力保证。高校思想政治工作必须服从和服务于党的中心工作，具有鲜明的党性和实践性；必须坚持以马列主义、毛泽东思想、邓小平理论、"三个代表"重要思想、科学发展观、习近平新时代中国特色社会主义思想为指导，用共产主义思想体系教育学生，使他们确立正确的立场、观点，掌握正确的思想方法和工作方法，自觉地为实现党的当前的和长远的革命目标和任务而努力奋斗。

思想政治工作是一门科学，其理论基础是辩证唯物主义和历史唯物主义，并且将马克思主义的建党学说、心理学、教育学、社会学、伦理学等融为一体，是一门综合性的应用科学。它有固有的工作规律和特点，还有经过实践反复检验的工作基本原则和科学的工作方法。思想政治工作和经济工作及其他一切业务工作的关系不是领导和指导关系，而是服务和保证关系，即为教育教学工作和其他一切业务工作服务，保证教育教学工作和其他一切业务工作的社会主义性质和方向。

思想政治工作是中国共产党的传家宝，无论是在革命战争时期还是社会主义建设时期，我们党和毛泽东同志都十分重视思想政治工作。在这种新的形势下，高校思想政治工作要继承和发扬党的思想政治工作的光荣传统，努力创造适应新形势的思想政治工作的有效方式和途径，切实把思想政治工作贯穿于建设和改革的每个领域中，激发大学生的积极性、创造性和献身精神，把全民族的力量凝聚到建设中国特色的社会主义的宏伟事业上来。

思想政治工作的一项基本任务，就是通过思想教育和政治引导来提高人们的思想认识，调动人们的积极性，促进各项工作目标的实现。但是思想政治工作作用的发挥也离不开一定的物质条件。思想政治工作与物质利益相结合，是我们党一贯提倡的一个重要原则，在改革开放和社会主义市场经济条件下尤其要遵循这一原则。主要体现在两个方面：一方面，服务于经济建设；另一方面，服务于学生。

思想政治工作要服务于经济建设这个中心，思想政治工作者就要到经济、文化建设的第一线去，提高大学生的积极性和创造性，为广大学生服务，解决广大学生的实际困难和问题。

五、坚持"四有"原则

在思想政治工作的目标上要坚持培养"有理想、有道德、有文化、有纪律"的四有新人原则；在思想政治工作的内容取舍上，要坚持"用科学的理论武装人，用正确的舆论引导人，用高尚的精神塑造人，用优秀的作品鼓舞人"的原则。这"四有"和"四人"原则，既是邓小平同志给我们提出的科学原则，也是我们党长期思想政治工作的经验总结。在推行这些原则时，不能用单一的说教方式，要在环境文化氛围建设和潜移默化的教育上多下功夫。在一个健康文化环境中，坏人进去也不敢再做坏事。今天的社会是高速流动的社会，人员在流动，思想在流动。唯有建设好学校、社区、市场文明，才能巩固发展个人文明。

"四有"公民的培育，是长期过程。培育"四有"公民，首先要以科学的理论武装人。理论是实践的先导，没有科学的理论武装，就没有正确的舆论导向，就没有思想教育和弘扬主旋律的明确方向。邓小平理论是我们党的指导思想、民族的精神支柱，是指导改革开放和社会主义现代化建设的光辉旗帜。用科学理论武装人，目的就是要坚定人们建设中国特色社会主义的理想信念，坚定人们推进改革开放和现代化建设的信心；就是要帮助人们努力掌握解放思想、实事求是这个精髓，提高运用马克思主义基本原理认识客观世界、解决实际问题的能力；就是要帮助大学生认清把握大局的意义，提高把握大局的本领，在推进改革和建设过程中始终自觉维护社会政治稳定。

培育"四有"公民，要以正确的舆论引导人。舆论导向正确，是党和人民之福；舆论导向错误，是党和人民之祸。正确的舆论导向，能够凝聚人心，振奋精神，激励斗志，促进团结；错误的舆论导向，则会混淆视听，涣散人心，瓦解斗志，造成政治、经济和社会不稳定。改革开放以来正反两方面的经验教训告诉我们，舆论导向至关重要。当前为改革开放和现代化建设创造一个良好的舆论环境，把握正确舆论导向更加重要。坚持正确的舆论导向，最根本、最重要的就是要坚持党性原则，坚持实事求是，坚持团结稳定鼓劲、正面宣传为主。近年来，新闻舆论工作始终注意围绕全党全国工作的大局，牢牢把握正确的舆论导向。围绕建立社会主义市场经济体制，配合各项重大改革措施的出台和加强经济宏观调控等重要工作，及时宣传党的方针政策，成效很大。今后，我们高校仍然要高度重视并切实做好舆论引导工作。

培育"四有"公民，要以高尚的精神塑造人。以高尚的精神塑造人对于培育"四有"公民非常重要。中华民族的传统美德是我们建设中国特色社会主义的强大精神力量。以高尚的精神塑造人，要求我们高校加强以爱国主义、集体主义、社会主义为核心的思想道德教育，广泛开展精神文明创建活动。近年来，思想道德教育和社会主义精神文明建设大大加强，以高尚精神塑造人的工作进展明显，制定颁布了《爱国主义教育实施纲要》，确定了一批爱国主义教育基地，推出了一批先进典型，推动了爱国主义、集体主义、社会主义教育的深入。我们要从新形势出发，着眼实际，充分利用加强和改进思想政治工作和精神文明建设的大环境，把以高尚精神塑造人的工作做好。

培育"四有"公民，要以优秀的作品鼓舞人。以优秀的作品鼓舞人是满足人们日益增长的精神和文化生活需求、繁荣社会主义文艺的需要提出的一项重要任务。优秀的文艺作品对于提高群众的思想境界，鼓舞群众团结奋斗，推动社会进步，能够发挥出巨大的、无可替代的作用。在推进改革和建设过程中，尤其需要发挥文艺作品的这种作用。

总之，我们要继续做出不懈地探索和艰苦地努力，努力培育"四有"新人，为加强经济建设、政治建设、文化建设、社会建设、生态文明建设和党的建设作出新的贡献。

第二节 高校思想政治工作的基本方法

人类的思想政治工作方法经历了几个时期。奴隶社会使用的是强制法，封建社会使用的是"宗教＋礼教"法。在过去较长时期里，较多的是运用灌输式的思想政治教育方法。改革开放以后，"灌输式"的思想政治教育方法逐步失去了原有的威力，也就兴起了所谓的"灌输式"＋"娱乐式""吃喝式""经济式""与走过场式"的方式。这些思想政治工作的方法都是不科学的，也与时代发展不相适应。

思想政治工作的科学方法包括思想政治工作的科学研究方法和思想政治工作的具体方法。高校思想政治工作的科学研究方法，是探索和总结思想政治工作过程中学生的思想和行为活动的规律与特点的方法。思想政治工作的具体方法，是教育者直接对受教育者施加影响并使受教育者的思想转化产生有效作用的手段。思想政治工作就是在正确理论的指导下，根据形势变化和时代要求，综合运用思想政治工作的科学研究方法和具体方法，调动大学生的积极性、主动性和创造性。思想政治工作的科学方法是实现高校思想政治工作科学化、现代化的基础。

新时代的思想政治工作方法必须实行启发式和平等讨论式。只有通过民主讨论才能弄清是非，提高觉悟，服从真理，修正错误。这就要求高校思想工作方法要多元化，要形成思想工作网络。思想政治工作应由政工干部、各院系领导以及广大学生共同来做。如果单靠政工干部来做思想政治工作，那就很难把思想工作做到每个学生身上，高校的各种问题和矛盾也很难及时得到解决。思想政治工作一定要现代化，要充分运用现代科技手段，例如，运用网络、音像系统，要形、声、意结合。不能再靠坐在办公室里，今天出一个文件，明天出一个文件，高校政治思想工作也不能靠把学生召集在一起念文件或空谈，要讲实效、办实事。

21世纪是法制时代，依法治校也是高校思想政治教育工作的重点。政治是国家的政治，国家靠法律来治理。如能教育好学生遵纪守法，社会面貌也就自然好了，政治也就体现出来了。思想政治工作的科学化包括手段、内容、方式、方法科学化等多方面，这就要求思想、政治、觉悟、品德等各个方面都要有可评定、可操作的指标，要将互联网运用于高校思想政治工作，科学地管理学生的思想与政治，克服过去主观评定学生的思想政治工作现象。总之，21世纪是一个复杂多变的世纪，也是人们的思想问题层出不穷的世纪，我们一定重视思想政治工作，努力做好高校思想政治工作。

一、符合实际情况和工作对象

思想政治工作在改革开放和现代化建设的新时期，完成了从"以阶级斗争为纲"到"以经济建设为中心"的转变之后，开始并正在经历着两个新的转变：从适应计划经济体制向适应社会主义市场经济体制的转变；从单向灌输、注重号召向双向交流、注重引导的转变。这两个转变是思想政治工作的外部环境和工作对象的深刻变化所要求的。一方面，在改革开放和社会主义市场经济发展过程中，我国高新技术发展迅速，特别是信息传播技术日新月异，对社会生活的影响越来越广。对外开放的不断扩大，各种思想文化相互交融激荡，西方敌对势力也利用世界社会主义运动处于低潮的机会。另一方面，大学生的思想观念和价值取向也发生了新的变化；大学生在职业之间、地域之间出现了大范围流动；大学生在一定的利益和需求基础上形成多种多样的利益群体和社会组织；大学生的思想活动也呈现出自主独立、活跃易变、复杂多样的特点。高校思想政治工作者在推进两个转变的进程中，适应新形势新变化，研究新情况新问题，不断探索新途径新办法，开创新局面。

二、讲究效果与注重创新相结合

在科学技术迅猛发展以及互联网广泛运用的今天，如何让高校学生正确看待社会的发展变化，正确认识自己，找准自己的位置，已成为摆在高校学生面前的一个重要问题。那么，如何改进和创新高校思想政治工作的方式方法呢？

（一）认清形势，明确任务

正确分析和认识新形势下高校学生思想行为状况及其存在的问题，既是有的放矢、增强思想政治工作针对性和实效性的前提条件，也是从实际出发、积极探索高校思想政治工作新路子的重要依据。因此，我们必须清楚地认识到当代高校学生除了在思想政治方面表现出对党和政府高度信任、对国家政治经济发展前景充满信心、爱国主义热情持续高涨等积极向上的良好态势外，还有以下影响高校思想政治工作的趋势需要引起足够重视。

高校学生面临前所未有的心理压力。随着高校教育体制改革的不断深化，就业压力和平常的考核已把高校学生推向了竞争日趋激烈的社会。对高校来说，一方面，大学生为了发展自己、彰显实践能力而欢呼雀跃，这使得他们更加努力学习，注重个人能力的培养和素质的全面提高；另一方面，有的大学生担心考核机制会受到"暗箱操作"影响。他们渴望实现人生价值，但又怀有程度不同的茫然与失落，因而，当代高校学生面临着前所未有的心理压力。

当代高校学生正经历着知识经济的变革。为了迎接知识经济时代的到来，应对知识经济的挑战，高校不断更新观念，改革机体体制，完善相关管理模式，不断引进和培养适应性强、具有创新精神的全面发展的高水平教学人才。当代高校学生正在经受这场改革浪潮的洗礼，经历着学习观念、学习方法、专业学习以及学习手段等各方面的深刻变革。这也为高校创造性地开展思想政治工作推出了新课题。

（二）创新方法，注重针对性

知识经济是以知识为基础的经济，是建立在知识和信息的生产、分配和使用之上的经济。高校要认真研究知识经济迅速崛起和社会主义市场经济条件下出现的新情况新问题，不断创新思想政治工作的方式方法，开辟新途径，总结新经验。要把高校思想政治工作做好做实，增强思想政治工作的亲和力；要经常与高校学生保持心与心的沟通，让他们感觉到我们是朋友关系；要注意观察，广泛了解高校学生的心理动向，同时不放过每一个大学生遇到的困难，不管是心理方面、生活方面还是其他方面，特别要重视高校学生中存在的各种思想问题。

首先，从组织机构来讲，要成立诸如心理咨询中心来统一管理大学生心理咨询的各项事务。高校政工干部、思想政治工作专家应是该中心的主要成员，还可以聘请心理学和教育学专家作为该中心的兼职人员；其次，要把思想政治工作寓于心理咨询之中。要鼓励高校学生打好基础，拓宽专业知识视野，走出"书斋"，为今后走上工作岗位奠定基础。要结合高校学生在学习和工作过程中出现的各种心理问题，积极开展各种心理咨询活动，帮助高校学生了解国家政策，鼓励他们积极主动而又身心愉快地走向社会，为社会主义现代化建设服务。

总之，作为一个思想政治工作者，要做好自己的本职工作，要本着对高校学生负责的态度，立足本职、扎实工作、不断创新，带好每一个大学生，使大学生在生活上无忧、学习上努力，使他们在今后的道路上充满信心。因此，高校要始终不渝地全面贯彻党的教育方针，坚持讲学习、讲政治、讲正气、讲文明，充分发挥高校思想政治教育阵地、主渠道的作用，多方面促进高校学生全面发展。要坚持思想政治教育与自我教育相结合，既充分发挥思想政治教育引导作用，又充分调动大学生的积极性、主动性。要坚持政治理论研究与社会实践相结合，注重引导高校学生深入社会、了解社会、服务社会。要坚持教育与管理相结合，把思想政治教育融入教学管理之中，建立自律与他律、激励与约束有机结合的长效工作机制。要坚持继承优良传统与改进创新相结合，积极探索新形势下高校思想政治教育工作的新途径新办法。

三、思想政治工作方法的具体选择

高度重视思想政治工作，充分发挥思想政治的重要作用，既是我们党的优良传统和政治优势，也是高等教育事业发展的本质要求。在世界经济全球化、政治多极化正在加剧、各种文化潮流都在激荡和信息技术飞速发展的大背景下，要使大学生保持积极向上的精神面貌，必须加强和改进高校思想政治工作。那么，如何加强和改进高校思想政治工作呢？

（一）突出抓好以"社会主义荣辱观"为主要内容的思想道德建设

社会主义荣辱观教育作为高校思想道德建设和师德师风建设的重要内容，贯穿于高等学校工作的全过程。高校学生要深刻认识树立社会主义荣辱观教育的必要性、重要性和紧迫性，把树立社会主义荣辱观教育放到思想政治工作的重要位置，作为思想政治教育的一个重要内容、基础性工程和长期任务，切实抓实抓好抓出成效。一要抓好社会主义荣辱观教育进高校学生头脑，不断地探索创新社会主义荣辱观与思想政治工作有机结合的方式方法，二要创新学习载体和实践形式，开展好内容丰富、形式多样的以"知荣辱、树新风、讲文明、促和谐"为主题的道德实践活动，把社会主义荣辱观要求渗透到高校学生日常生活之中，在内化上下功夫，引导高校学生从我做起，从身边做起，从点滴小事入手，把"社会主义荣辱观"转化为自觉行动，不断提升道德认知；三要把社会主义荣辱观教育作为精神文明建设的指针，在文化建设、学风建设、作风建设等方面贯穿社会主义荣辱观的要求。

（二）突出思想政治工作的重点和难点

加强和改进思想政治工作，是办好中国特色社会主义大学的重要保证，是培养又红又专、德才兼备、全面发展的中国特色社会主义合格建设者和可靠接班人的重要保证，是学校深化综合改革、建设高水平研究应用型大学的重要保证。对此，我们需要把握以下三个重点。

1.要重视高校学生的自我教育

当代大学生思维活跃，创新意识和自主意识强，因此要重视高校学生自我教育、自我管理、自我发展、自我约束、自我提高的作用，形成一套有效的办法和措施；要充分发挥高校党员的先锋模范作用，配合政工干部做好思想政治工作；要加强高校团总支、团支部和社团建设，充分发挥他们在思想政治教育中的积极作用；要支持和引导高校学生积极参与民主管理，维护高校学生的正当权益；要通过组织开展各种生动有效的思想政治教育活动，给高校学生更多认识自我、表现自我的机会，培养高校学生独立、自主、自治的精神，提高大学生的自我教育能力。

2. 要建立平等沟通渠道

与大学生进行思想交流是做好高校思想政治工作的基本前提。据调查，很多高校学生有了思想问题不愿告诉政工干部或辅导员，对政工干部敬而远之，甚至视而不见。基于此，高校思想政治工作者很难掌握第一手信息，很多问题的发生不能控制在萌芽中。高校要积极探索更多的思想沟通的方法和途径，与大学生之间架起一座"心桥"，使高校思想政治教育顺利"抵达"高校学生的头脑和心灵。

3. 要主动为大学生排忧解难

每解决一个问题就是一次思想工作，解决问题的过程就是思想政治工作的过程。要讲道理、办实事，做到春风化雨，润物无声。要把理想信念教育作为思想政治工作的核心，充分发挥高校思想政治工作的渗透性和实效性。

（三）深入开展心理健康教育

在高校思想政治教育中，大学生心理健康教育作为高等教育的一个重要方面，对开展心理健康教育，培养大学生健康、积极的心理品质有着重要意义。当今高校学生身上所暴露的主要问题往往不在政治上、道德上，而是在心理上。根据调查发现，在高校学生中心理问题或多或少，或轻或重都有，特别需要帮助和化解心理问题。一要强化心理健康教育服务功能。由于心理问题的隐秘特征，当高校学生表现出某种需求时，要及时提供心理帮助。二要解决心理健康教育师资问题，聘请一批心理教育专职人员，根据要求开设心理健康辅导。三要采取多种形式帮助高校学生释放心理能量。继续完善心理咨询室的软硬件建设，充分发挥心理咨询室开展心理咨询、心理检查、心理辅导的作用，重点开展对家庭困难的学生心理辅导，帮助他们克服困难，经受考验，提高承受挫折的能力。四是要加大对心理健康教育的投入，使心理健康教育基本满足高校学生的需求。

（四）办好思想政治理论课

统筹规划，把习近平总书记系列重要讲话精神和治国理政新理念新思想新战略纳入高校思想政治理论课课程体系。以教与学模式改革为载体，积极推进高校思想政治理论课教学方法改革。推行思想政治理论课特聘教授制度，邀请有较高理论素养和丰富实践经验的党政干部、社科理论界研究人员等参与思想政治理论课教学。学校党委书记、校长每学期至少为学生讲一次思想政治理论课。不断丰富教学内容，创新教学手段，特别是推动思想政治理论课同信息技术高度融合，更加贴近学生的专业特点、思想实际、社会现实，着力提高高校思想政治课教学的亲和力。

四、构筑思想政治工作的有效载体

思想政治工作主要包括常规思想工作、思想教育工作、常规政治工作和政治教育工作四方面。其中，常规思想工作主要是说服疏导和解疙瘩的工作，当有些大学生有时对某个问题或事件想不通想不明时，说明他们的思想和思维有一些障碍，这时就需要通过思想工作排除思想障碍，疏通思维的环节；学生的思想有好坏之分，思想觉悟有高低之分，因此就必须加强高校思想政治工作，不断提高大学生的思想觉悟和道德水平；常规政治工作是指要落实和贯彻执行党和国家的路线、方针和政策；我们是共产党执政的社会主义国家，我们高校的政治教育工作就不能放松，就要对高校青年学生进行共产主义理想教育。要做好高校思想政治工作涉及许多因素，其中，高校思想政治工作的载体建设就是一个非常重要的方面，而且已经越来越受到学生们的喜爱和重视。

（一）构建高校思想政治工作载体意义重大

高校思想政治工作的主要任务，首先是把学生培养成为有理想、有道德、有文化、有纪律的社会主义事业的建设者；其次是让高校学生掌握马克思主义的立场、观点和方法，学会用辩证唯物主义和历史唯物主义认识问题、分析问题和解决问题；最后是培养高校学生的创新精神、思维能力和健康心理。

要实现这样的任务，就要建设思想政治工作的载体。实践告诉我们，一切思想观念，都必须有一定的物质依附，或者说有一定的物质承载。要进行爱国主义教育，就必须有相应的事例和场馆作为载体；要进行优良传统教育，就必须有相应的历史文献和历史文物；要进行艺术教育，就必须有相应的艺术作品等等。每一种载体，都必须有相应的情感注入其中，而且还包括某种道德伦理、思想内容和政治内容。如果承载这些情感和思想政治内容的载体比较适宜，那这些情感和思想政治内容等就会得到广泛传播。由此可见，载体建设之于高校思想政治工作的重要性，就在于它实质上是一定思想观念的物质化、外化和直接现实。就本质而言，高校思想政治工作必须通过一定的载体才能实现。例如，对高校学生进行中国特色社会主义理论教育必须达到如下几个目的：一是要使学生坚定指导思想；二是要使学生坚定走中国特色社会主义的道路自信；三是要使学生增强走建设中国特色社会主义的理论自信；四是要使学生对党中央领导集体充满信心；五是要使学生掌握中国特色社会主义理论的科学体系和基本精髓，掌握马克思主义的立场、观点和方法，提高分析问题和解决实际问题的能力。要实现这些目的，必须利用好、设计好相关载体。可见，载体的建设过程，实质上就是高校思想政治工作的推进过程、加强过程、改进过程和落实过程。在一些人眼中认为高校思想政治工作是很"虚"的工作，这种观点是十分错误的，也是站不住脚的。其实，高校思想政治工作是非常实的，实就实在它在对象和载体两方面能够直接体现，因而其存在、作用和效果都是看得见、摸得着的。加强和改进高校思想政治工作，落实是关键；而能否真正落实的关键，很大程度上在于是否能够建设起各类载体。

（二）高校思想政治工作载体的类型与建设

首先，把握高校思想政治工作的载体类型。高校思想政治工作的载体，可以粗略地分为信息工具类、活动场所类、教育基地类、创建活动类和社团组织类等载体。新闻、出版、书籍、报刊、互联网等可看作信息工具类载体；影剧院、博物馆、纪念馆及各种活动中心等可看作活动场所类载体；社会实践基地、爱国主义教育基地、军民共建基地等可看作教育基地类载体；各种精神文明创建、校园文化活动等可以看作创建活动类载体；党校、团校、双学小组、高校社团等可看作社团组织类载体。以上各类载体，各有所长，各司其职，共同构成高校思想政治工作的载体体系。这在健全的思想政治教育体系中，它们互为补充、相互促进，形成一种良好互动的机制，共同为加强和改进高校思想政治工作发挥作用。

其次，以求真务实促载体建设。加强高校思想政治工作载体，必须坚持求真务实的态度。这包括两个方面：一是坚持真理，坚信科学。例如，讲授中国特色社会主义理论，高校学生要坚信它是科学、是真理，如果你自己都怀疑，那你是什么样的大学生？我们应深信马克思列宁主义、毛泽东思想、邓小平理论、"三个代表"重要思想、科学发展观、习近平新时代中国特色社会主义思想的科学性和真理性。只有相信它，才会去学习它、理解它、掌握它。二是要按思想政治教育的规律进行教学。

最后，信息工具类的载体建设。信息类载体。从哲学上讲，世界可以分为两类：第一类是物质客观世界，即自然界；第二类是精神世界，即意识领域。作为信息类载体，就是物化了的精神世界，如书籍、报纸、杂志等。在各种信息工具类的载体建设中，当前尤其要重视互联网这个全新的工具类载体。互联网日益深入大学生的学习生活当中，在改变学生的学习习惯、思维习惯以及生活习惯的同时，也在深深地改变着学生的思想观念、政治态度、道德风貌和价值取向。

从科学的角度来讲，互联网可以承载任何内容，即可以为任何人所用。互联网具有开放性、及时性、隐蔽性、虚拟性、随意性、互动性等优势和特性，一方面展现了丰富多彩的外部世界；另一方面网上反动、迷信、黄色的内容，也存在种种"陷阱"。由于互联网的隐蔽性和互动性，人们可以更方便、更"安全"地在网络上发布自己要想发布的东西，表达自己所想表达的思想和情感。如此一来，互联网上的信息就良莠不齐、真假难辨。因为互联网具有互动性的特性，学生们可以与信息的发布者完全同步交流。这样，我们从网上获得的信息，就会比在其他地方获得的信息更加直接、更加深刻。从当前情况看，互联网发展迅速为高校思想政治工作提供了新的载体和渠道，同时也给高校思想政治工作带来了严峻挑战。互联网新闻传播集各媒体之长，领各媒体之先，不仅具有报纸新闻详尽、深入的特点，而且具有广播电视传播迅速广泛、声形兼备的特点，互联网新闻具有独特的传播优势和潜在的发展前景，要研究互联网这一高科技含量的新的传播方式，一是要加强对网民的教育和引导；二是必须"扫盲"，"扫"网络知识之"盲"，努力使每一个学生掌握网络时代的思想政治工作"本钱"；三是加强对网络管理，努力做到管而不死，活而不乱，因势利导，为我所用，使互联网成为新时期高校思想政治工作的有力武器。

创建活动类的载体。要通过各种精神文明创建、文化活动等加强高校学生的思想政治教育。如，理论联系实际的政治学习、丰富多彩的文化娱乐活动、卓有成效的精神文明建设等，都是应当建设好的思想政治工作载体。运用创建活动类的载体，还要努力搞好典型宣传。要正确地认识和把握典型宣传的社会功能，通过深入采访，精心组织，精心选择，精心策划，精心写作，精心抓好一些独具特色的典型宣传，对一些重大典型的宣传在统筹安排、形成合力的基础上，进一步发挥主动性和创造性，力争把重大典型的宣传搞得更加生动活泼，更有成效，做到可信、可亲、可敬。要坚持实事求是，注重理论与实践的统一，宣传高校思想政治工作的成功经验和先进做法，使这些载体真正发挥典型和示范作用。这样，组织活动类载体运用得好，高校思想政治工作就能达到事半功倍的效果。

（三）高校思想政治工作载体建设的重点方向

1. 树立创新意识

应树立"阵地意识"，在思想政治领域必须采取"攻事战略"，唱响主旋律，打好主动仗，用马克思主义占领思想文化阵地。应树立"科学意识"，载体应符合科学性的要求，彰显先进性。应树立"整体意识"，综合运用各种载体。

2. 明确创新载体

适应社会主义市场经济发展的需要，积极探索和借鉴新载体。凡是能够准确、有效地体现高校思想政治工作目的和内容的有效手段、形式，都可以大胆拿来使用。要根据形势发展的变化，对高校思想政治工作现有载体进行改进，增强其吸引力、感染力。广播、电视、报刊等传统媒体要在唱响主旋律、强化宏观引导的同时，从单向灌输向双向交流转变，从我讲你听（看）向共同参与转变，努力把文化活动变成广大高校学生积极参与和展示自身形象的大舞台。精神文明创建活动要将普及和提高紧密结合起来，多为高校学生创造喜闻乐见的活动，吸引大学生参与进来。同时，精心设计活动内容，逐步提高活动的档次和水平，不断深化活动内涵，推动各项活动向更高层次发展。要提高高校思想政治工作的科技含量，大胆借鉴和吸收现代科技成果和最新的管理方法。现代科学技术对社会生活的影响和作用越来越突出，既给高校思想政治工作带来了新的挑战，也提供了新的手段。例如，通过前面提到的网络，加大引导和管理的力度，进一步增强网上宣传的主动性、针对性和时效性。利用互联网尤其大数据加强社会心理和社会舆论的动态分析，运用社会学、心理学、行为学等最新研究成果，增强高校思想政治工作的吸引力、说服力和感染力。高校思想政治工作要采用先进的科技手段，与各种文化活动结合起来，在轻松愉快的环境和气氛中陶冶情操、提高觉悟。

3. 发挥载体作用

高校思想政治工作也是这样，要发挥每个学生、每个支部和载体的优势和作用，使思想政治工作落到实处，取得实效。

由此可以得出结论：一是高校思想政治工作离不开载体，要高度重视；二是高校思想政治工作的载体要精心选择、精心设计，充分运用；三是高校思想政治工作的载体要不断地加强，不断创新，发挥更大的作用。

第三节 高校思想政治工作的原则方法

高校党委管什么？简单地说，党委管政治、管方向、管大事、管思想政治工作。管政治就是要坚持共产党的领导，坚持共产主义信念、坚持党的立场、观点、方法，始终与党中央保持高度一致；管方向主要是保证高校永远坚持社会主义方向，沿着中国特色社会主义道路前进；管大事主要是管思路、管决策、管规矩、管机制；管思想政治工作就是用正确的方法调动大学生的积极性，为党的事业努力奋斗。在大事中，思路很重要，它是一个高校的纲和领。为什么要搞思想政治工作、怎样搞高校思想政治工作、按照什么指导思想搞好高校思想政治工作，这都属于思路的范畴，这些问题不解决，其他问题均无从谈起。思路需要决策，但决策不仅是决策思路，制定方针、政策、规范、制度、措施等都要有正确的思路。规矩是规章制度。规章制度是对高校党委、院系基层党组织和党员的思想及行为规范。机制是教学机制，是教学运行的形式与动力。在高校，思想政治工作是调动学生积极性，促使广大学生以饱满的热情投身到国家改革和发展的事业中。因此，高校要发展，思想政治工作一定要跟上，一定要加强。

一、高校思想政治工作需做好"五个结合"

思想政治工作是高等教育事业繁荣发展的重要保证。整体来看，当代高校学生思想政治状况的主流是积极健康的、向上的。但我们也要清晰地看到，随着人们物质利益观念普遍增强，高校这片净土也未能幸免。因此，我们应该坚持"五个结合"，即主客体结合、虚实结合、内外结合、走出去与请进来结合、惩戒管教与思想政治工作相结合。

一是主客体结合。即思想政治工作者与思想政治工作的对象相结合。这里有两层含义，第一层含义是做思想政治工作的人要了解工作对象的情况，要懂得他们想什么、爱什么、恨什么、喜欢什么、厌恶什么，这样做工作才会有的放矢；第二层含义是讲全员思想政治工作，人人是主体，个个是对象。

二是虚实结合。即讲道理与办实事相结合，道理不讲不行。青年学生处在世界观、人生观、价值观的形成和发展阶段。我们不用马克思主义的理论去武装、灌输、教育、启迪他们，资产阶级的东西便会乘虚而入，对他们进行腐蚀和影响。为了占领和巩固这个重要阵地，大道理必须不断地讲，用正确的理论和思想武装青年学生。光讲道理行不行？如果说20世纪五六十年代还行得通的话，现在就不行了，特别是在社会主义市场经济条件下不行了。讲道理要与实例相结合，讲道理的同时要办些实事，讲道理的人要以身作则、率先垂范。这样讲道理的效果才会好，才容易被大学生接受。现在的问题是大道理讲得太少了，因而一些年轻学生的脑子里是空空的。

三是内外结合。即校内教育与校外教育相结合。让高校学生接触实践和社会，这才是有效的思想政治工作。

四是走出去与请进来结合。高校都要有自己的德育基地，像井冈山、红旗渠、军史展览馆、红色教育基地、爱国主义教育基地等。走出去就是要不定期地组织高校学生到这些基地参观、学习、感受和领悟；请进来就是请一些劳模、先进人物、离退休干部做高校的顾问，不定期来学校为大学生作报告。

五是把惩戒管教与思想政治工作相结合。从某种意义上说，惩戒也是一种必要的教育。对于那些严重违反党的规章制度的行为，没有惩戒就不能有效地解决问题。关键是不能"一惩了之"，而是在惩戒的同时仍然热情地做好转化工作。把刚、柔两个方面的力量结合起来，才能促成问题的解决。但关键是要面对现实，因势利导，使高校学生学会独立思考、自主判断，形成开放、兼容、思辨的思维方式，在纷繁复杂的社会中，既求同又存异，在存异中求同。

二、高校思想政治工作需把握的基本方法

很多传统的思想政治工作方法是科学有效的，首先要继承优良传统；其次才是创造和发展。高校思想政治工作要结合实际，讲究科学方法。

第一，调研法。调研法是调查研究法。这里有两层意思：一是主体调研；二是客体调研。主体调研的目的是为了掌握新情况、了解新问题、寻找新方法，通过调查研究使高校思想政治工作更具有针对性、时效性。客体调研是为了打消疑虑，解决现实问题。我们应该向高校学生调研、向教职工调研、向社区居民调研。调研可以个别谈话，可以开座谈会，可以走出去，也可以请进来，可以通信、可以问卷、可以抽样。只要调研的目的明确，方法可以灵活多样。

第二，示范法。示范法是靠榜样来启迪、激励、带领高校学生学习的方法。这里也有两层含义：一是学校领导要率先垂范，要求学生做到的自己必先做到，要求学生不做的自己必先不做，这样学生才服气，学校才有正气。如有的高校采用的"约法五章"和"四个一"就是这个意思，就是要求学校党委班子率先垂范。"约法五章"中其中一条是讲团结，要求领导班子不搞亲疏、不搞内耗，团结一致。其他四条都是廉政建设的内容，例如，给学生办事不允许收一分钱财礼、不允许吃一分钱回扣、领导不允许占学生便宜、不允许用公款吃喝等。示范法的第二层含义是专兼职党务工作者和其他思想政治工作者要率先垂范、以身作则，不能讲一套，行一套。挂羊头、卖狗肉损害了党的威信和形象，也影响了高校思想政治工作的作用。

第三，说理法。说理法就是以理服人，不能靠以势压人。压制只能奏效于一时，不能彻底解决问题，只能治人于口而无法治人于心，而思想政治工作的功能是攻于心而见于行的，必须靠说理。因此，高校可采用演讲赛、辩论赛等说理法的好形式。

第四，关爱法。关爱就是关心、爱护。关爱法是靠关心、爱护学生，促使学生对党、对国家、对社会主义、对集体热爱并逐步增加这种感情，使之愿意为之献身的方法。有些高校叫感情投入法。关爱比感情投入面更广，意思更确切。感情投入法局限于人与人的关系。你今天在这个位置上感情投

入，与工作对象建立友谊和感情，然后你做思想政治工作的对象就容易听得进去，那么明天换人了他还得去感情投入，投入的目的仅仅是拉近主客体之间的关系，为做思想政治工作进行铺垫。可见，关爱法是关心爱护法，它不是高校思想政治工作的手段，而是工作内容。作为大学生，学校本来就应互相关心爱护，特别是学校领导对学生、老师对学生的关心爱护。所以，关心爱护是学校领导及广大老师的责任与义务，目的是让广大学生感受到学校大家庭的温暖。

第五，对话法。对话法是通过学校党委与学生对话来增强学生的主人翁意识的方法。对话是交流的好办法，因为对话双方是平起平坐的，没有领导与被领导之别，没有高低贵贱之分。对话能创造一种融洽的气氛，使学生畅所欲言。对话时，高校学生提出的问题如果能够解决的，学校领导应当场表态并拿出解决办法，当场不好表态的也要表示会事后研究解决。

第六，参与法。参与法是有意识组织高校学生参与决策、参与改革与建设的方法，这种方法是增强学生主人翁意识的好方法。主人翁意识淡薄是现象，根源在于缺乏凝聚力，缺乏统一思想、凝聚意志的发展规划。

第七，引导法。引导法是典型引路、循循善诱、逐步深入的思想政治工作方法。例如"三观教育"，什么是无产阶级和资产阶级的世界观、人生观、价值观，我们不是首先摆出答案，告诉学生应该做什么，不应该做什么。因为那种直截了当的说理往往是空对空的，不易被当代大学生接受。当代大学生不仅要知其然，还要知其所以然，引导法是让他们从知其然中渐渐知其所以然。

第八，激励法。激励法是对高校学生实施全方位的激励以便调动积极性、创造性的方法。从发展规划、软件建设、硬件建设等方面来激发大学生的上进心、积极性，形成一套激励工程。激励是新时期高校思想政治工作的新特色、新方法，它容易被学生接受，能够产生较好的效果。

思想政治工作是一门学问，需要学习、钻研和掌握；思想政治工作是一门科学，需要丰富它的内容、把握它的规律、研究它的方法。高校思想政治工作既有一般思想政治工作的共性特征，也有大学生自身的不同特点。高校的职责要求思想政治工作在这里只能成功，不能失败，只能加强，不允许削弱与疏忽，否则就担当不起历史赋予的重任。

总之，社会主义市场经济给高校教育事业发展带来了难得的机遇，也给高校思想政治工作带来了前所未有的挑战。为了抓住机遇、迎接挑战，高校不得不在教学模式、教学内容、教学方法、教育机制、人员结构、内部管理等方面不断创新。高校的变化首先来源于学生的变化，学生的变化首先表现在思想观念的变化上。那么把学生当作教育对象，高校思想政治工作也必须随之改变。

第五章 高校思政工作的地位和作用

第一节 思想政治工作在高校中的地位

思想政治工作是学校教育工作的"生命线",它在学校教育管理中起着服务作用和保证作用。也就是说,它服务于学校教育管理目标,保证学校教育管理的方向。思想政治工作在学校教育管理中的这种重要地位职决于下列因素:

一、思想政治工作具有启发觉悟、解放思想、促进管理的功能

学校教育管理中的思想政治工作指围绕学校教育管理目标和决策措施,用共产主义思想教育全体教职员工,帮助他们提高思想觉悟,克服实际困难,解决思想问题,最大限度地调动他们的积极性,保证学校教育管理的顺利进行并取得最佳效果。正因为学校教育管理中的思想政治工作是说服教育、启发教联员工的思想觉悟的工作,它能使广大教职工转变观念,树立新的思想意识,自觉地为实现教育目标而努力,因此,它决定着学校教育管理的成效。

二、思想政治工作与学校教育管理的对象和根本任务相一致

学校思想政治工作的对象是全体教职工尤其全体教师。其任务是按教育事业的要求去规范他们的思想,提高他们的觉悟,激发他们积极地做好本职工作的热情,与学校教育管理的对象和任务具有一致性。正是由于二者间存在着这种一致性,因此思想政治工作在学校教育管理中才显得尤为重要,思想政治工作抓得紧,做得细,思想政治工作有实效的学校,教职员工的事业心、责任感就强,积极性就高,教育管理的目标就容易实现。反之,放松思想政治工作的学校,教职员工的思想问题得不到解决,抵触情绪重,消极涣散,就会形成教育管理的"反作用力",极大地阻碍学校教育管理目标的实现。

三、学校教职员工思想素质具有复杂性的特点

相对封闭保守的生活方式使他们和农场职工、小生产者保持着深刻的联系，他们又曾接受过现代文化科技知识的教育，因此，既具有现代人的意识，又存在一定的传统观念。比起农工来，他们的思想具有一定的开放性；比起城市教师来，他们的思想又显出一定的封闭性和保守性。这种思想素质、观念复杂性的特点给学校教育管理与改革带来了较大的困难，对实现学校教育管理的科学化和民主化极为不利。

第二节 思想政治工作在高校中的作用

思想政治工作的地位决定了它在学校教育管理中的作用。从根本上讲，它主要解决教育管理中的基本矛盾，即学校领导和广大教职工的矛盾，促进管理者和被管理者的协调一致，从而有效地保证达到管理目标。思想政治工作在学校教育管理中的服务作用和保证作用表现在：

一、激励学校教育工作者的内在动力，激发人们为教育事业而奋斗的事业心

学校教育管理是一项多因素、多层次的系统工程，需要多方面的共同配合，尤其需要全体教职员工的密切合作。广大教职工中蕴藏着极大的聪明才智和积极性，需要领导去挖掘、调动。离开了学校全体教职员工的共同努力，单凭少数几个人的"才智"，纵有"三头六臂"也难以搞好教育工作。少数教育领导机械地模仿企业的做法，迷信单纯地用奖金来调动教职员工积极性的做法，事实证明这种做法并不奏效，这种认识具有极大的片面性。教职员工的需要具有多层次性，获得金钱与物质的回报只是处于最低层次上的需要。因此，调动教师积极性的根本办法应由依靠外在动力驱动转向启发其内在动力。而这种启发内在动力的方法就是思想政治工作。思想政治工作产生的这种内在驱动力是持续恒久的，正好符合周期长的教育事业的需要，为搞好学校教育管理工作提供了必要条件。

二、协调教育管理机构内部的人员关系，建立良好的内部管理环境

俗话说，天时、地利，不如人和。学校教育管理系统中，思想政治工作深入细致，学校干部之间、干群之间才能做到相互理解、相互关心、相互配合，才能增强彼此间的吸引力和凝聚力，容易形成和谐、积极向上的心理。反之，思想政治工作不够深入，甚至放松懈怠，教职工及领导之间互相猜疑，互相拆台，矛盾重重，不仅教职工个人的积极性，聪明才智受到压抑，而且会使教职工内部产生"离心力"，人心涣散，内耗增加，造成 $1+1 < 2$ 的后果。正是在这个意义上，充分发挥思想政治工作协调人际关系的作用，营造一个良好的学校管理的内部心理环境，才能有效地进行学校教育管理。

三、保证学校教育管理目标的实现，提高管理效能

没有目标的管理是无序的管理，而无序的管理工作收效甚微，实行目标管理是教育管理具有科学性的必然趋势。总的指导思想是提高学校教育的经济效益和社会效益，以较少的投入争取较高的"产出"，培养出更多能够适应社会需要的德、智、体全面发展的人才。要实现这一目标，不仅有赖于学校教育管理的科学决策、组织、协调，更重要的是尽可能使全体教职员工的个人目标与集体目标统一起来，大家心系一处，劲儿使一方。这样，领导意图才能变为全体教职工的自觉行动，要做到这一步，单靠行政手段不行，还须做大量的思想政治工作，只有把思想政治工作做在前面，才能使大家统一认识，步调一致，产生整体效应，实现学校教育管理的统一目标。

在关于学校教育管理中思想政治工作的地位和作用的问题上，我们要防止和纠正"任意夸大"和"随意缩小"的两种错误倾向。那种片面"突出政治"，把思想政治工作放置到可以取代其它一切工作的位置是错误的。其结果只能使思想政治工作失去服务对象，变成空头政治，导致思想政治工作名存实亡。而有的学校教育行政干部只强调具体的管理工作，而把思想政治工作看作可有可无的软任务，有的学校思想政治工作，名义上有人管，实则无人问，这种轻视甚至放弃思想政治工作的倾向和做法同样是错误的，与思想政治工作在学校教育管理中的地位和作用极不相称，思想政治工作的地位和作用是客观存在的，我们只有正确地认识并在实际工作中给予高度重视，才能搞好学校教育管理。

第三节　思想政治工作是提高学生素质的保障

　　想要学生通过教师的思想政治工作能够有所提高，我们首先就要将我们的教学模式加以改善，教师应该通过循循善诱，引导学生走上正确的道路，鼓励学生大胆的尝试新鲜事物，勇于创新。教师合理有效地为学生安排一些任务，让学生自己去实施，通过这样的锻炼，学生的胆识也会不断增长，团队协作能力也会增强，最重要的一点就是培养学生将书本上的知识转化为实际工作生活的元素，帮助学生在思想和能力上共同成长，成为思想和能力的双巨人。这样我们的教学工作才有意义，才取得了实质性的胜利，只有这样进行我们的思想政治教育，才能让学生从根本上改变自己，提高自己。

一、营造民主的课堂气氛是培养学生综合素质的关键

　　在传统的教学课堂模式下，往往是单向的灌输模式，教师将知识单向地传输给学生，学生不需要消化，直接装进大脑里，然后不知所云。而对于这种知识的灌输，究竟效果如何，检验它的唯一标准就是考试，在中国的大风气下，学生在各个阶段都会接受所谓的考试，就是将知识硬性的变成一串串数字计入脑子，输入在试卷上。那么，这种检验方式真的科学吗？真的可以将知识和真理运用自如吗？我们的学生到底对知识的掌握程度有多深，这一系列的问题都值得我们深刻思考，发人深省。我们都需要认真考虑，作为教师，应该为学生负责，教育他们的不是那一串串的数字，而应该将我们所掌握的技能传授给学生，并鼓励学生积极进取、创新思维、超越自我、创造奇迹。那么，我们首先应该从我们的课堂气氛着手，让学生有说话的空间，从学生的内心出发，让学生表达自己的感受，然后教师根据学生的感受对课堂的教学内容教学方式进行调整，所以教师应该在讲解内容与重点时，及时的发问，让学生的思维跟着教师的思维一起转动，再然后教师应该让学生分小组讨论，培养学生的团队协作能力，也可以促进学生之间的感情，最后教师请每一个小组说出自己组的综合意见，分享给大家。这一系列的过程中，学生既学到了知识，又可以感受到快乐，深刻感受到自己参与到其中的充实感受。

二、激发学生兴趣是培养学生综合能力的最佳途径

无论什么人，想要办成什么事，首先就应该拥有浓烈的兴趣，培养学生的综合素质与综合能力也同样如此。想要学生准确高效地执行我们安排给他们的任务，首先就应该激发学生的兴趣，激发他们的好奇心和求知欲，让他们主动去探求定以后的现实世界。对于中国的法律和相关的政治事件，如果我们采取教条式的教学，只会使学生们昏昏欲睡，无精打采。但是如果我们换一种方式，也许效果就会令我们惊喜，我们就可以在课堂上模拟案例的发生，教师学生共同进行分析，也可以模拟选举的全过程，让学生深刻感受知识的实体，体会知识的意义。综上所述，对于高校的思想政治教学工作，我们不应该简单的将知识灌输给学生，而应该更加关注学生的精神变化，应该激发学生兴趣，加入情境教学，声情并茂地将知识呈现给学生，从而提高学生的综合素质。

第六章 高校思政工作的心理教育机制

第一节 高校思想政治工作中心理学服务机构的建设

大学生思想政治教育作为一项具有教与学双向互动性活动，面对当下纷繁复杂、日新月异的信息化社会，不能停留在对社会思想政治关系的被动接受状态，而应建立在充分尊重大学生这一教育对象的主体性，激发其内驱力，启发其自觉性，将思想接受内化为科学、正确的价值观念和信仰体系。因而，教育者引导大学生建构主体性，使自己完成思想接受后的内化与提升，思想政治教育才能真正获得自身的意义。深入而言，内化是大学生思想政治教育心理接受机制的核心，而自觉性塑造是心理接受机制的目的。

一、构建原则

构建大学生思想政治教育心理接受机制，应遵循一定的原则，以确保机制构建科学、合理，运行完善、易行，效果显著、持续。同时也可为心理接受机制的优化、完善提供赖以依据的准则。

（一）主体性与主动性的统一

所谓主体，从哲学层面而言，即对客体有认识和实践能力的人、实践的对象，为属性所依附的实体。接受活动非常明显的一个特征就是强烈的主体性。主体是从自己的内在需要、利益、愿望、爱好出发，对所感受到的信息做出抉择。由于大学生的理性思维能力已经初步形成，自身思维已经呈现出一定的独立性和批判性，越来越习惯于根据自己的思维把握事物的内在联系，独立思考，得出自己的结论，由此体现出主体性的特点，如，他们愿意接受真理、注重情感、崇拜偶像、敢于创新的心理特点。主动性，即大学生由于自身心理需要的动机在心理接受的活动的过程中表现出来的主观能动性。大学生是思想政治教育接受的主体，他们能否主动地应答、主动地选择、主动地思考是思想政治教育的关键。在科学的教育引导下，通过形式活泼多样、内容生动形象的活动让他们自由、平等、民主地参与，激发他们的主体性和主动性，开展思想政治教育。

大学生的需要受到尊重是大学生接受思想政治教育的基点。大学生思想政治教育要以人为本，更应注重需要和尊重主体，以贴近大学生的学习和生活的方式，满足大学生长远发展的需要，才能产生授、受双方的融会，寻求施教与受教二者的贯通。从尊重大学生的主体性出发，从研究大学生的需要入手，激发其学习和践行思想政治教育内容的兴趣，在教育过程中让学生发现自身长处，注重积极的心理调适，加以引导并给予积极的评价，充分肯定其正确的思想行为，使大学生体验到成功的愉悦心境，树立和增强自信心，进而产生接受思想政治教育的积极性、自觉性和主观能动性，这样就能激发其学习动机和接受兴趣。

（二）长期性与反复性的统一

从心理学角度讲，接受主体从接触到内心真正接受一种理论、观念是一个从低到高、从部分到整体、从外表到内心的一个长期过程，不是立竿见影、一蹴而就的，甚至需要一个较长时间段，这就决定了大学生思想政治教育的长期性。反复性，即大学生理解认同思想政治教育需要长期不断、多次重复、较长时间才能完成。大学生一个明显特征就是情绪起伏波动大。高兴时，热情奔放、情感浓烈，没有丝毫掩饰；伤心沮丧时，则情绪低落、抑郁消沉。这就需要对大学生的思想政治教育长期坚持，通过各种途径、各种形式影响大学生、感染大学生。要充分考虑当代大学生心理接受的反复性，运用思想政治的激励功能鼓励大学生在人生低峰时不消沉，积极奋进，在成绩面前，不骄傲自满，不断前进。

（三）心理性和实践性的统一

思想政治教育所蕴含的思想观念、政治原则和道德要求属于社会意识形态，整个接受活动反映出来的是一种知识、思想、文化的交流与传承。因此，大学生思想政治教育是一种心理性、精神性的活动。同时，作为接受主体的大学生接受的是一种以指导行为为目的，通过大学生个体的心理内化，进而表现出一定的外化行为，并将这种心理内化的知识、思想、文化具体到日常的学习、工作和生活当中去。因此，大学生思想政治教育是一种心理性和实践性的统一。

（四）多样性与差异性的统一

大学生思想政治教育的表现形式是多种多样的，可以通过课堂讲解、讲座、报告、演讲、辩论、演唱、展览、参观等多种形式出现，它表现出多样性的特点。同时，由于大学生个体的差异，如，认知水平、情感体验、价值观取向等个体差异，在开展大学生思想政治教育的过程中，也受到上述因素的影响，体现出差异性的特点。由于个体接受水平的差异性，也必然会对大学生思想政治教育形式途径的多样性产生影响，因此，大学生的接受心理也体现出多样性与差异性的统一。

（五）核心性与时代性的统一

在我国，大学生思想政治教育的核心目标应是培育大学生的社会主义核心价值观，使其树立共产主义理想信念。因而，在进行思想政治教育的过程中，应注意把握教育的核心目标和任务。社会价值观念的多元化是任何一个社会的常态，但这不能成为价值观念混乱的理由。国家的繁荣昌盛、社会的稳定和谐，必然需要有序的价值观念体系。在众多的价值体系中，社会主义核心价值体系则应成为引领者。这也就意味着，对于大学生这一国家未来建设者和接班人的培养，就应以社会主义核心价值体系的培育作为思想政治教育的核心目标。

对大学生进行思想政治教育，也应与时俱进，充分尊重其时代性的特点。尤其当今时代以互联网的高速发展为特征之一的信息社会，思想观念的多元化、多样化已然成为时代常态和发展趋势。作为思想政治教育工作者，始终要保持清醒的头脑，并能充分把握时代特征和大学生的群体特征，掌握一定的新兴技术，了解时代发展的前沿课题，才能永葆思想政治教育在青年大学生群体中的活力和吸引力。因此，构建大学生思想政治教育接受机制应遵循核心性与时代性的统一。

二、运行方式

大学生思想政治教育心理接受机制分别由接受主体（受教育者）、接受中介（教育活动）和接受客体（教育信息）三部分组成。

（一）教育活动介绍

作为接受中介的教育活动，主要由课内教学活动、课外团学活动、心理素质拓展、校园文化建设、网络教育基地建设和社会实践活动六个部分构成。课堂教学是大学生思想政治教育的主渠道、主战场。将思想政治教育融入高校基础课和专业课教学活动中，通过多种方式，触及学生心灵，激活学生意愿，转变学生认知，改善学生行为，提高教学实效。通过主题鲜明、丰富多彩、寓教于乐的课外团学活动，促进知行并重、知行合一的实现，提高大学生思想政治教育的实效性。积极开展心理素质拓展活动，提高大学生的心理素质，为思想政治教育活动奠定良好的心理基础。加强校园文化建设，则为思想政治教育营造良好的文化氛围，形成以文化人、以文育人的良性育人机制。网络教育基地的建设，将思想政治教育内容以潜移默化的方式融入到大学生喜闻乐见的网络平台中，无声润物育莘莘学子。

1.课内教学活动

课堂是大学生接受教育的主要场所。通过课内教学活动加强大学生思想政治教育，能够为其他活动的开展提供理论保障，往往能够取得事半功倍的效果。高校课堂教学活动中的思想政治教育，应从两个方面抓好落实：一是以思想政治理论课为大学生思想政治教育的主渠道，不断提高思想政治理论课教师的理论素质和知识水平，改进教学方法和手段，改善考核评价方式，以实际行动捍卫思想政治理论课在大学生思想政治教育中的主导地位；二是将思想政治教育融入到其他基础课程、专业课程和素质教育课程教学中，在课堂教学中引导学生树立正确的世界观、人生观和价值观，建立科学的信仰，树立远大的理想，并以勤学乐学的态度追求人生价值的实现。不论是思想政治理论课教学，还是其他课程教学，都应在教书育人、教学改革、课程建设和教学管理等方面努力促进大学生素质的全面发展，促进学生成长成才。

2.课外团学活动

课外团学活动是高校校园文化建设的重要组成部分，主要包括共青团组织活动、学生团体活动等，对学生的教育和影响是显著而有成效的。随着社会思想观念多元化发展，加强对大学生的思想政治教育给高校团学活动的开展和在团学活动中融入思想政治教育提出了新的要求。高校共青团组织需要适应新形势，开展有效的学生活动，在多种形式的活动中加强对学生"三观"的教育。学生社团等团体应注重结合思想政治教育的要求和大学生兴趣的需求开展学生活动，使大学生在喜闻乐见、积极主动的兴趣活动中接受朋辈教育、促进自我成长。

3.心理素质拓展

心理素质拓展是以团体心理辅导活动的形式，启发式的对学生的心灵进行拓展，让学生在游戏的过程中体会如何交往、如何建立自信、如何对自己的未来人生进行有效规划，明确自己的价值取向，确立自己的人生信念。该活动可以分为三个单元，各单元层层递进，紧密相连。第一个单元："心相约，心相通"，目标是使成员之间相互认识，建立团体信任感和凝聚力；第二个单元："心探索，心溯源"，旨在帮助学生认识自我，接纳他人，提高从多个角度思考问题的能力，对未来对人生进行规划；第三个单元："心成长、心飞翔"，在前两次活动的基础上帮助学生明确自己的世界观、人生观和价值观，凸显思想政治教育的理念。三个单元的活动环环相扣、循序渐进，旨在促进参与者放飞心灵，并以开放的姿态对自我进行探索，使心灵得到成长，能够以开放的心态看待并接受其他事物，为思想政治教育的深入夯实良好的心理接受基础。

4.网络教育基地建设

随着社会发展和网络时代的到来，传统的心理健康教育模式显然已经不能满足大学生日益增长的心理需求，充分利用网络优势，以网络为载体进行网络心理健康教育，已成为当前高校心理健康教育的重要课题。网络教学方法的运用是当前教学改革的前沿，其突出优势已经逐渐被广大教师和学生所认识和接受。高校要加强大学生思想政治教育，就要加大在教育过程中对网络利用度，并且领会网络教育与传统教育的教学方法优势发挥的具体途径，清醒地认识这两种教学方法的特点，有策略地融合两种教学方法，开展优势互补的教学实践。从引导大学生全面发展和健康成长的高度，深刻理解加强大学生思想政治教育的重要性，增强工作的自觉性、主动性和创造性，为大学生思想政治教育工作做出积极的贡献。

5.校园文化建设

校园文化是一种有效精神载体和潜移默化的教育力量，具有重要的育人功能。积极、健康的校园文化是促进学生身心健康成长的有效途径。高校校园文化是社会主义先进文化的重要组成部分。高校作为中国特色社会主义建设后备军培养的重要基地，对社会具有强大的理论辐射能力，尤其在文化传播方面。依托校园物质文化（如，校门、教学楼、雕塑、文化走廊、图书馆、宣传栏等）和精神文化（如，大学理念、校训、校歌、校报等）建立起来的校园文化体系在培育大学生的世界观、人生观和价值观方面具有极为重要的作用。因而，高校校园文化建设应紧紧围绕社会主义文化大发展大繁荣的时代要求，以社会主义核心价值体系建设为文化建设的重心，将审美性与实用性、现实需要和长远发展结合起来，以主动建构、无形干预的姿态介入到大学生思想观念体系的构筑进程中，为大学生思想政治教育的有效接受树起精神的旗帜。

6. 社会实践活动

社会道德氛围和流行价值观与学校思想政治教育的脱节，是当前大学生德育工作面临的最大问题。引导大学生树立正确的"三观"和理想信念，除了理论的输入和意识的渗透外，还有赖于实践。实践是检验真理的唯一标准，也是使思想观念入脑入心的有效途径。一次社会实践活动、一本好书，甚至一部好的影视文学作品，都可以引导学生的思想观念。高校和教育者应该为大学生多组织一些社会实践活动，寻找生动、有效的载体，把枯燥的理论变成活生生的事例和具体可行的活动，让他们了解国情、感受社会、认识人生，在实践活动中强化对共产主义理想信念的价值认同。

（二）心理接受过程及基本步骤

大学生思想政治教育接受过程是把国家和社会的思想道德与政治要求内化为接受主体（大学生）自身思想道德素质的过程，也是国家和社会的思想应然转化为接受主体自身内部思想实然的过程。这是一个心理活动过程，包含认知、情感、意志诸方面。只有研究人的思想接受活动中的感觉、知觉、记忆、思维、情感、意志等心理特征与心理过程，才能理解人的认识活动，正确理解人的思想接受活动规律。因此，我们把大学生思想政治教育心理接受的过程依次划分为认识接受心理过程、情感接受心理过程和意志接受心理过程。

1. 心理接受过程

（1）认识接受心理过程

人的认识心理的过程，是人的大脑对客观事物能动反映的过程，就其表现形式来说，主要包括注意、感知、思维和记忆。其中，注意是人的认识心理过程的发端，它决定着人的感知、思维、记忆的方向，是人脑对客观事物能动反映的第一推动力；感知包括感觉和知觉，它是人脑通过感觉器官对客观事物刺激的直接的、初级的反映，是思想和记忆的重要基础；思维是人脑对感知觉材料的深度开发和加工，是人的认识能力的最重要的表现形式；记忆是人脑对已有认识的储存和提取。

教育成败、效果优劣的关键是对受者已知状态的把握和利用。思想政治教育者所提供的任何思想政治教育信息，都要首先经过受体的已知的过滤、检验才能起作用，思想政治教育的实质是受者的已知与新知的视界融合过程。人的已知包括知识、经验，直接影响对思想政治教育的接受度。在思想政治教育活动中，也因为受者的知识、经验的差异而产生不同的受教反应，对思想政治教育者传递的信息产生不同的欢迎度。

（2）情感接受心理过程

人的情感心理过程，在普通心理学中细分为情绪、情感和情操。人的情绪、情感对人的思想接受活动具有多种功能。一是思想接受的准备功能。情感多在接受的前沿存在，成为接受的诱因，影响接受期待心理，产生接受的准备作用。二是思想接受中的中介功能。情感作用表现为受与教之间的中介作用，也表现为受体自身的认知与行为之间的中介作用。三是思想接受中的强化功能。人的内在需要是其思想接受的内驱力，情绪体验可以激活或者抑制思想接受的内驱力，使之强化或弱化。四是思想接受中的感染功能。受者在思想接受活动中的情绪反应往往对周围人的接受心理产生影响，而受者也往往从周围人及教者的情绪反应中作出自己的接受评价。五是思想接受中的创造功能。情感可以使智力振奋、昂扬，甚至可以演变为智力爆炸。总之，思想教育需要教与受的心理共鸣效应。

（3）意志接受心理过程

意志是人为了达到一定的目的，自觉地组织自己的行动，并与抵制诱惑和克服困难相联系的心理过程。它从人的行为中得到表现，受到人的思维、情感的支持并受社会文化的制约，受到个体人格特征的影响。意志具有三个主要的特征：第一，它是以目的为导向的心理过程，没有目的也就没有意志，目的是意志心理的开端，是组织行为的依据；第二，它与抵制诱惑和克服困难过程联系，即，它也是一个抵制诱惑和克服困难的心理过程；第三，它是自觉地组织自己行为的心理过程，即，它的行为都是意识在目的的引导下组织化、规范化、系统化的行为。

2. 心理接受的基本步骤

思想政治教育心理接受的基本步骤依次为：注意信息—保持信息—接受信息—心理内化—改变认知—转变态度—影响行为等。

（1）注意信息

心理学上把注意分为两大类：一是由外刺激引起的结构性注意；二是由人的主观状态引起的功能性注意。反应的强弱由双因素所致：一是外刺激的强弱度；二是内需要的切合度。因此，我们在实行大学生思想政治教育的过程中，需要关注引起注意的两大要素，结合实际情况调整两大要素的比重关系，以实现合理的外部刺激与内需的切合，实现教育效果的最优化。

（2）保持信息

人们对信息的普遍注意通常持续较短时间，而对感兴趣的信息则会保持一个较长时间的注意。对于信息的保持，除了接受者自身的兴趣外，外界刺激的不断强化与持久刺激也是重要的方面。因此，在大学生思想政治教育的过程中，需要不断地通过各种途径和方式强化我们的教育内容，使被教育者在相当长的一段时间可以保持对教育内容的注意，为之后的接受与内化打下良好的基础。

（3）接受信息

接受信息的过程包括对信息的解读、信息的筛选和信息的整合。这个过程是教育目的实现的重要一环。只有对教育内容（思想政治教育）接受，才能通过后来的努力内化为自身的一致价值观或价值取向。信息的解读包括两方面：一是对思想信息传递源的意图性的解读；二是对思想信息与自己的相关性的解读。我们在教育的过程中，必须让学生明确我们实行思想政治教育的意图，同时使学生明确思想政治教育对于自身发展的重要性。对于信息的筛选，被教育者因其思维习惯的不同各有其一定的筛选程序，因此我们在实施教育活动的过程中，不能一概而论，而应把握不同学生的不同接受模式，因材施教。信息整合是被教育者依据信息化发展趋势，按照其自身发展的需要，对信息资源分配和共享，进而实现信息资源配置最优化、拓宽信息资源应用领域和最大化挖掘信息价值的接受过程。

（4）心理内化

心理内化是外在的价值理论转化为个体内在价值取向的必然过程，也是个体学习外界价值观理论知识，形成符合社会需求与个人发展的价值取向的必由之路。现代认知心理学的研究表明，任何信息的获得必须经过主题对外界输入信息进行不同层次的心理转化才能实现。人们根据信息本身的特性和联系，在头脑中进行一系列的认知活动，将新信息内化于学习者原有的认知结构中，并建立新的认知结构。由此可见，心理内化是制约教育效果的重要环节之一。

（5）改变认知

被教育者在接受了教育内容并内化为自身的认知结构的一部分以后，就会逐步改变以往的认知结构，开始按照新的认知来理解和对待周围的人和事物。当大学生树立正确的世界观、人生观和价值观后，必然会呈现出与以往不同的价值取向。

（6）转变态度

当大学生将思想政治教育内容内化为自身的观念意识之后，他们的世界观、人生观、价值观也会随之发生变化。他们对待周围的人、事、物的态度也必将更加客观和理性。在实现自我价值与奉献社会的问题上，在个人利益与国家集体利益的选择上，在奢侈享受与理想追求的权衡上都将呈现出与以往不同的态度和观念。

（7）影响行为

大学生正处于人生观、价值观形成的关键时期，对大学生进行思想政治教育，可以改变一些大学生政治信仰模糊、功利意识严重的现象；矫正一些大学生扭曲的价值取向，如，重物质利益轻无私奉献、重等价交换轻爱心付出等；增强大学生的社会责任感，等等。

（三）接受机制运行

大学生思想政治教育心理接受机制的构建与运行由接受主体（受教育

者）、接受中介（教育活动）和接受客体（教育信息），通过方案实施、信息反馈、方案调整、效果评价四个环节的有序循环，有效地促进了接受主体、接受中介和接受客体之间的相互联系、相互作用、相互影响。形成了教育由物理过程向心理过程的转化。接受主体通过注意信息、保持信息、接受信息、心理内化、改变认知、转变态度、影响行为这样一个循序渐进的心理接受过程，促进接受主体表现出相应的外化行为。从而形成了一个良性循环的整体运行机制，最终实现教育目标。

大学生思想政治教育心理接受机制的三个组成部分——接受主体（教育信息）、接受客体（教育者）和接受中介（受教育者），通过方案实施、信息反馈、方案调整、效果评价四个环节共同构成一个整体性的运行机制。

环节之间的相互影响、相互作用，构成了机制运行的第一个层面；教育内容、教育活动和接受活动三者通过教育方式和心理认知两个环节，构成了机制运行的第二层面；由思想政治教育的具体内容、教育活动的具体内容（课内教学活动、课外团学活动、校园文化、心理拓展和社会实践等）以及接受活动的具体内容（接受信息、心理内化、改变态度和影响行为），构成了机制运行的第三个层面。三个层面相互联系、相互作用、相互影响，构成了一个层次鲜明、不断循环、有序有效的大学生思想政治教育的心理接受机制。

第二节　高校心理教育专业人员的培养

一、高校心理健康教育队伍的职业能力管理

高校心理健康教育队伍不同层面的职业能力并没有相对统一的标准，应有效界定不同层次人员的工作职责，如果能够很好地承担和履行各自职责就可认为具有相应的职业能力。

（一）高校心理健康教育专职人员的职业能力与管理

一般来说，高校心理健康教育专职人员包含两部分，一个是心理健康教育机构负责人；另一部分是专职从事心理咨询和教育的工作人员。

1.心理健康教育机构负责人的职业能力与管理

该机构负责人应履行如下职责并具有与之相称的职业能力：负责审订学校整体心理教育工作计划，评估心理教育工作效果，并制定具体的执行方

案；组织和管理专、兼职心理健康辅导人员；负责组织各种师资培训，组织选编心理辅导活动课教材，并组织与心理工作有关的教研、科研活动；接受学生个别心理咨询及开展集体心理辅导；开设心理健康类课程及讲座，开展心理知识普及宣传；对有心理疾病和心理危机的学生做评估与转介工作；负责监管学生心理档案资料的建制与使用；负责向学生提供学校管理、就业方面的信息，向学生和教师提供心理学方面的书籍；参与心理辅导活动课程的设计与落实，并为学校的教育教学工作提供建议；按规定的时间进行值班等。因此，机构负责人应具有心理学或思想政治教育学方面的专业背景，并有一定年限的相关工作经历，熟悉和掌握心理咨询和心理教育的规律，具有对其他专兼职人员督导的职业资格，能长期稳定地从事此项工作。

2.专职咨询和教育人员的职业能力与管理

专职人员应履行如下职责并具有与之相称的职业能力：协助中心主任制定学校及中心工作方案并落实，积极对学校教育教学工作提供相关的专业意见；负责中心图书、文件、档案等资料的搜集与整理；协助组织和管理专、兼职心理工作人员，安排好值班及相关工作；负责中心工作室及设备的维护和保管；组织各种与师资培训和与心理工作有关的教研、科研活动；组织开展学生心理测试服务，建立学生心理健康档案，并认真做好其管理和使用工作；接受学生个别心理咨询及开展集体心理辅导，热情接待学生、家长的咨询，认真处理他们提出的各种问题，帮助学生及其家长调节心理状况，并对心理偏常的学生进行及时的诊断和鉴别；组织心理健康类课程及讲座的实施，开展心理知识普及宣传；负责向学生提供学校学生管理、心理教育方面的信息；参与心理辅导活动课程的设计与落实，并提出相应建议；按规定的时间进行值班等。

（二）兼职心理辅导人员的职业能力与管理

兼职人员是高校为充分利用心理健康辅导的人力资源，切实做好大学生心理健康教育工作，在心理健康辅导工作中实施专、兼职结合工作制度而聘用的相关专业人员。

兼职人员任职条件：兼职人员应认真履行职责并具有与之相称的职业能力，一般应为具有中级以上职称，从事学生工作三年以上或从事相关专业教学，热心心理辅导事业，具有心理辅导的基本知识且具有一定的工作经验和能力的干部、教师。

兼职人员要履行的工作职责及与之相匹配的职业能力：即面向全校学生开设心理健康教育讲座；对面临心理困惑问题的学生进行初步的咨询和辅导工作；参与中心组织的有关大学生心理健康教育的教学工作；协助中心开展大学生心理健康教育研究工作；参与中心组织的有关大学生心理健康宣传工作；按规定的时间进行值班等。

兼职心理辅导人员管理办法：兼职人员实行聘任制，聘期一般为两年。兼职人员的工作量计入教学指导工作量。值班报酬应与本校教学单位工作报酬一致或接近。

（三）心理辅导员的职业能力与管理

心理辅导员在学校心理机构的指导下，结合实际，有效组织本学院师生的心理健康教育工作，是各学院心理工作领导小组的主要成员。其职业能力与要求是：热爱学校心理健康教育工作，愿意为学校心理健康教育工作的开展奉献时间和精力，恪守心理咨询工作者的道德规范。心理辅导员是经本人自愿申请，学院推荐，心理中心考核，经培训后受聘上岗的。心理辅导员需持证上岗，必须接受过系统的心理健康教育专业培训，能为学生提供个别心理辅导。心理辅导员要遵循"尊重理解、真诚保密、助人自助"的辅导原则，认真做好来访者的接待工作，完成辅导记录。心理辅导员要守时守信，热情服务，让自己的工作真正成为学生健康成长的需要，努力维护学校心理辅导站的声誉。心理辅导员应不断学习心理健康教育相关知识，以提高自己的专业素养、辅导技能和服务水平，并推动这项事业的发展。心理辅导员要严格遵循保密原则，对来访者有关资料、案例予以保密，有条件的单独保管，不列入学校有关档案，不将来访者的案例作为谈话资料。在因专业和教育原因需要进行案例讨论，或采用案例进行教学、科研、写作等工作时，应隐去所有可能会辨认出来访者的有关信息（在得到来访者的书面许可的情况下可以例外）。心理辅导员应认识到自身的局限性，对自己能力范围外的个案，应及时做好转介工作。心理辅导员参与危机干预，在心理辅导过程中，如果发现来访者有危害其自身和危及社会安全的情况，心理辅导员有责任立即采取必要的措施，防止意外事件的发生（必要时应通知有关的上级主管部门）。心理辅导员应保持自身情绪的稳定与身心健康，在自身处于极度的情绪波动状态时，应避免接待来访者。

（四）辅导员的心理教育作用与职业能力管理

大学生心理健康教育是一项系统的实践工程，辅导员既是学生思想政治工作的骨干力量，同时也是心理健康教育师资队伍的重要组成部分。

首先，辅导员要转变观念、分清角色，积极参与心理健康教育工作。辅导员的工作只是一个子系统，因而，辅导员要充分认识到自己在心理健康教育系统中的地位，在教育实践过程中发挥自己的优势。辅导员工作在学生教育与管理的第一线，对学生各方面信息的收集有着独特的优势，可以有效通过自己或学生骨干掌握学生的心理健康状况和学生学习、生活、工作等方面的信息。辅导员要善于在学生中建立广泛的信息传递网络，善于通过网站、论坛、电子信箱、QQ 等途径拓展倾听学生心声的渠道，建立开放式的师生之间和学生之间的交流关系。辅导员对收集来的信息进行汇总、分析、鉴别和反馈而生成的工作内容，反映了辅导员的工作能力和工作敏感度。此外，辅导员还应积极就学生心理健康教育问题向学校的有关部门反映和通报，积极组织学生参加有关部门开展的各种心理健康教育活动，从而有效整合学校的各方力量，共同促进大学生心理素质的提高和健康成长。

其次，辅导员应立足心理视角，提升思想政治教育的实效。对大学生正常的心理需要进行正确的引导，是辅导员做好学生心理健康辅导的第一步。如果能满足大学生正常的心理需要，那么他们的心理发展就基本是健康的；反之，则会引发心理问题。要认识到学生的心理问题是因为其在满足心理需要的过程中出现挫折或障碍。大学时期是学生从未成年人走向成人的过渡阶段，走进大学这个新环境，他们希望自己能够独立，但是他们又不知道如何独立，所以心理上会感到恐惧，因此，在此阶段他们特别需要心理上的支持。作为辅导员，应该帮助他们消除心理上的恐惧感，引导他们逐渐由未成年的依赖心理状态到成年人的独立心理状态过渡。作为辅导员，应该深入到学生中去，了解学生的个性发展，帮助和引导学生找到适合自己个性发展的人生目标，制定比较切合实际的职业规划。要同他们一起讨论大学的学习特点，引导他们树立明确的学习目标，帮助他们掌握科学有效的学习方法，从而使学生能够顺利地完成学业。大学生迫切希望结交到真心的朋友，但又缺乏交往技巧和方法。因此，在交友方面会出现各种障碍及心理问题。辅导员在此时应当帮助他们，成为他们的第一个对话人，教会他们把握人际交往的原则和技巧，提高人际交往能力。

最后，要积极树立辅导员开展心理健康教育工作的自信。许多辅导员与心理工作保持距离的心理原因在于感到自己对心理学很陌生，对心理咨询和心理健康教育自觉是门外汉。其实辅导员如能接受系统的心理咨询和心理教育培训当然能打破这种畏惧心理，而且在实际工作中，如果确立了良好的师生关系，也为做好心理健康教育工作打下良好基础。建立良好师生关系的需要给学生留下良好第一印象，心理学上叫作首因效应。具体到辅导员工作中应注意如下几点：一是做好新生的接待工作。大学生踏入大学校门，渴望能与师长倾心畅叙，得到心理关怀，因此，在新生进校的那一刻起，辅导员就应该抓住与学生建立良好的关系的这一契机。二是帮助学生解决实际困难。当学生学习生活中出现困难时，辅导员应该尽自己所能，全力帮助。三是做学生的知心朋友。关注学生心理成长，增进师生间的交流和沟通。四是以身作则，心态平和，言传身教。这些都是建立师生良好关系的基础。此外，还要学会"看人下菜碟"，即因人而异。在现实生活中，不同的学生有不同的性格。如，有的学生坚强自信、宽容、豁达；有的自卑；有的学生意志薄弱；等等。辅导员在工作中应该研究分析学生的心理活动，将学生进行性格、行为分类，区别不同学生的心理活动，有针对性地结合学生的心理特点给予适当的满足和引导，在某种意义上就是初步完成了心理疏导和心理教育。第三步，要重点关注特殊群体。如，内向学生群体、贫困学生群体、网络成瘾学生群体、学习严重困难学生群体、应激状态学生群体。这些学生是心理问题高发群体。性格内向学生不善于倾诉，不善于表达，朋友较少，外人不太清楚他们在想什么。

要加强辅导员的心理工作能力培养。辅导员要自觉学习和掌握心理健康教育的正确方法、加强心理健康理论知识的学习，正确分析工作中所遇到的学生心理障碍问题，对症下药，能够成功解决学生表层的心理问题，并学会引入心理健康教育工作的一些方法。实践证明，团体心理辅导作为发展性咨询，比较适合辅导员掌握和开展。辅导员可以带领班级开展团体训练活动，将生活中可能遇到的境况以游戏的形式展现，帮助参加活动的人去学习、体验、适应，而这些从游戏中学到的东西通过领悟、迁移，可以帮助学生解决现实生活中的问题，从整体上促进学生的心理健康，帮助他们增强和提高自身素质。

（五）心理委员的遴选与管理

设立心理委员，旨在加强辅导员、心理健康教育老师与学生之间的交流，及时把握学生心理健康状况，更好地对校园心理危机事件进行预防和干预，充分发挥朋辈教育的作用。通过心理委员的纽带作用，可以协助老师开展心理健康教育工作，进一步增强全校学生的心理健康意识。

心理委员的遴选与任职条件。首先要求个体具有"助人、奉献、热情、主动"的基本特质。"助人"就是要求心理委员能够做到乐于帮助其他同学，特别是从心理上去关心帮助其他同学，这是对心理委员的第一要求，也是对心理委员的最基本要求；"奉献"就是要求心理委员具有无私奉献的精神；"热情"就是要求心理委员能够满腔热情地投入到关心帮助同学的工作之中；"主动"就是要求心理委员能够发自内心地去自觉观察周围同学，主动体察同学的情感变化。每班至少配备心理委员一名，具体要求是：品学兼优，学习成绩良好；心理健康状况良好，乐观开朗；对心理学知识有兴趣，关注心理健康；热心集体事务，做事踏实认真，人际关系良好；善于与人沟通，具有良好的语言能力和组织能力；能够切实协助学校、班主任做好心理委员的工作，把工作落实到实处。

心理委员的工作职责与要求。心理委员是一个直接与同学实行心灵互动的职位，在学校心理咨询中心老师、学院心理健康教育老师和校（院）心理辅导员的共同组织、指导下，开展班级心理健康教育工作。宣传普及大学生心理知识，传播心理健康理念，定期在班上开展一些有关心理健康的宣传活动，并做好相应的总结和记录，促进本班同学心理素质的提高。宣传介绍学院心理健康教育工作的进展和心理援助设施的建设。负责收集本班同学的心理健康信息，对本班同学的心理健康状况定期向辅导员做汇报。努力学习相关的心理与医务知识，提高对心理健康方面的认识，用相关知识帮助同学，用乐观心态引导同学。加强与其他班干部尤其宿舍长的联系，及时发现问题，善于帮助有心理困惑和烦恼的同学，当发现个别同学有严重心理问题时，要及时报告学院领导和老师，并劝说其尽快到相关心理辅导、心理医疗机构寻求帮助。工作遵循保密原则，维护同学的权益，不得随意泄露同学的隐私。

协助心理专业老师上好心理健康教育课，做好班级心理普查工作。配合学院开展的心理健康教育系列工作，积极参加各种心理讲座、心理委员培训、专题学习和交流活动，不断提高自己的工作能力。按照要求每学期写好工作总结，并上交各系心理辅导员。

二、高校心理健康教育队伍的心理素质管理

（一）心理素质管理的含义

高校心理工作者的心理素质管理是对工作人员的心理素质进行控制和提高的总称，是管理者遵循事物发展与人的心理发展的特点、规律，有意识、有目的地借助各种媒介，调动人的主观能动性，使人保持良好心态，以实现共同目标而实施的管理；是关注其心理变化，调节其心理平衡，激活其心理潜能的活动，是新形势下高校心理健康教育管理工作的重要组成部分，也是新时期高校心理健康教育工作者队伍建设中应该加强的一个重要方面。

（二）心理素质管理的意义

心理素质管理有助于加强和改进大学生心理健康教育。高校心理健康教育工作者是大学生心理健康教育工作队伍的主体之一，是大学生心理健康教育的骨干力量，是大学生心理健康成长的指导者、引路人和知心朋友。这支队伍的心理健康素质和心理素质如何，很大程度上关系着高校心理健康教育的效果。教育是用生命感动生命，用灵魂唤醒灵魂，而心理健康教育更是需要用心来完成的事业。高校心理健康教育工作者的心理素质是进行心理健康教育的先决条件，是取得教育对象理解、信任的基本因素，也是重要的影响源。近年来，随着国际、国内环境的变化和高等教育事业的快速发展，高校心理健康教育工作者工作的环境、对象、内容、任务都发生了深刻变化，这些都给高校心理健康教育工作者的心理素质提出了更高的要求。只有心理素质过硬的高校心理健康教育工作者，才能准确把握当代大学生的思想脉搏，创造性地开展工作，提高心理健康教育的实效性和吸引力、感染力。因此，加强对高校心理健康教育工作者的心理素质的培养有助于提升和改进大学生心理健康教育水平，也满足有效育人的需要。只有用一个全面发展的生命去影响、熏染一个个需要全面发展的生命，通过支持与鼓励、细听与倾诉、说明与指导、控制与训练等方式让教育和管理建立在有效的心理关系上，努力成为学生智慧的生成者、学习的引导者、人际关系的调节者、心理健康的

维护者、全面发展的促进者才能支持和协助高等教育的效果和管理效能。

心理素质管理有助于发挥高校心理健康教育工作者心理素质整体功能。高校心理健康教育工作者的心理素质是指高校心理健康教育工作者心理诸要素及其发展水平，应该是那些与学生身心发展密切关联的心理品质的总和，是高校心理健康教育工作者在教育实践过程中反映出来的个性心理品质和心理能力的统一体。心理因素是高校心理健康教育工作者从事心理健康工作的基本动力。良好的心态能促进高校心理健康教育工作者的心理健康发展，充分发挥高校心理健康教育工作者工作的积极性和创造性，进而提高工作效能。消极的心理状态和心理体验则阻碍高校心理健康教育工作者个人潜能的发挥，束缚高校心理健康教育工作者创新能力的发展，也不利于工作效能的提高。针对高校心理健康教育工作者的实际情况，对高校心理健康教育工作者进行心理调查、心理疏导、心理训练有助于提高高校心理健康教育工作者的心理防护能力、心理适应能力和心理承受能力，有助于心理素质整体功能的发挥。要关注与尊重人的价值、人的尊严、人的独立人格、人的个性、人的生存和生活及其意义、人的理想和人的命运。对我们来讲，就是关注高校心理健康教育工作者自身价值、独立人格、生存和生活及其意义、理想及命运。降低职业倦怠，增加幸福度，既能体味传道、授业、解惑的畅快，也有自身的价值实现的愉悦，职业倦怠感就不会找上门来。

心理素质管理有助于提高高校心理健康教育工作者的心理自助能力。高校心理健康教育工作者工作不仅受外界环境的作用，而且还受自身心理状态、心理发展水平的调节支配。高校心理健康教育工作者在工作过程中，不可避免地会产生心理问题和心理压力。解铃需要系铃人，高校心理健康教育工作者心理问题的预防需要自我保健，心理素质的提高需要自我持之以恒的训练。心理素质管理的目的应是让高校心理健康教育工作者自身学会自助。要有自助的意识，同时需要在督导和外界的帮助下，学会自助，具备自助的能力。具体要求高校心理健康教育工作者对内心冲突学会自我化解；对心理压力，能够自我缓解；对自我的不足、缺陷，勇于进行自我矫治；对自己解决不了的心理问题，敢于主动求助。

心理素质管理是实现高校心理健康教育工作者职业化的需要。心理素质将在一定程度上影响高校心理健康教育工作者的专业承诺、内在工作动机、职业决策、工作绩效、身心健康等，进而影响高校心理健康教育工作者队伍的职业化建设。职业效能感的高低是由人的职业素质决定的，职业素质高容易获得较高的职业效能感，反之则获得较低的职业效能感。在高校心理健康教育工作者的整体素质中，心理素质是基础和核心部分，具有很大的能动性。

心理素质管理可以提升高校心理健康教育工作者个体的主观幸福感。效能感是对自身能力的信心或信念，是获得幸福感很重要的一个心理基础。自我效能感在自我调节系统中起着主要作用。一方面，自我效能感的高低不仅可以影响高校心理健康教育工作者对工作投入的兴趣和动机，影响高校心理健康教育工作者管理学生能力的表现程度；另一方面，也是影响高校心理健康教育工作者有效开展学生工作的关键因素，自我效能感还关系到我们的职业幸福度。

心理素质管理有利于大学生健全人格的塑造。与其他教育形式相比，心理健康教育者的心理形象与职业形象相关性要高很多。高校心理健康教育工作者的心理素质对大学生有明显的示范作用。他们的言行举止、兴趣爱好、意志品质和人格魅力等是其内心世界的客观反映，能对大学生的人格产生广泛持久的影响。因此，优化高校心理健康教育工作者心理素质，对塑造大学生健全人格具有潜移默化的作用。

（三）提高心理素质的方法与途径

高校心理健康教育工作者心理素质管理应遵照协调发展、心理补偿、心理疏导、体验内化与自我调节相结合的原则。

1.协调发展原则

协调发展，首先是心理素质内涵的心理品质和心理能力的协调共进、协调发展。人的心理活动及其积淀而成的心理素质，是一个多层次、多因素的复杂系统，各种心理素质之间有着紧密的联系和作用。在心理素质管理中只注重几个方面而忽视其他方面是不正确的，应促进心理素质各个方面协调发展，以达到心理素质的优化和提高；其次是高校心理健康教育工作者的心理素质的提升与高校心理健康教育工作者的政治素质、道德素质、文化素质的提升是紧密联系的，心理素质的提高需要高校心理健康教育工作者各方面素质的协调发展。高校心理健康教育工作者要更好地认识自己和社会，扬长避短，发挥潜能，开发创造力，增强社会适应性，就必须不断超越自我、完善自我，提升整体素质。高校心理健康教育工作者心理素质的协调发展主要是发展智能，发展个性，发展社会性，发展创造性等。

2. 心理补偿原则

生理素质缺陷可以补偿，心理素质缺陷同样可以通过补偿来调节。高校心理健康教育工作者心理素质缺陷的表现是多方面的，因而补偿的内容也表现在多个方面，如，情感补偿、体验补偿、人际交往补偿、意志力补偿、心理承受力补偿、心理活动导向补偿等。关注高校心理健康教育工作者的心理状态，不仅要注重对其外在行为的控制，更要关注其内在需要的满足。针对高校心理健康教育工作者某些心理需要的缺失进行积极补偿是恢复其心理健康状态，矫正其心理问题行为的有效措施。

高校心理健康教育工作者工作纷繁复杂，事无巨细，付出与回报并不成正比，加之晋级、待遇方面的不公，高校心理健康教育工作者也有心理失衡的时候。当心理失去平衡之后，不但会给人不愉快的情绪、情感体验，而且也会使失衡者产生一种心理需要，那就是要迅速进行心理调节，使之平衡，摆脱失衡心态的阴影笼罩。心理补偿一方面能够提高心理调节能力；另一方面也能够维护心理健康，因而，心理补偿是获得良好心理素质的重要途径。

3. 心理疏导原则

心理疏导就是疏通心理淤塞，使心理活动畅通无阻。加强心理疏导和行为指导，是培养高校心理健康教育工作者健全的人格和健康心理的保证。近几年，随着高校改革的深化，办学规模不断扩大，招生人数不断增多，高校的心理健康教育工作者群体也面临着一些这样或那样的现实问题。加强心理疏导可以塑造高校心理健康教育工作者良好的心理品质，树立正确的人生观和价值观，认清个人价值与社会价值的辩证关系，自觉把献身心理健康教育事业作为实现自身价值的根本目标。高校心理健康教育工作者在现实生活中难免有解不开的结，如果不能及时加以疏导，势必导致心情不愉快，工作无效率。因此，高校管理层应注重对高校心理健康教育工作者的心理疏导，促进高校心理健康教育工作者良好心理素质的生成。

4. 体验内化原则

体验是一个由知、情、意、行综合构成的内化系统，它是心理素质形成的内在机制。影响高校心理健康教育工作者心理素质的因素既有客观因素，也有主观因素。高校心理健康教育工作者要形成正确的认知体系、适度的情感反应、良好的意志品质、健康的人格特征，离不开正确的世界观、人生观、价值观和必要的心理学知识，离不开良好环境的熏陶，也离不开在生活实际和社会实践中的切身体验。心理的发展是一个学习过程，真正有效的学习是一种心智活动，体验是一切心智活动的基础与前提。体验是用全部的心智去感受、关注、认识、评价某一事物、人物、事件、思想。只有以体验为前提，才能有效地进行认识活动，进而发展情感、锤炼意志、塑造健康人格。对于高校心理健康教育工作者来说，提升心理素质仅靠体验不行，还必须将体验获取的信息内化为一种稳定的、与个体的行为相联系的心理品质和心理能力。只有经过反复的体验内化，才能使外部的转化为内部的，客体的转化为主体的，才会明晰认识，坚定信念，规范行为，形成品质。体验内化是心理素质形成的关键。

5.自我调适原则

所谓调适，顾名思义就是调整、适应。心理素质表现为一个人积极、持续的心理状态，它是一个动态的形成过程，需要不断地进行心理调适。对于高校心理健康教育工作者来说，既要调适自己的行为，也要调适自己的心态。首先，要有"内省"的自律心理。所谓"内省"，就是对自己内心的省视、省察，是一种自觉的自我反省。通过"内省"深刻反思自己的言行、举止、待人接物、为人处世的种种表现，进而作出自我评价、进行自我心态的调适，促使自己行为适应、达到自我完善。其次，要有持之以恒的毅力。心态的调适，尤其健康心理的培养也不可能一蹴而就，而是一个长期的、曲折的实践过程。高校心理健康教育工作者在心理素质养成过程中，要有坚韧不拔的毅力、知难而上的心态，对自己、对学生要始终持积极乐观的态度。培养良好心理素质，要从每一件事的心态调整做起，久而久之，必定习惯成自然，上升为心理素质的内容，坚韧、耐心、自信、乐观、顽强、和谐、创造等心理品质无一不是长期锻炼的结果。

总之，高校心理健康教育工作者要学会"用自己的矛攻自己的盾"，在帮助和支持大学生心理健康发展的同时，要首先解决好自身的心理问题。

三、高校心理健康教育工作者的人格素养与培养

从事心理咨询工作的咨询人员必须掌握理解人的行为、人的心理的心理学知识，这是从事心理咨询工作的基础，也是非常必要的智力因素。但是，如果仅仅掌握了心理学的知识，自身缺乏人格素养，那么对来访者所需要的成长愿望就无法给予足够理解，就不能接纳来访者的各种感情、情绪的表现，更不能给予无条件的积极关注和尊重，就不可能成为一名合格的咨询人员。因此，咨询人员除掌握必需的心理学知识之外，还应不断加强自己人格素质的培养，更好地理解人的本质特征和自我完善的可能性，这样才能更好地帮助来访者解决心理问题。

（一）重视高校心理辅导人员人格素质的意义

提高高校心理辅导人员人格的素质，是高校心理咨询发展性模式的要求。高校心理辅导就其辅导的内容来说，包括学习辅导、生活辅导、人生修养辅导、性格修养辅导、择业辅导等几方面。因此，主要应定位于发展性辅导模式，而发展性辅导（咨询）的功能在于：一是激励咨询对象调整解决自身心理问题的能力结构，从信念和动力结构方面树立起主体意识，从总体上培养其健康的人格结构；二是帮助咨询对象纠正对自身内部心理状态以及对外部社会环境的不恰当认知；三是为咨询对象实现更高的人生目标设计和提供最佳行为策略；四是通过心理健康教育，指导个体预防潜在的心理问题；等等。这就要求心理辅导人员首先应对各种社会影响和现实问题作出正确的价值判断，基于这种判断，在教育过程中引进最具价值的心理学知识和技能运用于实践，帮助学生改变认知，打造完善的人格结构。如果心理辅导人员自身的人格结构不完整，或者说本身就存在着一些片面错误的认知，那显然他无法提供正确客观的价值判断结论，那么他给学生提供的内容显然是令人担心的，纵然他本人掌握了最先进的心理学知识，最高超的心理辅导技巧又能如何呢？

提高高校心理辅导人员的人格素质，也是大学生这一特殊辅导对象的要求。大学生具有较高的文化素质和思想修养，有较好的分析问题、解决问题的能力，有较强的逻辑思维能力，是一个较为特殊的辅导对象群体。如果你想让你的辅导给他以"哲学式的耐心和坚定"，你就得让他感觉到他所面对的辅导人员本身就有这种耐心和坚定。因为在发展性模式里，学生的问题

更多是成长过程中的问题，辅导过程中更多体现的是辅导人员自身的成长经验、价值体系、情绪感受向求助者的转移，学生从中筛选出能引起他共鸣的信息去模仿、借鉴，或者说是学会成长的过程。因此，辅导人员的表率作用、偶像作用是非常关键的，在某种意义上说，可以弥补专业素质上的不足。实践证明，高校中拥有巨大人格魅力的辅导人员更容易取得来访学生的信任和肯定，辅导效果更明显。

（二）高校心理辅导人员应具备的人格素养

对咨询人员的素质、人格特性及其具体要求，往往因心理咨询学派的立场和观点的差异而有所不同，但有一些基本的人格素质是需要具备的。本书认为，主要包括以下四方面。

1. 客观性

客观是作为咨询者（治疗者）在从事临床咨询和治疗过程中必须保持的态度。对于高校心理辅导人员而言，在心理辅导的实践中，这一客观态度包含共感能力、诚实接纳及深入理解对方的情感态度，也即"共感的理解"。

2. 对个人的尊重

尊重是每一个来访者对咨询者最基本的需要。作为高校大学生，他更需要有人对自己所面临的问题给予重视和平等的尊重，他来到心理辅导人员面前时，意味着他已经认为同学、家长和其他老师无法给予他想要的这份尊重和理解了，他们把唯一的希望投注于他所选择的这个辅导人员身上。那么，心理辅导人员对来访学生首先要做的就是对其现在所处的心理状况给予深入的理解，尊重他的价值，无论何时都信任他，承认他的生活方式，使来访学生从苦恼与不安中解脱出来。换个角度讲，就是接纳他的本来面貌，也即称为"无条件的积极关注和尊重"。

3. 自我理解

对自我的理解，也称为"自我一致"。心理辅导人员首先应该具有能够解决自己个人问题的能力，能自我接纳，自我调节、自我防卫机制不能过强，无论遇到什么困难，都应该能积极地、开朗地对待生活。只有这样，才能相信来访者自身的力量，才能承担起帮助来访者解决问题的责任。咨询人员应该有自知之明，了解自己的长处和短处，不断地提高、改善自我。

4. 专业人格

任何一个从事某一专业领域的人都应具备与其专业要求相当的人格。在实践中，高校心理辅导人员应该是身心健康的一个群体，在学生心里往往对其有趋于完美的期望。因此，辅导人员的专业人格包括良好的个性（性格）和高尚的品德（品格）。

（三）高校心理辅导人员人格素养的培养

心理辅导是一项为人提供心理服务的临床专业，它是一门科学，也是一门艺术。现有的人力资源不都具有充分而必要的条件来实现高校心理健康教育工作的要求，那么，就有一个对希望从事心理辅导人员的人格素质选择的过程，更需要继续教育和跟进培养。主要有如下三方面的培养。

1. 自我意识的培养

心理辅导人员自我意识培养的主要内容是善于利用自我意识，实现自我调控，保持心理健康，并善于指导学生发展自我意识，开展自我教育。心理辅导人员自我意识发展完善的一个重要标志是其角色的心理适应，即能够依据社会的期望与职业活动的要求，以及特定的教育情境，随时调整自己的心理和行为，以适应这个角色；另一个重要标志是自我调控能力的提高。

2. 情绪、情感、品质的培养

稳定的情绪是心理辅导人员完成心理辅导工作的不可或缺的条件。高校心理健康教育工作者情绪、情感培养的主要内容，是使其懂得情绪、情感产生的机制、特点、功能及正常值；了解自己情绪、情感发生发展的特点、水平和规律，学会一些调控的手段和方法，形成良好的情绪反应能力和适宜的宣泄方式，经常保持良好的心境和乐观、沉着的情绪；心理辅导人员每天要接触大量的"情绪垃圾"，就要具备较强的抗干扰和自控能力，防止焦虑、烦躁、抑郁等心理疾病的发生；在建立完善的督导制度的同时，也应重视进行理智感、美感、道德感等高级情感的陶冶，使其情操发展并升华到较高的水平。

3. 需要与动机心理品质的培养

心理辅导人员还应具有以下特点：一是要助人为乐。把心理辅导工作和帮助每一个有需要的学生当成最重要的事情，当成自己的乐趣，以学生的求助需要为自己的需要，保持较强的职业兴趣。二是甘于寂寞，注重精神追求。高校的心理辅导工作相对于学校其他工作来说，属于新生的、边缘性的工作。相应的福利待遇以及评职等问题并没有什么优势，甚至还有不顺畅之处。因此，高校心理健康教育工作者只有将自我需要与动机调整到注重精神追求的层次，才能保持良好的心态，适应工作的需要。三是心理辅导人员必须自觉地以一定的道德标准制约需要，决定一些需要的取舍，力求使自己的思想行为符合社会要求，成为学生的表率。

大学生心理素质培养任务非常繁重，因而，对心理辅导人员非智力因素的要求更加严格。高等教育对人才的培养已经走出"重智力，轻非智力"的误区，那么，承担此项任务的人应率先垂范。

第三节 高校心理教育课程建设与思想政治工作的融合

一、高校思想政治教育与心理健康教育结合的途径

通过对思想政治教育与心理健康教育的解读，我们对二者的联系和区别有了更加深刻的认识。我们可以清楚地看到，思想政治教育与心理健康教育的结合不仅是一种必然，更是一种可能。如何顺应这种必然，实现这种可能，则需要我们进一步对二者结合的途径做进一步的分析。

无论是思想政治教育，还是心理健康教育，都具有内容丰富、结构复杂等特点，所以，二者结合的途径也应该是多样的、多层次的。

（一）树立以人为本的教育理念，在观念上达成二者的结合

二者的结合首先应当是在观念上的结合。无论进行何种理论创新和实践变革，都需要有一定的理念做指引和先导，没有了理念的指导，就无法实现思想政治教育与心理健康教育的有效结合。

1.明确心理健康教育在高校思想政治教育中的定位

要实现高校思想政治教育与心理健康教育的有效结合，首先要给心理健康教育以明确、合理的定位，要明确心理健康教育在高校思想政治教育工作中的地位。通过对心理健康教育和思想政治教育内涵的解读，以及对二者关系的分析，我们发现心理健康教育与思想政治教育是相互区别的，但又是密切联系的。随着高校里大学生各种心理问题的出现，我们的思想政治教育也受到了这些问题的影响和冲击。所以，我们不能再忽视心理健康教育的重

要性，而应该积极地将心理健康教育纳入到高校思想政治教育的体系中来。通过二者的有机结合，实现大学生心理问题的解决，进而引导大学生构建良好的思想品德，树立正确的世界观、人生观、价值观。

事实上，从某种角度上讲，心理健康教育应该是高校中对大学生所实施思想政治教育的应有之义。我们通常所说的思想政治教育，一般由三方面构成：首先是政治教育，主要是培养学生的政治素质，使学生树立正确的政治立场和坚定的政治信念；其次是思想教育与道德教育，它们主要是通过各种方法和手段，引导学生树立良好的道德观念，培养良好的思想品质。通过深入分析政治教育、思想教育、道德教育三者的过程，我们就会发现，心理要素是思想政治教育过程中一个重要的要素。心理是思想政治品德的基础因素。任何人的思想政治品德都是建立在一定的心理机制、心理形式基础之上的，而且，任何人的任何一个思想政治品德的形成，无不从知、情、信、意、行这几个心理过程的基本要素的运动变化开始。所以，从这个角度说，心理健康教育是高校的思想政治教育不可或缺的重要内容。

心理健康教育不仅应是高校思想政治教育的重要组成部分，而且更是当前应该重点加强的部分。由于大学生正处于朝气蓬勃的青年时期，他们渴望新知、渴望交流、渴望成功，他们有着积极参与社会政治、文化的热情和愿望。但是，由于我国经济、政治体制改革的深入，社会环境的变化，很多大学生不能很好地适应这种变化，从而导致很多大学生出现了诸如焦虑、烦躁、偏执、忧郁等心理问题，对于自己或周围的同学的生活产生了不良影响。而且，由于这些心理问题的出现，使得很多大学生对于他人与社会产生了不信任感，甚至是抵触心理。同时，由于复杂的社会文化环境的影响，在当代大学生中，拜金主义、享乐主义、个人主义等现象也有所发生。这些心理问题和思想问题的出现，不仅对于大学生的身心健康发展非常不利，而且也严重阻碍了高校思想政治教育工作目标的实现，必须积极地采取有效措施改变这种状况。所以，加强心理健康教育，不仅应成为高校思想政治教育的重要组成部分，而且是必须予以加强的部分。

2. 树立以人为本的共同的教育理念

教育理念，是确定教育内容、方法、载体等教育体系中其他要素的基础和前提条件，对于其他要素的确定具有指导作用，是教育改革与发展的指向标。而要实现思想政治教育与心理健康教育的有机结合，首先就是要实现两种教育理念的有机结合，只有找到适合于二者的共同的教育理念，才能以此为指导，探索二者在其他方面的有机结合的途径。

任何教育，无论是思想政治教育，还是心理健康教育，都是对人的教育，都是为人的教育。虽然，思想政治教育具有巩固社会意识与社会规范，维护社会稳定的目标与作用，但是归根结底，它也是为人的进步和发展服务的。而心理健康教育，本身就是为了解决人自身的心理健康问题而生的。所以，以人为本，理应成为思想政治教育与心理健康教育共同的教育理念。而要真正地使"以人为本"成为思想政治教育与心理健康教育共同的教育理念，还需要对当前高校的思想政治教育工作与心理健康教育工作进行必要的改革。

具体到高校来说，无论是在思想政治教育过程中，还是在心理健康教育过程中，我们都要树立以学生为中心的理念。以学生为中心，就是以学生的需要和发展作为制定教育内容与方法的出发点；以学生为中心，就是以学生的特点作为制定教育内容与方法的依据；以学生为中心，就是以学生的身心健康发展作为教育的最终目标。

高校只有在思想政治教育与心理健康教育的过程中，认真贯彻"以人为本"的教育理念，才能使高校思想政治教育与心理健康教育收到实际的效果，才能使大学生在思想政治教育与心理健康教育中受益，才能为思想政治教育与心理健康教育在内容、方法等方面实现有机结合提供坚实的基础和保证，也才能使思想政治教育与心理健康教育的有机结合顺利进行。

（二）在教育目标与内容上实现二者的有机结合

由于在现有的高校范围内，无论是对于思想政治教育来说，还是对于心理健康教育来说，在其体系构建中，教育目标与内容都是不可或缺的重要的要素。在教育理念的指引下，确定适当的教育目标与内容是开展思想政治教育和心理健康教育必不可少的过程。而且，通过前面的分析，我们可以看到，思想政治教育与心理健康教育，在目标与内容上是有联系的，是有整合的空间的。

1. 二者在教育目标上的有机结合

事实上，思想政治教育和心理健康教育的最终目标都是为了培养高素质人才，为了实现个人与社会的和谐发展。正是基于这样的前提条件，才使二者的结合有了可能性。但是二者在具体的目标上又不尽相同，二者有着各自的侧重点。思想政治教育是指社会或社会群体用一定的思想观念、政治观点、道德规范，对其成员施加有目的、有计划、有组织的影响，使他们形成符合一定社会所要求的思想品德的社会实践活动。也就是说，思想政治教育的侧重点是使人们树立符合社会要求的"思想品德"，而思想政治品德是指人们在一定社会一定阶级的思想体系指导下，按照一定的言行规范行动时，集中表现在个体身上的相对稳定的心理特点、思想倾向和行为习惯的总和。也就是说，人的思想政治品德包含心理、思想、行为等三个方面，而思想政治教育的目标也应该包含心理、思想、行为等三个层次。心理健康教育，则主要侧重于对于人的心理层次的关注，它主要通过对于学生的自我意识、情绪管理、挫折应对、人格培养等方面的教育，以改善和提高学生的心理健康状况。思想政治教育教育目标较之心理健康教育更加宏观，而心理健康教育的目标较之思想政治教育则显得更加细致。所以，只有将思想政治教育的目标与心理健康教育的目标相结合，才能从宏观和微观上对大学生的心理问题进行观照，才能使得思想政治教育与心理健康教育得到共同发展。

一方面，在思想政治教育工作中，要加强对于大学生的人文关怀和心理疏导。在新形势下，我们的思想政治教育工作，应对大学生的心理需求和心理发展予以高度关注，要深入把握大学生的心理特点，充分尊重大学生的独立个性。在积极引导大学生建构自我的正确的价值观体系的同时，注重对其心理的疏导，帮助其进行心理调节，培养其良好的心理素质；在思想政治教育工作中，既要遵循大学生思想品德发展规律，又要遵循心理健康发展的规律，要多尝试从大学生心理的角度入手，运用心理健康教育的专业知识和方法，帮助大学生解除心理困惑和忧虑，并逐步提高大学生自我心理调节和应对心理问题的能力。这样做既有助于大学生心理问题的解决，也有利于大学生身心发展。同时，也为大学生进一步接受思想政治教育创造了良好的心理基础，有利于增强思想政治教育的有效性。

另一方面，在心理健康教育工作中，要将价值引导渗透其中。在新形势下，心理健康教育不应只是单纯的关注大学生个体自身的心理问题。由于经济和社会的飞速发展，人与人的交往变得日益密切，社会环境也变得日趋复杂。大学生心理问题的出现，不只是由于自身因素所造成的，而是越来越受到外界环境和因素的影响。要真正解决大学生的心理问题，就需要引导大学生建立起一套适应个人和社会发展的价值体系。只有这样，才能使大学生在面对复杂的经济社会环境的时候，能够对现实有清醒的认识，进而做出正确的价值判断。所以，在心理健康教育工作中，要对大学生进行价值引导，只有这样才能从根本上解决大学生的心理问题，才能将心理健康教育提高到更高的层次。

2.二者在具体内容上的有机结合

事实上，对大学生进行的思想政治教育在内容上是与心理健康教育有较多的交叉重叠的。比如，在高校思想政治教育中，对于大学生意志品质的培养和理想信念的培养，也是心理健康教育内容的组成部分。所以，将高校思想政治教育的内容与心理健康教育的内容进行有机结合，既有必要性，也有可行性，而且，二者结合的教育内容应该是多方面的。

第一，高校思想政治教育应注重培养大学生树立正确的人生观、道德观、价值观。培养大学生科学的世界观、人生观和价值观，不仅是解决大学生心理问题的根本手段，保证大学生身心健康发展的重要基础，同时也是高校思想政治教育重要目标。而培养大学生正确的人生观、世界观、价值观，不能单纯地依靠生硬的理论的灌输，而是应该结合心理健康教育，对大学生遇到的实际问题，进行深入的分析，以大学生的心理需求为基础，在帮助大学生解决自身心理问题的同时，引导其树立正确的世界观、人生观、价值观。

第二，二者的结合应促成学生树立崇高的理想信念。我们高校思想政治教育应该通过与心理健康教育的结合，使大学生懂得作为接受高等教育的青年群体，面对纷繁复杂的社会环境，理应树立崇高的理想信念。我们要引导大学生抵制个人主义、拜金主义等腐朽思想的侵蚀，要在社会的发展中实现个人的价值，贡献自己的力量。摒弃对于低级的生物性、物质性的需要，而应追求高级的社会性、精神性需要。

第三，二者的结合还应该使学生有正确的自我认知和自我意识。简单地说，自我意识，就是自己对自己的认识。这种认识，既包括对于自身的生理状况和心理特点的认识，同时也包括对于自己与他人关系的认识。而要实现真正的自我意识，还应包括认识自我、认同自我、自信三个层次。高校思想政治教育应首先使大学生对自身各个方面的素质有一个清醒的认识，一个人只有对自身有一个清醒的认识，才能在此基础上，实现自我认同，进而对自己产生信心，达到自信的层次。

第四，二者的结合应培养大学生高尚的意志品质。意志品质，是人在克服种种困难和障碍，实现目标过程中，表现出来的特殊能力，是一个人整体素质的组成部分。大学生作为处在由学校走向社会的特殊时期的青年群体，他们通常面对着学习、生活、人际关系、爱情等多方面的问题与矛盾。很多大学生都因为这种种的问题与矛盾而苦恼，日积月累，便容易产生各种各样的心理问题。只有高校通过思想政治教育与心理健康教育的结合，培养大学生良好的意志品质，才能避免各种生活、学习的压力对大学生身心造成不良的影响，也才能使大学生以良好的心态认识和解决这些问题。

第五，高校思想政治教育应努力提高大学生应对挫折的能力。大学生正处于人生成长的关键时期，人在大学阶段，通常会遇到这样或那样的挫折，挫折是每个人成长道路上都必须经历的。很多时候，对于挫折处理的得当与否，直接关系到大学生的身心健康，甚至关系到大学生世界观、人生观、价值观的树立。所以，提高大学生应对挫折的能力，理应成为高校思想政治教育与心理健康教育结合的重要内容。要使大学生能够应对挫折，首先要使其对于挫折有清醒和正确的认识。高校思想政治教育工作者要使大学生明白，我们既不能夸大挫折，也不能轻视挫折，而是要对挫折给予客观的评价和认识，只有这样，才能使我们的大学生面对挫折不会无所适从、盲目应对。但是，单是帮助大学生认识挫折，还不是高校思想政治教育任务的全部，我们还应增强大学生对于挫折的承受能力和接受能力。通常一个人对于挫折的承受能力，也是其心理健康水平的重要标志。

而这种能力的提高则离不开大学生自身阅历的提高和经验的积累，同时也离不开思想政治教育工作者的鼓励和帮助。然而，一味地承受挫折带来的压力，并不是应对挫折的主要任务和全部内容。对于挫折的应对，还应包括对于挫折带来的压力的排解。只有将挫折带给大学生的压力化解掉，或者转化为动力，才能够从根本上避免挫折对于大学生身心健康的产生的不利影响，才能为思想政治教育工作的进一步开展打下良好的基础。

此外，在课程设置上，应该把心理健康教育纳入到"两课"教学中去，或者通过开设各种与心理健康教育相关的公共选修课，将心理健康教育融入到思想政治教育的课程中去。只有这样，才能使二者的结合真正的落到实处。

（三）在教育策略和方法手段上地结合

在现代高校的教育工作中，思想政治教育与心理健康教育都有各自的一些教育方法，那么，为了取得更好的教育效果，高校的思想政治教育的教学过程中应当合理的借鉴和运用心理健康教育的一些工作方法，使高校的心理健康教育与思想政治教育工作能够彼此促进，融会贯通，形成互相渗透和互相促进的局面，这样会更好地促进高校的思想政治工作和心理健康教育工作。高校的思想政治教育与心理健康教育在方法和手段上既有相同又有不同，我们要取长补短，发挥他们各自的优势。

高校的思想政治教育和心理健康教育在方法和手段上既有相同又有不同，在具体的教学工作中，应当取长补短，发挥各自的优势，在二者的方法和手段的结合运用中取得良好的教育效果。

1. 在全社会营造一个与两者相融合的教育环境

我们都知道，大学生的心理健康教育与思想政治教育这两项工程都是复杂和艰巨的，仅仅依靠教师的单纯教育是不够的，它需要学校、家庭和社会的共同努力和紧密配合，创造与二者相融合的教育环境。只有这样，思想政治教育工作和心理咨询工作才能在大学生的成长过程中显示出更为明显的作用。

首先，学校应当营造和建设健康向上、积极进取的校园文化环境，为高校的思政工作和心理健康教育工作的实施创造良好的文化氛围，从而形成良好的校风和学风，培养出一个群体心理健康的教育氛围和环境；其次，高校思想政治教育和心理健康教育的开展也要将国外的一些先进的、科学的教育理念与我国高校大学生的具体实际相结合，力求建立有中国特色的大学生思想政治教育制度和心理健康教育制度。更为重要的是，我们全社会，包括家长们都要正确的面对和正视大学生的心理健康问题，这要求家长和学校对学生的心理状况应当相当重视并要从基础教育抓紧，注重培养学生的自我教育、自我管理和自我约束的能力。

再者，我们提倡应当尽快推进全方位的大学生心理健康教育。所谓全方位的心理健康教育是指将大学生心理健康教育置于开放式的大教育环境中，通过学校内部的教育、教学、管理活动全过程，以及通过指导家庭教育，充分利用社会资源，对学生心理加以积极的、正面的影响的一种心理教育。这样全方位的心理健康教育，学校和家庭共同参与，更有利于教育目标的实现。它实施的方法和途径主要有以下方面：第一，给所有学生进行心理健康辅导，开展心理咨询课程；第二，对个别学生进行单独的心理咨询和心理辅导；第三，对学生的心理状况进行深入地了解并填写学生的心理档案；第四，尊重学生的主体地位，创设一些活动的情境，从而强化学生的行为和心理培训；第五，指导学生建立良好和谐的人际关系，为心理健康教育的实施创造良好的心理环境；第六，提高教师的心理修养和心理素质，凸显教师的心理角色；第七，实现全方位的心理健康教育，还要充分利用各种资源。在这里，我们主要阐述一下利用网络资源来促进二者的结合。充分利用网络资源，构建思想政治教育和心理健康教育相结合的网络教育体系。教育工作者可以充分利用网络的直观性和双向互动等性质，全方位、多角度地实施思想政治和心理健康教育。因为网络它具有一定的虚拟性、自由性和隐蔽性，大学生能够直接而真实地表达自己内心的抑郁和苦闷，毫无顾忌的畅所欲言，寻求心理的释放和依赖。这样一来，教育工作者可以通过网络及时和准确地了解学生的一些心理动态和思想实际，通过分析研究，对症下药，及时引导，沟通化解。利用网络将思想政治教育和心理教育有机结合起来，使原本单调枯燥的说教式教育方式，变成了相对平等信任的网络教育形式，通过这种形式，不仅大学生乐于接受，而且增强了高校思想政治教育工作针对性和实效性。

高校领导在制定教育目标的时候，要充分理解心理健康教育它是教育过程中的非常重要的环节，要深入了解学生、关注学生、尊重学生并发展他们的个性，培养他们良好的心理素质，以便更好地开发其内在的心理潜能。

2. 在实施过程中注重教育策略的整体性要求

大学生表现得较为普遍的心理问题主要包括学习中存在的一些问题、人际交往和沟通的问题、恋爱困惑，等等，对于他们存在的这些问题，要有针对性地进行集体分析和咨询，尤其在公共课和理论课的授课过程中，要把所讲的一些理论知识与大学生的思想实际相结合，用理论来分析实际；同时，教育工作者还应当正确引导每个学生树立起自我保护的意识。有的学生在进入大学之前，就多多少少的存在一些心理问题，只是可能在生活中表现的不是很明显，因此，在他们刚刚入学的时候，是非常有必要对大学生进行心理状况的检查和测量的。具体的措施包括可以利用心理测量仪器，根据测量的结果给学生建立起关于其心理状况的心理档案，并对检测出存在心理问题的一些学生进行备案，然后经常的给这些学生以关注和重视，并对他们进行心理的一些指导。此外，随着信息技术的飞速发展，越来越多的人已经使用网络，大学生也不例外，他们利用网络查阅资料、娱乐、交友，等等，上网已经成为大学生学习和生活的重要组成部分，他们是使用网络的重要群体。那么，根据这一点，教育工作者应当利用网络来正确的开展心理健康的教育。通过使用网络这一媒介进行心理健康教育的普及有很多好处。首先是快速性。由于网络的方便性和快捷性，大学生在网上学习心理健康的知识是很迅速的，它是不受时间和空间的限制的，只要打开心理健康教育相关的网页，一些关于心理健康的信息就会大量浮现，大学生就可以在短时间内接受这些观念。其次是广泛性和多样性。因为网上提供的信息量要比书本上的知识要多很多，而且相当丰富，涉及的方面也较为广阔，这样，网络上提供的信息量可以满足大学生不同阶层、不同群体的心理健康发展需求。最后是渗透性。由于网络的运用是适用于大学生的心理发展特点的，在使用网络的过程中，网上的一些知识能够在轻松自由的氛围中渗透在大学生的头脑中，容易被大学生所接受。而且大学生通过网络接受关于心理健康教育的知识，他们可以消除顾虑，正视自己，更真实的客观的认识自己、剖析自己，准确的找到出现心理问题的症结所在，所以，通过运用网络资源对大学生进行心理健康教育，有利于增强心理健康教育的针对性和有效性。

3. 注重教育和引导方法的相互补充与促进

无论做什么工作，要取得良好的效果，在具体的工作中必须要做到有的放矢。这就是说，无论实施思想政治教育工作还是心理健康教育工作，都要注重因人而异，根据教育对象的个性特点采取相对应的教育方法，这样就不会引起受教育者的心理抵抗。在二者方法的结合中，思想政治教育可以通过小组讨论和课堂教育等方式进行，在这样的过程中，可以引导学生建立心理健康这一概念以及大学生对心理健康教育的重视，提高自我适应和自我调适的能力。

在高等院校中，要培养全面发展的综合型人才，对大学生进行思想政治教育和心理健康教育都是必不可少的环节，两者都是高校的教育中不容忽视的力量,对培养全面发展的建设性人才发挥着越来越重要的作用。二者在具体的教育过程中要相互借鉴和结合,在思想政治教育的过程中,要加强心理健康教育和其他相关的学科建设。不但要有开拓创新的思想政治教育队伍,还要有与时俱进的心理健康教育的教师。不但要培养从事思想政治教育工作的专业人才,还要实施高校思想政治教育队伍的人才培育工程。另外,在重点培养具有我国高校特色的心理学家的同时,也应该对一般的心理健康教育工作者进行强化的培训,对他们进行规范化的管理,逐步形成专门的对大学生进行心理健康教育的资格认证体系。最终要形成以学校心理学家为龙头,以一般专职心理健康教育者为骨干,以专兼职德育教师和广大学生政工干部为主体的心理健康教育三级梯队队伍结构。

(四)高校思想政治教育和心理健康教育的结合应注重队伍的建设

高校思想政治教育的发展和建设已经有多年的基础,发展是比较成熟的。但是高校的心理健康教育相对来说发展比较薄弱,尤其怎样把心理健康教育融入到思想政治教育工作中的指导和经验相对较少。高校的思政和心理健康教育的结合的重点在建设,思想政治教育的队伍和心理健康教育的队伍作为高校进行思政工作和心理教育工作的实施者,发挥着不可忽视的作用。所以,一定要根据素质教育的基本要求,把师资队伍的建设放在突出的位置抓紧抓好。

1.高校思想政治教育和心理健康教育的队伍建设存在的问题

在从事思想政治教育的工作队伍中,虽然这些工作人员经验比较丰富,这一教育系统也比较完善,但他们的队伍建设中也存在着一些问题。比如,他们的专业素养和素质都有待提高,他们的素质自我修养都离不开不断地学习和勇于实践,善于思考。专职思想工作者与思想政治理论教师之间缺乏协作,没有形成有效的资源共享机制。相对而言,在高校从事心理健康教育的工作队伍存在的问题则比较多。比如,缺少对大学生进行心理健康教育的专业教师和工作人员。高校的政工队伍成员主要包括辅导员、班主任和专业的政工干部。高校的辅导员,大多数是刚毕业就踏上了工作岗位,他们中的一些人社会经验较少,实践能力也比较弱,在遇到很多社会问题和学生生活中的实际问题的时候,有些力不从心,甚至只能简单地以学校的规章制度和条例来管理和约束学生,而对学生的心理问题也不会给予足够的关注和认识。

学校的班主任，大多主管学生的一些琐事，或传达上级的命令，由于高校本身对班主任工作也缺乏准确的定位，这就是大多数班主任形同虚设，那对大学生的心理健康教育根本无从谈起，不能发挥应有的作用。所以，这些工作队伍要使教育达到理想的效果是很困难的，必须装备一支由从事心理教育的专职教师和医务人员共同构成的高素质的专业的心理健康教育队伍。这样的专业心理健康教育队伍与从事思政教育的队伍互相配合，相互协调，才能解决高校学生的一些思想问题和心理问题，有效提升大学生的综合素质。但在现代的高校中，这支教育队伍的建设状况并不乐观。

2. 两支队伍结合的思路

高校心理健康教育之所以没能够取得较为明显的效果，最根本的原因是缺少专业的师资力量。思政教育的教师队伍和心理健康教育的工作人员要想全面的提高学生的素质，也要实现教师双重角色的结合。首先，高校的思想政治教育需要心理健康教育理论的创新，以及需要大学生容易接受的教学模式和方式，还需要广泛的普及关于心理健康教育的知识来扫除思想政治教育的障碍；其次，作为对大学生实施心理健康教育的教师队伍也需要在长期从事思想政治教育的工作实践中积累丰富的教育经验，热衷于对大学生进行思想工作，指导大学生树立正确人生观和价值观作为自我心理保健的支撑体系。

实现这种双重角色的结合，需要教育者自身素质的提高和优化。一方面，可以通过建立专门的关于心理健康教育的工作机构，比如，心理咨询室等机构，根据学生的心理状况来制定全校心理健康教育的规划和实施，对学生进行专业化和普及性的教育和指导；另一方面，要对从事教育的一些工作人员进行专门的培训。前面我们说过，辅导员和班主任是与学生接触最多的，通过他们对学生的接触和了解，他们更容易发现学生存在的一些心理问题，在对学生进行心理健康教育的工作的过程中他们发挥着不可替代的作用。因此，对他们进行关于心理知识和技能的培训是非常必要的。通过专门和专业的培训，完善其知识结构，提高其能力素质和知识素质，提高其开展德育和心理教育的能力，促进心理健康教育和思想政治教育的协调发展。当前大学生存在的心理问题，对高校的政工人员的素质和修养也提出了更高的要求。除自身具备较高的政治素质、能力素质和专业素质外，政工人员还必须加强学习，不断地充实自己，系统地掌握心理学、行为学及一些心理咨询等方面的知识，研究大学生的身心发展规律，科学的分析大学生心理健康上的反映变化，从而有针对性地对大学生进行思政教育和心理教育的辅导，培养大学生健全的人格和健康的心态，提升学生的道德素质和心理素质。

我们反复强调，实施思想政治教育和心理健康教育的队伍素质的高低直接决定着大学生教育工作的成效。但就心理健康教育的队伍来说，除了少数的专职心理咨询教师以外，实施心理健康教育的大部分教师并没有接受过正规、统一的心理科学知识和技能的培训，对现代的心理咨询技术了解得不够透彻，在教育实践中，很难保证取得好的效果。因此，必须把教师队伍的建设放在重要的位置抓紧抓好，对专、兼、聘职教师进行有计划、有组织、有目的地技能培训，不断增强教师责任感和服务意识，提升开展心理教育工作所需要的专业知识、技能和科研能力。同时结合工作实践，组织教师之间互相学习、彼此启发、共同促进，有针对性地解决大学生成长和成才道路上遇到的心理问题。只有建设一支具有高素质高能力的心理健康教育的师资队伍，才能使心理健康教育向健康发展的轨道迈进。

二、心理健康教育在高校思想政治教育中的实践路径

（一）坚持以人为本，转变思想政治教育工作理念

高校大学生最重要的是，实现自由而全面的发展，必须要在一个充分尊重他们的环境下才有可能实现。作为教育者，我们首先转变观念，以人为本，尊重人、理解人、帮助人、鼓励人、发展人，最终促进受教育者的全面发展，这是时代的召唤，也是教育发展的需要。

1.体现人文关怀，以尊重教育者主体性为前提

在高校思想政治教育中，教育者和被教育者两者之间应该是平等、民主的对话和交流，但是，在现实生活中，思想政治教育过于突出教育者的主导作用而经常忽视受教育者的主动性和积极性，并且生搬硬套地采用单项灌输等方式，忽视受教育者的能动性。心理健康教育中以受教育者的主体性可以运用到高校的思想政治教育中去。尊重受教育者的主体性首先要了解受教育者的内心需求，受教育者由于是不同的个体，有着各自不同的心理特点和内心需求，大学的不同生活阶段又有不同的表现。例如，大一刚入学的新生首先要解决他们对新环境的适应问题；其次，对他们开展理想信念教育帮助他们树立既切实可行又远大的理想目标以指导他们的大学生活甚至人生。大

四的学生即将走进社会，这时的他们需要调试好心理走进向往已久但是又同自己理想不一样的社会大炼炉，高校的思想政治教育应该帮助他们确立正确的就业观念，把自己的理想信念同社会的需要结合起来，用自己所学为社会的发展贡献自己的一份力量。

高校思想政治教育过程应该是受教育者参与的过程，让受教育者在参与的过程中发现问题，探究原因，找寻方法，最终形成稳定的世界观、人生观和价值观。受教育者都是独立的个体，他们都有自己独立的意识，因此，在开展思想政治教育工作的时候应该注意引导，将受教育者内心已经形成的某些观点引导到符合社会要求思想上去，最终让受教育者对思想政治教育的内容，以及思想产生认同感并且内化成自己的稳定的思想。

2. 关注心理特征，以大学生心理防御机制为切入点

教育者若要真正从受教育者的角度来考虑，应当掌握大学生的心理活动过程。心理防御机制对于高校思想政治教育工作者在了解学生的心理特点方面具有很好的借鉴意义。心理防御机制是弗洛伊德精神分析学说的重要部分，"是自我应付本我的驱动、超我的压力和外在现实的要求，以减轻和解除心理紧张、求得内心平衡的心理措施和防御手段。"个体的防御机制大体分为三种类型：（1）不成熟型防御机制：投射、分裂性幻想、被动攻击、潜意显现、疑病和分离；（2）成熟型防御机制：升华、压抑、幽默、期望和利他；（3）中间型防御机制：转移、潜抑、隔离及反作用生成。心理防御机制是个体比较稳定的个性特征，短时间内教育者很难去改变，但是我们在思想政治教育过程中，如果及时地掌握学生的防御机制特点来展开不同的策略和方法，这样就可以减少学生的不成熟性的防御机制，使他们能够从内心接受且内化思想政治教育工作者给他们传递的一些符合正确的理想和信念。心理防御机制给我们思想政治教育工作的第一个启示是间接性的，隐性教育可以减少甚至消除学生对于显性教育的排斥和反感。隐性教育具体来说，就是在受教育者轻松愉悦的分为下，不需要一直努力的情况下去学习，进而潜移默化地受到一定的启迪和感化。与中国传统的思想政治教育相比较，隐形教育是不贴"安民告示"的一种含而不露的教育，是把相关的教育目的或意向渗透到或潜藏到与之相关的教学活动当中去，从而让受教育者潜移默化地受到感染，逐渐形成良好的思想品质。相对显性教育而言，隐形

教育不会让学生产生戒备或抵触心理，同时较好地实现教育与自我教育的统一，从而达到润物细无声的效果。第二，思想政治教育工作者以学生的心理防御机制为切入点，教育工作者应该让学生感受到来自学校的关怀及帮助，避免他们在遭遇困境或者挫折时采取消极的心理防御机制。如，积极乐观的学生，应注意引导他们在面对困境时采取积极的心理防御机制幽默升华等，而比较内向或者情绪悲观的学生要注意引导他们在面对问题时采取中间型的心理防御机制，慢慢由中间型在转向成熟性的心理防御机制。大学阶段是每个人情感比较细腻的阶段，他们往往很渴望得到来自老师的关怀，却又反感老师给他们的一些强硬的灌输或者要求，因此，对于思想政治教育队伍的有较高的要求，教师如果能够以学生比较容易接受的方式和关注学生的热情往往能够获得其信任，开展起工作来便顺手很多。第三，掌握学生心理防御机制的最终目的还是希望提高学生的心理素质，从而让他们在逆境时也能够勇敢并且正面去面对和解决，所以，思想政治教育工作者还可以让学生学会了解自己的心理防御机制特征，掌握心理应对和情绪调节的常识和技巧，学会在具体的环境中可以采取哪些措施来缓解自己的压力和挫折。

（二）融入心理健康教育，丰富思想政治教育内容

1. 加强自我意识

自我意识是个体对自身和对自身周围世界关系的认识、体验和愿望，就是对自己存在的察觉。自我意识包括以下三方面的内容：一是个体对自身生理状态的认识和评价；二是对资深心理状态的认识和评价；三是对自己与周围关系的认识和评价。其中，第二方面是对自身心理状态的认识和评价，而理想信念是高校思想政治教育的重要内容；因此，加强大学生的自我意识，能为高校思想政治教育提供良好的心理保障。大学生是富有理想的，但是在理想与现实之间的自己存在着较大差距，产生了内心冲突，这也是大学生自我意识矛盾最集中的表现。除此之外，大学生还存在着独立—向同依赖心理的冲突、交往需要与自我封闭等的冲突。提高大学生自我意识的途径主要有以下三种：一是建立良好的自我意识发展的导向系统，即运用集体主义的价值观来引导学生正确认清个人利益与集体利益之间的关系，从而为自我意识提供明确的导向；二是建立良好的自我调节系统，即对自己的评级能够客观全面，学会约束自我且还能适时地塑造和超越自我；三是要树立真实的自信

心，即学会对自己尊重和肯定，相信自己通过努力一定能够有所作为。心理健康教育者应该以受教育者为主体，引导他们去自我探索，自我发现，充分发挥学生自我、学生同辈、学生群体的主体作用，通过他们自主地去克服新困难，处理新问题，解决新情况来不断增强自己的心理素质。心理健康教育最终的目标是实现个体的健康发展及充分挖掘起潜能，所以，学生的自我教育，自我意识是发挥起潜能的重要途径。

2.高校学生人格教育

人格对于一个人健康的成长有着至关重要的作用，人格包含两层含义：人格倾向性和人格心理特征。人格倾向性是人格中比较活跃的因子，也是人格结构的核心因素人格，主要包括需要、动机、兴趣、理想、信念和世界观等心理成分。世界观是一个人对这个世界比较稳定的看法，因此，正确世界观的树立可以帮助高校学生在学习和生活上提供科学的方法论指导。人格心理特征主要是个体心理差异的表现，它包括能力、气质和性格。气质反映了人的生理特性，是表现在心理活动的强度、速度、灵活性与指向性的一种稳定的心理特征，决定了个体不同强度的情绪、不同速度的思维、不同程度的意志力等个体心理活动的动力特征。一般来说，气质分为胆汁质、多血质、黏液质、抑郁质四种类型，每一种类型的个体所具有的特性不同，所以，思想政治教育工作者可以根据不同气质类型的学生来开展思想政治教育。性格是个体与社会最密切的人格特征，从不同的角度和侧面可以分为不同类型的性格。大学生所处的年龄，是性格日趋定型的阶段，在这一时期，大学生渐渐成熟，性格的理智特征、情绪特征、意志特征等性格特征逐渐稳定，这些情绪特征会在大学生的一生中保持下去，因此，大学阶段是人格成熟的时期；另外，他们的世界观和理想也初步形成，即将走入社会的大学生，理想和现实之间，他们逐渐开始想要通过自己的努力把现实变为理想。个体的人生观体系由人对现实的态度直接构成，这种态度体系指导和影响人的各种行为活动，因此，性格能集中体现一个人的人生观、道德观。人生来差距不是很大，后天的环境和教育造成每个人性格上迥然不同。人的人格很大一部分是后天习得的，尤其学校教育是人格社会化的主要场所，首先，学校里的老师对学生人格的发展具有导向作用，每个教师都有自己的风格，在不同风格教师的影响下，学生表现出不同的人格特点；其次，学校还是一个同龄人集体会聚的地方，因此，同辈教育对学生的人格也具有非常大的影响。在高校进行人格教育的内容中，我们可以进行大学生责任感教育，因为责任感也是一种社会化的结果，是一种理性认识，需要通过一定社会化的认识，表现出来的自己的价值观。责任感也称作责任心，指自觉地把分内的事做好的意识。具有社会责任感的人面对社会时表现情绪兴奋度比较高，对人的个性倾向性产生重要影响，他们将个人、社会和国家利益紧密结合起来，把自己的个人理想与社会现实联系，更好地处理个体与集体之间的关系。有社会责任感的人，活在有目的有意义的价值观里，情绪状态通常会比较良好，即使遇到一些困难，他们也能调整自己的心理状态，积极努力的面对和改变，呈现出比较高的健康心理状态。

3. 高校学生人际交往教育

人是社会性的动物，人的大部分时间都是与他人一起度过的，人的社会性也是人的主要特性，因此任何个人都是处于社会中的个人，每个人都必须和周围环境存在着一定的联系。人与人之间的交往是人类共同活动的一种特殊形式，交往是每个人的一种社会需要，每个人都不能脱离社会群体而独立的生活，人与人之间通过交往进行一定的联系，然后形成一定的社会关系。为了让这个社会有秩序的生活，社会中形成了一种普遍的行为规范和准则，而这些行为规范和标准必须符合一定社会要求和阶级利益，所以，高校加强人际关系的教育能够促进大学生们调整自己的行为，保持和周围良好和谐关系的同时处理好自己与集体之间的关系。良好的人际关系可以在集体内部产生合力，让人团结协作，发挥群体效应的作用；另一方面可以与自己的同学形成互补和极力，大家取长补短，共同进步。通过人际交往可以调节大学生的行为，一方面大学僧通过交流信息和思想，可以与对方交流共享信息与思想，甚至改变对方的观点，达到自己与对方行为与思想的趋同；另一方面，每个个体都遵守着社会的共同交往原则，为着各自目标努力的同时也会提高了团体的工作效率。总之，人际关系能够使大学生与周围交流信息，认识自我、协调自己的行为的功能。因此，在高校内部加强人际关系教育可以促进学生对自我的认识，让学生自己与周围更融洽的相处，有利于思想政治教育时效性的提高。

4.高校学生挫折教育

挫折教育是教育者有意识地利用和设置挫折情境，通过知识和技能的训练，使个体正确认识挫折、预防挫折、正视挫折，增强受挫能力的教育。在人生中，大学阶段是我们整个"人生的多事之秋"，是我们的"矛盾期"，在这个阶段我们会遇到人际挫折，学业挫折，就业挫折，等等，这一问题也得到国家的重视。所以，高校要通过多种方式对大学生进行心理健康教育和指导，帮助学生提高心理素质，健全人格，增强承受挫折和适应环境的能力。在各种挫折形式当中，道德挫折是高校思想政治教育工作中面临的一项比较特殊的挫折形式。道德挫折是因行为者的利他行为受到受助者的消极或恶意回应，从而使其对于利他行为的道德价值产生负面性的认知，并进而产生心理上的挫败情绪这一挫折形式。所以，如果当这些大学生在利他行为受挫后有可能会产生对利他行为之道德价值的消极评价，甚至开始造成高校学生的道德冷漠或者道德反感。高校是大学生世界观、人生观、价值观形成的关键时期，当大学生在遭遇到道德挫折后不能及时的调解，有可能对于大学生原本内心接受并认可学校传授的道德信念产生质疑，进而对思想政治教育的效果产生非常重大的损害或者威胁。因此，高校学生的道德挫折并非他们个人的事情，而是整个思想政治教育，甚至整个社会都应该关注的集体意志和共同事物。在高校阶段对于高校的思想政治教育主要还是抽象性的知识传授，实际的生活经验相对而言还是比较单薄，大学生将抽象的知识运用到实际生活当中去，很容易造成理想与现实的冲突进而产生道德挫折。挫折教育，归根到底还是属于心理学的范畴。因此，加强高校大学生的挫折教育首先要正确认识挫折，挫折是一把双刃剑，虽然带来了不愉快的情感体验但是可以让广大受教育者在困境中成长，正如道德挫折，适当的挫折不仅能够解决大学生的某些心理障碍，甚至能够成为高校学生的精神成长契机；另外，思想政治教育工作者应改变受教育者的不合理信念，往往令受教育者感到痛苦的并非挫折本身，而是受教育者对挫折的看法以及所采取的态度，许多受教育者在遭遇挫折的时候不能正确地看待，而是无限夸大后果或者以偏概全，结果造成自己的受挫心理，产生消极的情绪，严重的甚至开始产生轻生的念头。近年来大学生自杀事件层出不穷，很多都是因为大学生们一时想不开，认为自身无法承受压力或者挫折造成的；再者，高校思想政治教育应教育受教育者学会合理的自我归因。最后，提高人格品质，那些意志不坚强、心胸不宽广等特点的人在面对挫折时往往更容易受到打击。因此，每个人都应该努力培养自己良好的人格品质以提高应对挫折的能力。

（三）拓展教育途径，加强思想政治教育的教育模式

1.大力加强专业而又全面的心理咨询

高校心理咨询的根本目的，不仅仅是使有各种心理异常表现的学生尽快缓解心理压力和消除心理危机，更重要的是，使适应正常的广大学生具有健全的人格和良好的个性心理品质，使其内心极其丰富、精神生活无比充实、各种潜能得以充分发挥、人生价值能够真正体现。高校心理咨询通常包括障碍性咨询和发展性咨询两种模式，其中，障碍性的心理咨询者应该比后者相对较少。高校的大部分学生并没有严重的精神疾患或者心理疾患，因此，高校心理咨询不仅仅是对少数学生心理问题的辅导、咨询和诊治，而是应该针对大多数学生的心理，遇见他们可能产生的心理困惑，并且要注意学生的发展性，把学习辅导、生活辅导、性格辅导与择业辅导与学生的心理辅导结合起来。高校心理咨询从数量上看主要包括个别心理咨询和团体心理咨询两种；从咨询方式来看主要有门诊咨询、电话咨询、现场咨询、书信咨询等方式；近年来由于网络的兴起，网络心理咨询也开始发展起来。个别心理咨询主要分为五个基本阶段，建立信赖关系；了解情况，收集信息；分析判断，确定咨询目标；选择决定问题的方案；检查、巩固咨询效果。常用的方法有会谈法、个案法和测验法三种。个别心理咨询对于来访的心理咨询者，我们必须全面而又准确地了解到咨询者的心理状况，不能仅仅停留在一般的"谈心"上，可以通过测量这一手段，对心理咨询提供一些依据和参考。团体心理咨询是通过团体活动或者聚会，大家相互讨论共同关心的问题，相互启发，相互理解，以重新悦纳自己，增强成员的社会适应性及人际关系。团体心理咨询中，发展性的心理咨询目前在高校里发展的比较迅速，同时也应用得非常广泛，所以应该引起足够的重视。

2.运用真挚的情感教育唤醒广大学生

在思想政治教育过程中，不仅有知识性的交流，更有情感性的交流，在整个思想政治教育过程中，这两种交流缺一不可，并且相互影响、相互作用。传统的思想政治教育以知识性交流为主，甚至忽视了情感性的交流。纯

粹的知识性交流并不能很好地让受教育者从内心接受教育者的思想，因此，也就大大影响了教育成果。受教育者是一个个内心世界具有鲜明特点的主观能动性的人，情感教育能够充分尊重受教育者的主体性，尊重受教育者是一个生动活泼的个体，因此，有利于实现受教育者自由而全面的发展，有利于思想政治教育目标的实现。大学生心理健康教育明确把情绪管理作为其教育内容，也是由于大学生的情绪对其学习与生活产生了重大影响，如果不好好了解大学生的情绪，那么，其他的一切教育都很难达到预想的效果。所以，高校思想政治教育在情感方面可以采取一系列措施对学生开展思想政治教育活动。情感教育要求我们不再是像以前那样"填鸭式"的纯粹性的灌输，而是"动之以情、晓之以理"。

首先，高校思想政治教育工作者可以运用情感的力量，使思想政治教育的内容富有生命力和活力，更加贴近大学生的生活实际，使之具有愉悦性和可接受性。知之者不如好之者，好之者不如乐之者，紧贴学生实际需要的教育内容才能唤起学生学习的动力。

其次，高校思想政治教育工作者可以通过个体的真挚情感打动、感染受教育者，让他们切实感受到来自教师等思想政治教育工作对他们关切的爱，或者创造一定的环境激发高校大学生的情绪和智慧，做到"情以物迁，辞以情发"。真正的教育不在于灌输了多少知识，而是激发，引导和鼓舞，这样才能真正达到大学生自由而全面的发展的目的。

3. 创建网络为载体的思想政治教育新模式

网络作为一种新的社会文明载体，对人们的生产方式和生活方式、价值观念等产生了重大的影响，网络由于自身开放性的特征，导致世界各国的价值观念等与本国的思想观念造成一定的冲突，所以，容易导致大学生的人生观、世界观失范。另一方面，网络的隐蔽性、开放性等特点也会对受教育者的认知、情感、人格等造成巨大的改变，现在高校宿舍内出现许多宅男宅女，由于经常上网，渐渐与周围社会中的他人关系疏远，也逐渐变得冷漠和孤立。因此，利用好网络这个载体，利用网络心理特点与规律对高校学生开展思想政治教育工作具有重要现实意义。

首先，高校应该将思想政治教育和心理健康教育的相关课程利用网络技术来发展网络课堂。各大高校可以邀请一些专家为大家进行网上讲学，同时针对大家感兴趣的各种时事热点可以设立专门的板块供广大学生讨论。此外，在各大高校的网站上还可以设立心理咨询或者心理测试中心，以及向学生提供一些国内外著名的心理咨询网站，甚至于这些网站建立一些链接，方便学生更好地在网上对自我的心理状态有一个比较权威的分析。其次，高校应结合学生的需要来完善网络体系的相关教育。大学生上网有各种各样的目的，学校应该根据大学生上网的心理需求来进行引导和服务；总的来说，大学生上网的主要行为有：学习行为、人际交往行为、娱乐消遣行为等行为。因此，高校的网站建设可以紧密结合学生上网的主要行为来全面掌握学生的心理状况及思想情况，如，南京仙林各高校共同建立了仙林七八八，在这里为大家提供各种各样生活服务。

4.加强师资整合，在教育队伍上有机结合

在中国心理咨询领域，活跃着三支队伍：一是以医疗系统为背景的医务工作者；二是以心理学、教育学、社会工作等为背景的心理学工作者、教师和社会工作者；三是以思想政治教育为背景的思想政治教育工作者。这些师资队伍来自不同的专业背景，因此，对于一些心理学理论及方法运用的掌握情况层次不一，我们应该对待不同的队伍进行分层次，多途径的教育和培训，以此来加强高校的师资力量。

（1）注重教育者培训，提升教育者专业技能与实践能力

在高校从事心理健康教育的教师很大程度上成为心理健康教育成败的重要因素，而心理健康教育工作者的专业化就是影响教师教育水平的关键。师资专业化的其中一条道路就是要实现心理健康教育工作者资格认证的标准化。

目前我国高校的心理健康教育工作者，即是以心理学、教育学为背景的心理学工作者、教师。他们中很多有可能并没有丰富的实际咨询经验，而我国心理咨询师的从业资格认证，即目前比较普遍的是二级心理咨询师和三级心理咨询师。

除此以外，针对我国现在专业的心理健康教育者缺乏的现状而言，加大对相关工作人员进行专业的培训显得尤为迫切，是一条实现教育者专业化的重要途径。每个高校"按照一定比例配备专职从事大学生心理健康教育的教师，每校配备专职教师的人数不得少于两名"，在一定程度上对于高校的

心理健康教育者在师资上给予了硬性指标，为高校的心理健康教育提供了良好的师资保障。为高校心理健康教育师资专业化提供了方向性的指导。加大对高校在职教师的培训是师资培训的重要方式，让他们在实践与学习的交替过程中逐步实现专业化；除了专职的教师外，对于那些兼职教师、普通教师也应该根据他们不同岗位的特点进行培训，以最大限度地提高效率。除了资格标准化和培训以外，还要加强对教师工作者定期的考核，考核制度可以从加强那些已经在职的教师紧迫感，增强他们不断学习的动力；对于考核不过关且已在职的老师应该强制性的暂时停止工作，并且必须立即参加培训直至考核通过；而对于那些没有师德甚至长期考核不通过这应予以取消其高校心理咨询的资格。

（2）提高教育者素质，实现教育队伍双重角色地结合

在高校的心理健康教育队伍里，还有一部分工作者并非专业的心理咨询人员，即以思想政治教育为背景的心理健康工作者。例如，高校的辅导员，辅导员是高校进行思想政治教育且又可开展基本的心理健康教育最典型的人员之一，通常这些思想政治教育工作者可以暂时地摆脱自己思想政治教育的工作身份，先对来访的人员展开心理咨询的活动，在解决了心理问题之后继而再开展思想工作。这些人员在对来访者开展心理咨询时并非同第一种以医疗系统为背景的医务工作者那样以"救死扶伤的革命人道主义"为目标，也并非像第二种以心理学、教育学、社会工作等为背景的心理学工作者、教师和社会工作者一样，对心理咨询者的主要目标是个体的自我实现和个体的潜能发挥。第三种以思想政治教育为背景的教育者，他们既能以人受教育者个体为本，又能兼顾社会的总体目标，达到个人与社会的和谐。第三种心理咨询模式也属于具有中国特色的心理咨询模式，这种心理咨询模式主张用一定的思想道德素质来解决个体的心理问题，即心理咨询工作者带有一定的价值干预性，价值教育也是这种模式的典型内容。思想政治教育为背景的心理咨询模式着力于人的世界观、人生观、价值观和理想、信念等方面的教育和引导，它高扬的是一种人的理性和精神的力量，通过对人的自由、价值、尊严和人性的尊重，引导人们消除各种思想和精神的困惑。

但是，作为以思想政治教育为背景的心理健康教育工作者，一定要把思想政治工作和心理健康教育工作两者关系处理好，实现好角色转换；否则

会造成一些矛盾和冲突。

　　首先，应该避免多重关系的发生，例如，思想政治教育工作者为某院的辅导员，而来访者为该院的学生，那来访者与咨询者之间形成了双重关系，这种双重关系既容易造成思想政治教育人员的角色冲突，也容易丧失对心理咨询的客观性，从而不利于来访者的心理健康教育。如果遇到这种多重关系的情况，为了给来访者作出客观性及准确性心理咨询，心理咨询工作者可以做适当的转介。

　　其次，如果来访者的心理问题咨询人员无法解决时，要立马转移给其他专业背景的教育工作者。所以，心理健康教育工作者一定要学会对来访者心理问题的性质及程度进行及时的判别和鉴定，从而对一些心理咨询工作提供一些有效干预。

第七章 高校思政工作的机制创新

第一节 高校思想政治教育的保障机制

教育机制体制是大学生思想政治教育工作与管理的重要内容，只有形成了完善的大学生思想政治教育机制体制，才能实现大学生思想政治教育系统的运行和管理，提高大学生思想政治教育工作的效率，保证大学生思想政治教育的有效落实。要建设完善的大学生思想政治教育工作的机制体制，必须在物质、组织、人力等方面建立相应的保障制度，保证大学生思想政治教育活动能够有效地开展，为大学生思想政治教育的发展提供物质、组织、人力等方面的支持。

一、物质保障

大学生思想政治教育工作的物质保障，是指实施教育所必需的物质条件，具体包括基本建设、经费投入和活动基地建设等。

（一）基本建设

推进当代大学生思想政治教育工作，必须依托一定的场所、设备和设施。

首先，开展大学生思想政治教育工作，需要固定的办公场所。在影响大学生价值观念教育的因素越来越多，需要单独进行思想交流的学生越来越多的今天，学生工作中新增加的心理辅导职能、就业指导职能等，需要有专门的办公场所。

其次，开展大学生思想政治教育，需要准备多样化的办公用品。在新形势下的大学生思想政治教育形式越来越丰富，既有传统的互动性不够强的讲座报告，也有丰富多彩的参观访问、观看电影录像，还有各种各样的社会实践活动和社团活动。因此，除了必要的办公场所及办公所需的电脑、打印机外，还应配备照相机、摄像机等音像器材设备，以增强教育活动的趣味性和实效性，同时便于资料的存档备查。

最后，开展大学生思想政治教育，需要合适的教育活动场地。大学生思想政治教育是与各种各样的活动结合在一起的，既需要各种规模的会议室、报告厅用来举行座谈、讲座、报告等活动。同时，还需要建设一定的宣传设施和场所，如，文化长廊、宣传栏、校报、校园广播站、网络中心等，以有利于开展大学生思想政治教育工作。

（二）经费投入

思想政治教育的经费开支必须纳入大学生培养成本的核算体系之中；否则，经费保障就是一句空话，各项工作就达不到预期的工作目标。国家财政拨款预算必须合理确定拨款比例，保证大学生思想政治教育工作的正常进行。但就目前的状况来看，大学生思想政治教育并没有得到充足的经费，导致思想政治教育各项活动的开展受到了制约。就经费来源而看，高校不能只依赖国家拨款，还应积极地拓宽筹款渠道，适当开源。

（三）活动基地建设

在新形势下，大学生思想政治教育需要不断创新工作模式，要拓宽教育渠道，丰富教育方法，充分利用各种社会活动基地，深化教育内容，拓展教育实践。

1. 加强社会实践基地建设

社会实践是当代大学生最为喜爱的教育方式，加强社会实践教育活动，能够全面提升大学生的素质。教育行政部门和高校要建立各种类型的教学科研基地、大学生职业技能和创业能力实训基地、社区活动基地、勤工助学基地等，通过社会实践教育，切实培养大学生的综合素质和能力。

2. 要加强爱国主义教育基地建设

爱国主义教育基地以历史博物馆、红色纪念馆为主体，是向大学生传授历史文化知识，进行爱国主义、集体主义、社会主义教育的重要资源。高校要充分利用爱国主义教育基地，在节假日和重大历史纪念日组织大型的参观访问活动，通过图片、文字、建筑等对大学生进行深刻的思想政治教育。

3. 加强实训及素质拓展基地建设

实训和素质拓展是大学生非常感兴趣的活动形式。通过基地的专业技能、创业能力的实际培训，不仅可以提升学生的实际动手能力，培养其创新意识，而且能够培养学生克服困难的勇气、团结合作的精神、与人交往的能力。在当前高校注重加强内涵建设的形势下，各级教育行政主管部门和高校都应积极建立各种形式的大学生能力、素质实训基地，以此推动大学生思想政治教育工作。

二、组织保障和人力保障

组织，在动态上是指使分散的人或物形成一定的系统性和整体性的过程；在静态上是指基于特定的宗旨和配合关系，呈现出系统性和整体性的机构。推进大学生思想政治教育工作，需要明确组织管理目标，合理地调配人员和各种资源，确定它们之间的相互关系，根据具体工作任务实施组织管理工作。总的来说，就是要整合教育要素，健全组织机构，为大学生思想政治教育提供组织保障。

（一）构建大学生思想政治教育组织保障机制的必要性

大学生思想政治教育工作虽然是在教育主客体之间展开的，但不单纯是主客体之间的事，其他因素也会对教育活动产生一定的影响；尤其作为规范教育主客体地位的组织过程和组织机构，直接影响着教育活动的内部机理，是保障机制的重要组成部分，是各种教育机制运行的前提。在多年的思想政治教育过程中，我国建立起相应的教育组织保障体系，但是随着国内外社会环境、高校办学模式和大学生的思想观念、行为方式的变化，大学生思想政治教育需求已然发生了改变。在社会转型期的大环境下，我们必须对我国的思想政治教育的组织体系进行必要的调整。一方面，要重新判断大学生思想政治教育的功能和优势；另一方面，要遵循大学生思想政治教育的内在规律，在此基础上对教育组织结构进行调整。

（二）组织保障机制的构建思路

大学生思想政治教育组织机构改革的总体思路应当是"全员育人"。要摒弃过去那种单纯地依赖马克思主义理论教学部门和学生工作管理部门开展大学生思想政治教育的传统，在思想认识与实际行动上进一步强化高校"育人为本，德育为先"的育人理念，坚持把大学生思想政治教育融入学校工作的各个方面，贯穿于教育教学的各个环节，努力形成全员育人、全程育人、全方位育人的新格局、新组织、新机制。

学校党委要从总体上把握大学生思想政治教育的根本方向，确定全新的工作理念和工作目标，推动大学生德育工作与智育工作一体化进程。从具体实施来看，马克思主义理论教学部门应抓好理论教育；学生工作部门与共青团系统应帮助大学生树立社会主义价值观；各院（系）专业课教师应该把思想政治教育融入教学环节；学校管理部门和服务部门在各自的岗位上，应带头示范，树立榜样；学校宣传部门应建立起弘扬社会主义主流价值观的文化阵地。

（三）人力保障

高校应按照提高素质、优化配置、稳定结构的要求，大量选拔德才兼备和工作热情较高的中青年干部，充实思想政治教育工作队伍；注重专家化、职业化的专职政工干部的培养，以专兼职相结合为基本原则，采取切实措施，培养一批政治立场明确、理论功底扎实、勇于开拓创新、善于联系实际、具有奉献精神的教育工作者和社会活动人士。同时，思想政治工作志愿者作为一个潜力最大的群体应当得到重视，使之成为壮大思想政治教育工作队伍的后续力量和储备军。因此，要建立和完善思想政治教育专职队伍的激励和保障机制，免除他们的后顾之忧，同时提供更多的发展机会，注重人才储备和培养的长效性。

第二节 高校思想政治教育的环境机制

一、大学生思想政治教育环境的概念

无论是人的生存发展还是思想品德的形成和发展，都离不开一定的环境。政治主张、道德教化、理论学说的传播，都不是靠政治压力，而是作为一个思想信息在得到环境的验证之下才会被受教育者所接受。特别是在经济全球化、科技现代化、社会信息化的今天，大学生思想政治教育所面对的宏观环境、微观环境等差变化都非常巨大，要做好大学生思想政治教育工作就必须要研究各类环境因素对教育的影响，我们不仅要充分重视和利用环境，更要有意识地去改造环境、优化环境，创造有利的环境氛围来实现教育目的，从而做好教育工作。

大学生思想政治教育的环境是指影响大学生思想道德素质形成和发展，

以及大学生思想政治教育活动开展的具有内在逻辑联系的一切外部因素的总和。这有三点含义：一是指环境对大学生的思想道德素质形成和发展的影响；二是指环境对大学生思想政治教育活动的影响；三是指环境的各种外部因素之间具有内在的逻辑联系。这些因素包括政治因素、经济因素、文化因素和思想因素等。

大学生思想政治教育环境，是由诸多因素构成的。这些环境因素都会对大学生思想政治品德的形成和发展，以及大学生思想政治教育活动的开展产生影响，并且影响的内容和方式也会不一样。研究大学生思想政治教育环境的类型，对大学生思想政治教育活动的开展具有重要的意义。

二、大学生思想政治教育环境的分类

大学生思想政治教育环境，按照不同的标准可分为以下四类。

（一）自然环境和社会环境

以环境构成要素的性质为标准，大学生思想政治教育环境可分为自然环境和社会环境。

自然环境，是由一定的自然物质，如，大气、水、生物、土壤、岩石太阳辐射等组成的综合体。例如，日月星辰、江河湖海、山川平原等，就是这种综合体的具体体现。自然环境是大学生赖以生存和发展的物质基础，它为大学生的健康成长提供必需的各种物质和进行活动的场所，对大学生思想政治品德产生一定的影响和作用。社会环境是指人类社会在长期的发展过程中创造和积累的物质文化以及社会成果的总和。它包括政治环境、经济环境、文化环境、虚拟环境等。社会环境对大学生思想政治素质的影响是社会的经济关系、政治关系和文化关系等与大学生发生相互作用的过程中形成的。

自然环境和社会环境往往共同作用于大学生的思想，共同影响着大学生思想政治教育活动的开展。

（二）宏观环境和微观环境

以环境构成范围的大小为标准，可以将大学生思想政治教育环境划分为宏观环境和微观环境（也有学者将环境分为宏观环境、中观环境和微观环境）。宏观环境，又称为大环境，包括国际大环境、国内大环境和地区大环境，它是指国际或我国或我国某一地区内各种环境因素的总和。微观环境，又称为小环境，一般是指与人们的活动直接相关的局部环境因素，如，家庭环境、学校环境、社区环境、同辈群体环境等。一般认为，在宏观环境和微观环境中，既有自然环境的因素，也有社会环境的因素。例如，在宏观环境中既有山川、河流、平原、草地等自然环境的因素，也有经济、政治、文化等社会环境的因素。与自然环境相比较，宏观环境和微观环境中的社会环境因素对大学生思想政治教育活动，以及大学生思想政治品德的形成和发展的影响是主要的。

宏观环境和微观环境有着密不可分的关系，一方面宏观环境制约着微观环境；另一方面微观环境对宏观环境具有反作用，影响着宏观环境。它们之间相互联系，相互作用，共同对大学生思想政治教育和大学生的思想政治品德产生影响。

（三）良性环境和恶性环境

以环境影响好坏性质为标准，可以将大学生思想政治教育环境划分为良性环境和恶性环境或不良环境。良性环境是指有利于大学生良好思想政治品德形成和大学生思想政治教育工作开展的环境。相反，阻碍大学生思想政治品德发展和大学生思想政治教育工作进行的环境为恶性环境。"入芝兰之室，久而不闻其香""入鲍鱼之肆，久而不闻其臭""近朱者赤，近墨者黑"等都形象而深刻地说明了环境好坏对人的影响。大学生思想政治教育者是要善于利用和创造良性环境，引导大学生正确地对待恶性环境。

（四）物质环境和精神环境

以环境构成的内容来看，可以将大学生思想政治教育环境分为物质环境和精神环境。大学生思想政治教育的物质环境是指影响大学生思想政治教育的各种物质因素的总和，它包括未经过人类加工改造的纯粹的物质环境和经过人类加工改造后的物质环境（即人化的自然环境），它涵盖了自然界中的属人环境、社会中的经济环境等。例如，名山大川属于前者，人文景观、爱国主义教育基地则属于后者。精神环境是指影响大学生思想政治教育和大学生思想政治品德形成和发展的各种社会精神因素的总和；例如，社会制度、社会文化、社会风尚、社会舆论等都是精神环境构成的要素。

三、大学生思想政治教育要顺应国际国内的宏观环境

国际国内环境的存在与发展相对于大学生思想政治教育工作系统来说是既定的，不以人的意志为转移的，无论是大学生思想政治教育工作的主体还是客体，都生活在其中并受其规定和制约。因此，面对复杂的、多变的国际国内环境，大学生思想政治教育工作者的主要任务是对国际国内环境中的各种因素进行筛选和利用。

（一）要充分利用全球化环境的有利因素，更好地发挥大学生思想政治教育工作的意识形态的教育功能

1.经济全球化的发展利于促进人们解放思想、更新观念

经济全球化所带来的多元文化、多元观念和多元生活方式，不仅拓宽了大学生的视野，而且打破了他们封闭局限的观念，使得大学生对世界各国经济、政治、文化等方面的优点和缺点有了更全面地了解，在比较中有目的地借鉴、吸收，做到洋为中用。同时，也使大学生对什么是社会主义和怎样建设社会主义有了更加深入和正确地理解，能够促使他们逐渐摆脱原有的错误认识，在对社会主义本质、特征和体制的认识上，都发生了巨大的飞跃，使建设社会主义的理论、方针和政策融会到经济全球化发展的大背景之中，打破了学生禁锢着的思维模式，形成了开放的新观念、新思维，实现了观念的变革和理论的创新。

2.经济全球化发展有利于为大学生思想政治教育提供更为丰富的内涵

全球化中多元化的意识形态对立和差异中并存、相互交流、相互融汇的局面，为我国主流意识形态吸收全球化时代的合理养分丰富自身提供了良好的机会；也有利于大学生开阔视野，看到传统与现代的差距，找到长处和不足，寻求加强和改进我国主流意识形态建设的新的着眼点，增强主流意识形态的包容性和吸引力；还有利于学习和借鉴各国在对意识形态教育、管理手段以及管理方法等方面的先进做法，为我们所用，增强大学生思想政治教育工作的生机和活力，切实提高大学生思想政治教育工作的实效性。

（二）充分发挥党和政府的主导作用，创建和谐稳定的社会环境

政府是社会改造的组织主体，理所当然也应是优化思想政治教育环境的主体。政府是构建思想政治教育社会大环境的主体，政府对社会环境的调控和改造对大学生思想政治教育工作意义重大。

放眼世界，开展国家间的交流与合作，构建资源整合的三角模式。思想政治教育环境不是单一的、封闭的，而是多维的、开放的。思想政治教育工作者可以利用改革开放、市场经济等有利环境，加强国家间的交流与合作。

当前很多国家基本上都采取政府、社会组织和个体三者间双向联结的三角形模式，实现对个人社会角色的管理。当然这种三角模式的三级并非固定，也可以设计为国际组织、国内组织、个体，等等。

构建资源整合的三角模式，可以开阔视野、增长见识，更好地把握国际环境，了解国外思潮，深化环境认识，为更好地整合各种环境资源，为受教育者的角色自觉创造更加开放、多元、有利的环境条件。

（三）大力发展文化事业，优化文化大环境

优化文化大环境，就是要引导人们去寻找与建立同经济体制改革、政治体制改革相适应的新的思想观念和新的文化观念，将价值观教育持久地渗透到文化活动载体之中。要用科学的理论武装人，用优秀的作品鼓舞人，努力地繁荣文学艺术事业，大力发展哲学社会科学事业和其他文化事业。坚持各类博物馆、纪念馆、展览馆、烈士陵园等爱国主义教育基地的构建，培养学生的爱国情操。在进行参观的过程中，要对全社会进行开放，针对学生集体参观，应实行免票制度；如果是学生个人进行参观的情况，应实行半价制度。另外，处于不同地位的各级政府和企事业单位，要专门拨出一定的人力和物力，对大学生的公益性文化活动进行全面的支持。

为发展国内的文化事业，国家颁布了《中共中央国务院关于进一步加强和改进未成年人思想道德建设的若干意见》和《中共中央国务院关于进一步加强和改进大学生思想政治教育的意见》等文件，以此来加强对国内文化市场的管理，对于市场和网络环境中所流通的黄色书刊和音像制品要坚决、迅速地予以打击。要依法加强对学校周边的文化、娱乐、商业经营活动的管理，在校园 200 米范围内，不得建设有经营性质的娱乐场所，同时也不得设置网吧和电子游戏经营场所。对于学校周围设置的，或是已经对学校的正常教学秩序和生活秩序产生影响的娱乐性场所，要及时组织力量，坚决予以打击，为学生的学习创建一个安全、健康、文明的环境。

（四）优化思想政治教育的学校、家庭、社区环境

思想政治教育环境是一个由众多子环境构成的巨系统，其中，与人的日常生活、生产联系较为紧密的是家庭环境、学校环境、社区环境。在人思想品德的形成和发展过程中，这三种子系统发挥着重要的影响作用。因而，思想政治教育环境优化要求充分发挥这三种子环境的积极作用，坚持三位一

体，形成强大合力，推动人的思想品德水平不断提高。

1.优化大学生思想政治教育的学校环境

学校是专门培养人才的特殊单位，是建立在一定社会关系基础上的社会组织体系。在学校中接受教育的青少年，他们的很多时间都是在学校度过的，因此在对学生进行文化教育的同时，对他们思想道德的教育也不能放松，这对未来高品质人才的培养具有重要的作用。学校环境指的是，由学校的教职工、教育内容、校园文化、校风、教风、学风等诸多因素构成的境况。因此，想要提高对学生思想政治的教育水平，为他们提供一个良好的学校环境也是必不可少的，这是当前学校工作的重点。

想要提高学校对学生的思想政治，就必须要引起学校的重视，这样才能为学校思想政治教育提供足够的资金和硬件设备，在整体上为学校的教学环境创造一种健康向上的校园环境，这样才有助于实现思想政治教育工作内容和形式的统一，从而获得良好的教育成效。也只有在这种情况下，才能鼓励广大教师对思想政治教育不断进行研究和探讨，提高自身的教学方法和模式，全面提高学生的思想政治水平。

积极地进行校园文化环境的建设，这对于大学生思想政治素质的提高能够起到潜移默化的作用。

2.优化大学生思想政治教育的家庭环境

在所有的教育方式中，家庭教育是最有影响力和感染力的一种。这是因为，家庭成员之间具有特殊的血缘、依赖和亲情关系，其对青少年的人格形成和发展具有重要的影响作用，甚至会影响孩子的一生。家庭这种微观环境对教育对象具有启蒙奠基、信赖易感、潜移默化、连续不断的特点。从家庭教育的特殊性来看，其既是一种启蒙教育，是青少年最先接触的"老师"，同时也是一种终身教育，是孩子的"终身教师"。优化家庭教育环境，学校要保持与家长的沟通和联系，对家长进行思想政治、教育学、心理学等方面的理论教育，从整体上让家长认识到家庭环境在子女成长过程中所承担的重要责任，实现子女教育的科学性。在对孩子进行教育的过程中，还要不断提高自身的思想素质，为子女的教育起到良好的榜样作用，为孩子的教育创造一个和谐、民主、进取的家庭环境，以促进青年大学生的健康成长，促使教育效果的实现。

3. 优化大学生思想政治教育的社区环境

社区环境与家庭环境和学校环境相比，具有很大的不同之处，它犹如社会的一个缩影，成分复杂、良莠不齐。良好的社区环境既可以为家庭生活、学校工作提供必要的物质和精神保障，也可以成为家庭教育和学校教育的有益补充。在大学生思想政治教育过程中，社区环境起着不可替代的作用。

（1）创建导向正确的社区文化

在为大学生思想政治教育创造优秀的社会文化的过程中，应充分发挥大众媒体和社区宣传栏等的宣传作用，树立正面典型，宣传先进人物、先进事迹，创造积极健康的良好的社会氛围，引导大学生树立正确的思想观念、价值取向、行为方式、生活情趣。

（2）优化社区的文化环境

社区环境中对大学生影响最大的是社区文化环境。因此，必须切实加强社区文化环境的建设和管理，为全面实施思想政治教育创造条件。对社区内已经存在的文化设施要不断进行完善，同时还要不断增加新的文化设施，保证社会环境的新鲜性、趣味性与教育性的结合，提高娱乐活动的质量，丰富人们的精神文化生活，使社区文化真正起到教育、调节当代大学生身心健康的良好作用。还要加强社区文化设施的管理，维护社区正常的文化环境，从而保证社区文化设施发挥良好的教育作用。

（3）净化社区中存在的不良环境

社区毕竟是社会环境的小缩影，有很多方面高校是无法调控的。因此，要想为学生创造出一个良好的周边环境，就必须要对社区内部加强管理。对大学生的教育不能仅是文化教育，同时还要对其进行安全教育、法制教育和大学生自我保护教育，提高大学生的自我保护能力，促使学生能够自觉地抵制不良文化制品的侵害，尽量远离非法网吧和酒吧、歌舞厅。

需要注意的是，在对学生进行自我保护教育的过程中，还应当重视教师的正确地指引和教导，主要表现在以下三个方面：一是，教师要教育学生不要接触不良网络和录像，防止暴力和色情对自身精神的荼毒；二是，教师要告诫学生远离对自身身心健康发展有害的娱乐场所，避免自身的思想或是身体受到侵害；三是，教师应与学生之间建立良好的师生关系，经常与学生进行教育与沟通，帮助学生解决生活或是学习上的难题，教育学生珍爱生命、关爱他人。

第三节 高校思想政治教育的评价机制

一、大学生思想政治教育评价机制指标的创新

当下大学生思想政治教育评价的创新发展，必须以宽广的眼界和动态的视角，借鉴国外教育评估的现实经验和先进做法，遵循新生代大学生的成长规律，改进方式方法，完善机制体制，从而推进大学生思想政治教育评价的科学化发展。

（一）教育过程的协调性

教育过程的协调性，即思想政治教育过程中的各因素之间相互配合、协同一致，使思想政治教育过程呈现出和谐的状态。

思想政治教育过程是非常复杂的，包括许多要素。从教育实施看，包括教育内容、教育方式和方法、教育载体、教育手段、教育环境等；从受教育者思想品德的形成看，包括认知、情感、信念、意志、行为等。把教育实施和受教育者思想品德形成结合起来看，教育过程还可分为内化阶段和外化阶段。思想政治教育要和谐，从而获得良好的教育效果，上述各要素之间必须协调，即相互配合、协同一致，这样才能力往一处使，使思想政治教育活动产生更大的效能。否则，彼此矛盾、相互掣肘，教育过程中障碍、梗阻、破绽、漏洞不断，一则教育难以顺利进行；二则教育效果将大受影响。德育自身诸要素的和谐是德育效益最大化的前提。因此，评价思想政治教育的一个重要指标，就是教育过程的协调性；或者说，教育过程的协调性是思想政治教育的突出表现。

把握和评价好思想政治教育过程的协调性要注意以下三点。

1.看具体施教过程的协调性

思想政治教育过程协调性的一个重要表现是具体施教过程的协调性。因为不论是前面谈的要素之间的协调，还是对要素的调节控制，都要落脚于施教过程的协调，或者目的是实现施教过程的协调；否则，前两者的协调就变得没有意义了。具体施教过程的协调表现在多个方面，如，教育内容的协调性，教育内容与教育方法和教育手段之间的协调性，教育内容、教育方法

和教育手段与教育环境的协调性，教育者与受教育者以及受教育者之间活动的协调性，施教活动各环节的协调性，教育活动与教育目标之间的协调性，等等。把握和评价具体的施教过程的协调性，评价者除了听被评价者的汇报和查验书面材料外，更为重要的是参与被评价者的具体教育活动过程，体验、感受具体教育活动过程。因为"参与""体验""感受"才是最直接的，才是最有说服力的。

2. 看各要素之间的协调性

过程的协调性是由过程中各要素间的协调性决定的。所以，把握和评价好思想政治教育过程的协调性，首先就看思想政治教育过程中各要素之间的协调性。思想政治教育过程中的要素众多，看各要素之间的协调性，主要应看到教育内容、教育方法、教育环境与受教育者之间的协调性。教育内容、教育方法作为教育过程中的介体，教育环境作为教育过程中的客观条件，对受教育者作用、影响最大，它们决定着受教育者接受教育的程度与状态。当然，其他要素之间的协调性也要看到，如，教育载体、教育手段与受教育者之间，教育载体、教育手段与教育内容、教育方法、教育环境之间等。

3. 看对各要素的调节控制

教育是一种自觉的可控影响，它可以对各种环境影响做出选择和调节，可以利用环境中的有利因素，协调各种自觉影响，也可以有意识地抵制环境中的消极影响，甚至能转移环境影响的某些因素，使其纳入教育的正常轨道，从而创设一种良好的教育条件和情境。思想政治教育过程中的各要素都是变动的，特别是受教育者、教育环境要素变动性更为突出。总之，思想政治教育过程的协调性有赖于对思想政治教育的要素进行调节、控制，以使各要素之间保持协调。特别是在我国社会转型时期，社会处于急剧变化之中，种种社会现象、价值观念对人们的影响异常强烈，人们多方面的观念也出现了很大变化，这就更需要重视对教育要素的调节、控制。教育者能积极主动地对教育要素实施调节、控制，教育过程的协调性就可能好些；否则，教育过程就很有可能矛盾、冲突多发，教育成效低下。对教育要素的调节控制是实现教育过程协调的手段和保障，体现着教育者的协调意识，反映着教育者的协调能力，是从动态角度对教育过程协调性的把握和评价。

（二）教育内容的适切性

所谓教育内容的适切性，即教育内容适应、切合教育对象和社会的发展需要与现实状况的特性。

教育内容的适切性是思想政治教育评价的首要指标。这是因为教育内容对教育对象适应、切合，教育对象才有可能积极接受，才有可能便于接受，从而才可能有好的教育成效；否则，教育对象就不感兴趣，不愿接受。现实思想政治教育中，不是根据教育对象的需要和情状安排的教育内容比比皆是，这正是思想政治教育没有吸引力、成效不佳的主要原因。教育内容适应、不切合教育对象的发展需要和现实状况的评价指标，是思想政治教育的本质和思想政治教育以人为本基本原则的要求。

教育内容的适切性的另一要求，是教育内容与社会发展的需要和现实状况的适应、切合。思想政治教育毕竟是以社会的要求来教育人，目的是实现人的社会化，让受教育者成为适应和推进社会持续发展的人。所以，教育内容的适切性不能仅谈适应、切合受教育者。但是，在受教育者和社会两者中，适应、切合受教育者必须摆在第一位。因为不适应、不切合受教育者的教育，其效率、效益都不会高，甚至是负效益。无论多么适应、切合社会的教育都将没有了意义。因而，较长时期以来我们以社会为本位的思想政治教育必须进行适度地调整。

把握和运用好教育内容的适切性指标，就要注意以下四点。

1. 把握现实社会要求

教育内容的适切性，包括适切现实社会的要求。因此，在评价教育内容的适切性时，评价者要把握现实社会的要求。现实社会对不同的群体有不同的要求，评价者必须清楚现实社会对所评价教育对象的要求，并将这些要求与施教内容相比照，从而作出"适切"程度或等级的评价。在这里，把握好现实社会对不同群体的要求是做出正确评价的关键。在现实评价中，并非所有的评价者都清楚现实社会对自己评价的教育对象的要求。因此，评价的针对性、准确性往往存有问题。

2. 了解施教具体环境

具体来说，教育内容的适切性还应包括适应、切合施教的具体环境。所谓施教的具体环境，包括施教单位面临的主要职责（工作或学习任务）、思想政治状况、思想政治教育的条件等。不同的施教单位有不同的职责、思想政治状况、思想政治教育条件等，这些因素对思想政治教育的内容也有影响或决定作用。思想政治教育不能脱离具体的施教环境而确定教育内容，恰恰相反，应根据具体的施教环境选择、安排教育内容；否则，教育内容也没有或者适切性不强。因此，运用好教育内容适切性指标，评价者还需要认真了解被评价对象的施教环境。

3.熟知教育对象情况

教育内容的适切性，是指适合教育对象的需要与特点。因此，在评价教育内容适切性时，首先要看的就是这一点，正因为如此，评价者要熟知教育对象。这里的"熟知"包括许多内容，如，教育对象的思想品德状况及发展需要、教育对象的知识和阅历、教育对象面临的环境等。真正把握住教育对象的这些情况，将教育对象的这些情况与施教的内容相比照，从而作出"适切"程度或等级的评价，也不是容易的事，需要评价者做深入细致的工作。

4.倾听教育双方意见

真正地掌握好教育内容的适切状况，除了了解、把握上述客观情况外，还需要倾听教育双方的意见。教育者和受教育者是思想政治教育活动的主体，教育内容是否具有适切性或适切程度如何，教育主体具有重要的发言权。教育内容适切性高，受教育者就喜欢，就乐意接受，受教育效果就好；否则，受教育者对教育就没有兴趣，不愿接受，教育效果就差。同时，教育者选定教育内容也必有其理由，倾听教育者的意见，了解其理由的适切性，便于评价者作出正确的判断。

（三）教育效果的知行统一性

教育效果的知行统一性，即思想政治教育从效果上看，既能让受教育者掌握一定的思想政治道德理论规范，又能让受教育者将掌握的思想政治道德理论规范指导或转化为行为，实现认知与行为，特别是行动的一致性。

人的思想政治道德从本质上讲是个行为，特别是行动的问题。因为人的行为特别是行动才会产生有利于还是有损于他人或社会的后果，人们主要是依据行为特别是行动去评判一个人的思想政治道德面貌的。判断一个人思想品德是否高尚，既要听其言，更要观其行。一个人的行为表现往往综合地反映了其思想品德的面貌。思想政治教育总是要求人们表里如一、言行一致，引导人们践行社会要求的思想品德规范。如果只停留在社会要求上，而不注重人们的行为表现，思想政治教育就不能真正发挥其育人作用。因此，在思想政治教育上，教育者应注重知行统一，特别注意引导受教育者将已有的思想政治道德认知转化为行为，落实到行动上。

在现实的思想政治教育中，往往是仅注意思想政治理论的灌输，对教育效果的评价也往往是仅有书面的纸笔测试，以纸笔测试成绩的高低，确认一个人思想政治道德水平的高低。这样的教育和评价是不妥的，这也是导致思想政治教育效果欠佳的重要原因。在思想政治教育评价中必须突出知行统一，将知与行的统一性作为思想政治教育重要的评价指标。

把握和评价好教育效果的知行统一要注意以下四点。

1. 既注重认识，又注重行为

人的思想品德的形成，以知为基础，以行为归宿，良好的行为是思想政治教育的最终目标。所以，把握和评价思想政治教育效果，就既要注重受教育者对思想政治道德理论知识的掌握，更注重受教育者的行为特别是行动，把两者统一起来。不可仅看一点，特别是不可仅看认知，否则，就不是思想政治教育的评价。

2. 注重被评价者的本职工作状况

人的思想政治品德的高低会从多方面表现出来，但行为是主要的，而在行为中，更为重要的是，自己本职工作或者叫作分内之事完成的状况。因为本职工作或者分内之事是自己的本业，是自己与他人、与社会交往的基本职责。将自己的本职工作或分内之事做好了，才承担了自己的基本责任，才尽到了自己与他人、与社会交往的基本义务，才表现出了自己基本的，也是应有的思想道德素养；否则，思想政治道德素养就难以合格。因此，把握和评价思想政治教育效果的知行统一性，要注重被评价者的本职工作状况。

3. 注重被评价者已获取的成绩、荣誉

知行统一，不是虚拟的，而是真实的、可见的客观存在。因此，在把握和评价思想政治教育效果知行统一时，要注重被评价者已获取的成绩、荣誉，这些已获取的成绩、荣誉是知行统一的最好见证。

4. 注重被评价者的口碑

由于种种原因，有的人的良好的思想道德行为获得了荣誉，而有的人的良好的思想道德行为没能获得荣誉。在现实社会中有的荣誉也并不"荣誉"，但是不容置疑的荣誉是有的，那就是口碑。"金杯、银杯，不如老百姓的口碑"，评价者要深入到群众之中，收集口碑，注重口碑。我们认为，在评价权重中，口碑重于可见的荣誉。

二、大学生思想政治教育评价模式的创新

评价模式既反映着思想政治教育的形态特征，也反作用于特定形态的思想政治教育，还给评价提供便于操作的样式。我们认为，思想政治教育的评价模式主要有质与量相结合的模式、自评与他评相结合的模式两种。

（一）质与量相结合的评价模式

所谓质与量相结合的评价模式，即将定性评价与定量评价相结合的模式。也就是说，在思想政治教育评价中，既要对评价对象进行整体和性质的分析综合，以鉴别和判定思想政治教育实践效果性质，也要对评价对象运用数据的形式，通过对评价对象表现出来的一些数量的关系的整理分析，从数量上相对精准地把握思想政治教育实践效果状况的评价模式。

1.质与量相结合评价模式的优势

思想政治教育评价主张采用质与量相结合模式的主要理由有以下四点。

第一，事物都是质与量的统一。唯物辩证法认为，事物都包含一定的质，也都有一定的量，是质与量的统一。因此，思想政治教育评价，就既看其质，也看其量，这样才符合事物的发展规律，才能使评价客观、准确、和谐。

第二，量的评价必须以质为前提。数学、统计学和计算机科学的发展，为思想政治教育量化评价奠定了基础，量化评价在现实中逐渐被采用。但是，离开定性的定量评价，毫无疑义，定性是定量的前提和结果。

第三，仅有质的评价难以精确。质的评价是我们传统的评价方式，这种方式容易过多地依靠经验和印象，导致主观随意性。即仅有质的评价是难以进行精确的评价的，因此是不科学、不和谐的。

第四，质与量结合的评价才准确。质是不同事物相互区别的规定性，量是保持事物性质的规定性。质量评价以便区分优劣，认识其性质；量的评价以便区分优劣的程度，对同性质的对象做出准确的鉴别。可见，质与量结合的评价才准确、和谐。

2. 质与量相结合评价模式的程序

一般来说，质与量相结合评价模式的操作程序如下。

第一，看、听、问—形成初步印象—有了初级的质。对思想政治教育对象的评价，不论是对个体的评价抑或对群体的评价。一般来说，评价者首先通过看、听、问等活动：看评价对象的面貌、状态；听评价对象汇报；问评价对象的教育安排、效果等。通过这样的看、听、问，评价者对评价对象会形成初步的印象——好，或者比较好，或者不够好，或者比较差，或者很差，以及类似程度的初级质的判断。

第二，查、调、访—深入了解分析—获取足够的量。在有了初级的质的判断后，评价工作进入了重要的阶段深入了解分析。一般来说，深入了解分析主要是通过查阅资料、调查、访问的方式进行的。查阅资料即查阅评价对象提供的反映本次评价情况的文本资料；调查即对文本材料、"看、听、问"阶段了解的情况等加以查证、核实；访问即深入受教育者之中，了解、掌握更具体的情况。通过这样的查、调、访，获取足够的量。

第三，依据量研究质—质与量相结合。在有了初级的质，获取了足够的量以后，依据量分析、研究质，起初的质的判断是否妥当；对质作出更为精确的判断。依据量研究的质，即质与量的结合，才是更客观、真实的评价。

3. 质与量相结合评价模式的基本要求

思想政治教育运用好质与量相结合评价模式的基本要求有以下四方面。

第一，质的判断必须以量为基础。在质与量相结合的评价模式中，初级的质的判断，可能没有充分的量的支持，但是，这时的质的判断，也是以通过"看、听、问"获取的一定的量为基础的；否则，质的判断就是无据的。在获取了足够的量以后进行的质与量相结合的评价时，质的判断不论对一定质的程度的判断抑或不同质的判断，都必须以量为基础；否则，对质的断定就难以客观、准确，就难以服人，因此，就没有评价预期的好结果。

第二，进行量的分析要充分。在质与量相结合的评价模式中，量也是重要的，它规定着质——或者精确质，或者确定质。因此，进行量的分析时，要脚踏实地，认认真真，要了解足够的量、真实的量，对量的分析、研究要充分、要精细，防止形式主义、走马观花。

第三，进行质的判断要谨慎。起初的质的判断对整个评价起着基础的、导向的作用，最后的质的判断是对评价对象的质的判定。不论前者还是后者在评价中都是至关重要的，因之，在进行质的判断时要谨慎，尽力使判断客观、准确。否则，不仅评价失真，对评价对象可能会造成很大的不利。如若这样，评价就是消极的了。

第四，量的分析必须以质为前导。在质与量相结合的评价模式中，虽然量的分析是重要和必要，但是，对于量的分析必须以质为前提和指导，即必须看清是什么质上的量。否则，离开定性评价的定量评价，毫无现实意义。

（二）自评与他评相结合的评价模式

所谓自评与他评相结合的评价模式，即将被评价对象自己评价与其他评价主体的评价结合起来进行的评价模式。具体地说是，被评价的教育者或受教育者（现实评价中，较多的是评价受教育者，因为受教育者的情况，特别是受教育者的表现，是思想政治教育效果的直接呈现，即便对教育者的评价，也主要通过评价受教育者的情况来进行）对自己进行评价，另外的其他评价主体——或者教育者，或者领导，或者专家，或者相关人员对评价对象进行评价，并将两个方面抑或多个方面的评价相结合，得出最终判断的评价模式。

1. 自评与他评相结合评价模式的优势

思想政治教育之所以倡导自评与他评相结合的评价模式，主要是因为以下四方面的理由。

第一，自评与他评相结合的评价有利于激发、调动被评价对象的积极性。正因为被评价对象最清楚思想政治教育的情况，而既往的思想政治教育评价没有或者很少让被评价对象参加，致使评价难以准确并且难以为被评价对象积极接受。因此，运用自评与他评相结合的评价模式，让被评价对象参与到评价过程中去，有利于激发、调动被评价对象的积极性，使他们易于接受评价结果，更使他们积极地投入到持续的思想政治教育过程中去。

第二，自评与他评相结合的评价才客观、准确。评价是为了掌握思想政治教育的情况和促进教育活动深入地开展。谁最清楚思想政治教育的情况？答案是被评价对象。被评价对象是思想政治教育的主体、亲历者，他或他们对教育的过程及其效果心知肚明，所以，被评价对象要自评。但是，现在有些人不那么坦诚、谦逊了，不仅如此，还喜欢自夸或者夸大其词，甚至弄虚作假者也不鲜见；还有"不识庐山真面目，只缘身在此山中"的制约；再加上人们看自己时往往看到的优点多，缺点少，而看他人则相反，因此，不能仅有自评，还需要有他评。他评可以保证评价的客观性。

这样，自评与他评相结合，评价才会客观、准确。

第三，自评与他评相结合是对既往思想政治教育评价的改革和创新。

该让被评价对象参与评价。特别是在当代社会，我们倡导以人为本，人们的自主意识、民主意识、参与意识普遍增强，仅有他评，把被评价对象看作机械的客体，这样的评价是很难让被评价对象接受的。所以，思想政治教育提出自评与他评相结合的评价模式，以改革既往的、不合理的评价模式。

第四，自评与他评相结合的评价才和谐。虽然被评价对象最清楚思想政治教育的情况，但是，较长时期以来，在现实的评价中，被评价对象难以参与评价，盛行的仅有他评。这往往导致评价仅关注了那些显性的东西，甚至形式，对教育过程、对受教育者思想认识的提高、心理的变化等难以顾及，而这些却是思想政治教育中的重要方面。正因为这样，对于评价给出的判断，被评价对象往往有意见，甚至影响了思想政治教育的持续进行。所以，坚持自评与他评相结合的评价模式，评价才会和谐。

2. 自评与他评相结合评价模式的基本程序

第一，被评价对象自评。不论是对教育者的评价，还是对受教育者的评价；不论是对个体的评价，还是群体的评价，被评价对象自评，即让被评价对象对自己的思想政治教育工作（对教育者而言）或接受思想政治教育的过程与效果（对受教育者而言）作出评价。被评价对象的自评，可以采用定性评价般是定等级；也可以运用一定的量的表达——定分数。不管运用哪种方式，都必须有依据，即对判断的足够的支撑，以防止自评的虚假。

第二，其他评价主体评。其他评价主体的个数难以确定，有可能就是一个主体，有可能是多个主体，如教育者（对被教育者的评价）、受教育者（对教育者的评价）、领导者、专家学者、思想政治教育的职能部门、知情者（或同事，或同学，或家长，或朋友，或与被评价对象有较多交往者，等等）。参与评价的其他主体越多，评价的结果就越客观、准确。其他主体的评价，一般是定性与定量相结合的评价。参与评价的主体务必带着对被评价对象、对社会负责任的态度，认认真真地进行评价，不可草率从事，搞形式主义，搞弄虚作假。

第三，自评与他评相结合。在自评与他评的基础上，将自评与他评相结合，即将两个评价结果进行整合。所谓整合，并不是将两个结果简单相加或按一定的权重计算出最后的结果，而是要认真地对比、分析、研究各评价的客观、合理之处，对各评价结果进行"去粗取精，去伪存真"，然后由各评价主体的代表协商出最终的评价结果。

3.自评与他评相结合评价模式的基本要求

第一，动员被评价对象如实自评。较长时期以来，在思想政治教育评价中，自评未被重视，或者未被采用，原因是多方面的，如，教育观念问题——没有把评价对象当作主体以及社会理念问题——没有以人为本理念等。但是，更为主要的原因可能还是不相信被评价对象。现实社会条件下，弄虚作假者有之，自评很可能有一定的"水分"。因此，在采用自评与他评相结合的评价模式时，评价领导者、组织者要对评价对象加以动员、引导、指导，让他们有求实的态度和作风，要告知他们除了自评还有他评，虚假迟早会暴露，弄虚作假者最终要吃亏。

第二，各评价主体独立进行评价。为保证各主体评价的真实、准确，在采用自评与他评相结合的评价模式时，各评价主体要独立进行评价，自主地表达自己的意见；否则，就等于没有了多个评价主体，还是一个主体主导评价。特别是对于自评，要确实保证被评价对象不被控制、操纵、愚弄，成为某个人或某些人的玩偶。

第三，其他主体评价要客观、公正。评价中的客观、公正非常重要，否则，就违背了评价的初衷——总结经验教训，推进思想政治教育持续、深入开展。其他评价主体的客观、公正，首先取决于态度的客观、公正，其次取决于工作的认真、扎实，特别是那些平时与被评价对象接触较少、了解较少的评价主体，要保证评价的客观、公正，必须深入到被评价对象的日常教育、工作、生活中做细致的观察、了解、调研核实。否则，难以保证评价的客观、公正。

第四，对评价结果的整合要科学。由于种种原因，例如，对评价对象的了解程度，评价者先入为主的成见和评价中的态度，评价者的水平，评价中工作的认真程度等，各评价主体的判断肯定是有差别的。对于各个主体的评价如何赋以权重、整合，这是个复杂的问题，需要认真研究。一般来说，谁更知情，谁更懂得评价，谁获取的证据更有力，在赋以权重时谁的意见就更为重要些。在整合中，要充分发扬民主，各评价主体平等地表达自己的意见、阐述自己的理由，通过民主协商得出最终的评价结果。

第八章 高校思政工作的体系创新

第一节 高校思想政治工作观念的创新

一、全球化的观念以及网络观念

经济全球化已经成为世界范围内经济发展的必要趋势，并且在未来的教育工作中也少不了在这个经济全球化的背景下展开工作。所以，在高校范围内也要作出相应的应对和改善措施，最大程度上降低经济全球化对本国学生思想行为、意识方面的影响和作用。

现如今互联网飞速发展，使这张巨大的网络覆盖全球范围，网络方面的工作也从表层深入到网络内部，并且这张网络还应用到各行各业中。高校的思想政治格局也被这个日益成熟的网络影响。最先受到影响的就是时间以及地域方面的界限被打破，这一次的打破使思想政治方面的教育工作模式受到前所未有的冲击，并且在这次冲击中适时地作出调整和改善。这次经历中不难看出高校在思想政治方面的教育，通过互联网的建设工作已经迫在眉睫，只有更多容纳外界信息，并且不断将外界信息融为己用才能提升政治教育方面的成就。

二、建立主体观念与疏导观念

在教育这个大的体系中教师永远都只是一个引导者的角色，其主体还是学生。因此，在这个崭新的时期也应遵循以学生为主体的教学模式，改革完善传统教学模式方面存在的不足，实现学生的全面化、自主化学习。这种教学模式也就是主体观念明确的教育模式，对学生的成长和学习往往起到很好的养成和促进作用。

在高校的思想政治教学工作中也可以借鉴主体观念明确的教学模式，

以学生为教育工作的核心，搭配上多种教学模式和教学方法，孵化并且养成学生脑海中的思想理论体系，帮助学生获得一个显著的发展和提升，特别是在思想政治理论体系的养成环节。教师的工作就是一个引导的功能，在学生探索的阶段为学生指明一个探索的方向，在学生困惑时及时帮助学生走出困境。除此之外，高校在教育工作开展的过程中还应给学生更大的空间和自由，足够尊重学生的选择，始终坚持引导不是生拉硬拽，一味地揠苗助长最终只能自食恶果。

高校思想政治课程方面的教育应要求学生摆脱传统教学模式带来的束缚，降低外界环境给自己产生的影响，形成一个全面化，个性化、多元化的学习方法和学习模式。另外，在坚持传统教育模式的同时也应对知识内容采取条件性的吸收和渗透，最终实现对学生思想政治体系方面的养成和发展。

综上所述，在学生思想政治全面发展的过程中高校环境起到重要的孵化作用，高校的教师则扮演了更重要的引导作用。在教育工作开展的同时搭配上具备创新性的教学形式和教学制度，可以帮助学生更好地实现自身的价值，并且不断挖掘自身的潜能，最终发展成一个全面化的现代人才。如此一来，培养的学生设计范围就变得十分宽广，从思想理论到实际应用等诸多方面受到正确思想理论课程教育的学生都可以很好地适应工作，未来反馈给社会更大的贡献。

三、思想政治教育的内容创新

（一）生命教育

1.生命教育的含义

生命教育有广义与狭义两种：狭义的生命教育指的是对生命本身的关注，包括个人与他人的生命，进而扩展到一切自然生命；广义的生命教育是一种全人教育，它不仅包括对生命的关注，而且包括对生存能力的培养和生命价值的提升。

生命教育的内容包括以下三方面。

第一，生存意识的教育。正确地理解生命、生存和生活的内涵，也就是尊重生命、珍惜生命的教育。具体又包括生命安全的教育、生活态度的教育以及死亡体验的教育。

第二，生存能力的教育。主要在于对环境的适应能力、抗挫能力以及安全防范和自救能力的提高。

第三，生命价值升华教育。要重视培养大学生端正人生态度，认真生活，快乐学习和工作，还要注重大学生的审美教育，让大学生在审美的过程中体验人生的价值和意义。

生命教育属于思想政治教育的范畴，然而，在我国大学生思想政治教育工作中，它却一直是一个盲区。随着我国市场经济体制的建立和迅猛发展，近些年来，大学生在学习、就业、情感、人际关系等方面出现了众多问题，犯罪、自杀现象时有发生并有上升趋势，大学生心理问题日渐凸显，人们开始重视生命教育。如何有效地在大学生中开展生命教育是学校教育特别是大学生思想政治教育的一项崭新课题。对大学生进行生命教育，目的是帮助大学生学会尊重生命，欣赏生命，珍惜生命，提高生命质量，创造生命价值，并将自己的生命融入社会主义现代化建设事业之中。

2.大学生生命困境

生命不是以突兀的形态存在的，需要一个永恒的归宿点，使其得到安歇；需要一个向善的理由和可能性，以摆脱生命价值的虚无；需要一个良好的导引机制，以使其能顺利成长。对大学生生命困境的各种镜像进行归纳，可以归结为生命价值观的偏离、生命抗压能力的脆弱、生命情感世界的危机等。

（1）生命价值观的偏离

生命观主要包括生命价值观、生命质量观、幸福观、死亡观等内容，其中，生命价值观是生命观的核心要素。只有树立了正确的生命价值观，人们才会正确地看待人生中的诸多问题。我国大学生对生命的主流价值观基本上是正确的和积极的。但实际上又存在着不容忽视的价值观偏离现象，如，对人生目标模糊、生命幸福感偏低、生命神圣感缺失、生活缺乏乐趣和意义、生命价值取向功利化、生命交往趋向封闭，对其他生命体缺乏信任，对未来缺乏信仰，自我中心主义严重，等等。

大学生生命价值观的偏离，很大程度上源于大学生自我同一性建构的缺失。自我同一性是指生命个体将"理想的我"和"现实的我""主观的我""客观的我"相统一的过程，表现为个体的生命主观感受和外界客观评价相一致的程度。人的一生都在寻求这种同一性，这种寻求即不断"自我追问"的过程。大学生正处于自我同一性形成的关键时期，如果这一时期自我的同一性不能恰当地统合和构建，就非常容易产生自我的迷失感，甚至失去人生的动力和奋斗的目标。自我同一性对生命价值观的形成和正确生命行为的择取具有统合和引导作用。因此，如何才能引导青年大学生形成正确的自我同一性是生命教育的重要内容。为此，需要引导学生确立人生理想，尝试各种可能，积极地与人沟通，寻求支持系统，并保持自我发展的开放性和灵活性，从立体和多维的角度看待个体生命行为的绵延。

（2）生命承压能力的脆弱

大学生的压力与焦虑产生的最直接渊源便是人生的挫折。人生不如意之事常十之八九，每个人在人生的道路上总会遇到这样或那样的挫折。大学生面临的人生变化和选择相对较多，因而挫折感也更加强烈。不同的人经受同一强度的挫折，会有不同的反应。就像巴尔扎克所说的："挫折就像一块石头，对弱者来说是绊脚石，让你却步不前；而对强者来说，却是垫脚石，使你站得更高。"挫折承受力是指个体适应挫折、抵御和对待挫折的一种能力。挫折承受力低的人，往往一遇到挫折就会陷入不良情绪的困扰中不能自拔，而不是积极地排解失败感，寻求解决的途径；大学生抗挫折能力普遍比较脆弱。一些无足轻重的小小的挫折和打击，在大学生眼里往往成为洪水猛兽。大学生无力应对，难以承受，精神崩溃，意志消沉，自暴自弃，有的甚至对人生失去信心，误入歧途而放弃生命。因此，大学生的挫折承受力会影响他们对生活的体验和信心，从而影响他们健康生命观的建立。

（3）生命情感世界的危机

首先，情感具有两极性，即人们在一定情境中表现出的情感具有对立性：积极性与消极性。积极的情感能够激励人们去顽强拼搏，创造辉煌；而消极的情感则使人的意志消沉，对生活失去信心，降低人的正常活动能力。其次，情感具有稳定性。情感不是一种被动的内心体验，而是主动地调节积极情感和消极情感，使其达到一种稳定的平衡状态。长期处于一种过于亢奋或消沉的不平衡状态中并不利于人的正常发展。大学生已经有能力去调节自己的情感以使其保持稳定。再次，情感具有社会性。大学生情感可分为社会情绪和社会情操两部分。社会情绪是指大学生对社会现实和社会现象带有共同倾向的态度和行为反应，是大学生的感性认识；社会情操则是大学生在其社会化过程中逐步形成的对社会的深层次的情感体验，是大学生的理性行为。最后，情感具有感染性。

情感危机是指当个体的高级需要长期得不到满足，突然被撤销或客观事物虽满足了个体的某种需要却与另一需要相矛盾，而造成个体一段时间内的混乱或不平衡的一种心理危机。大学生的情感需求可概括为爱与被爱（对父母的依赖、对教师的依赖、对异性的交往需要）和在社会中得到尊重与自我实现的需求，因此，个体情感体系包括：亲情、爱情、友情、师生情和自我实现的情感。大学生情感危机是一个综合的概念，体现了大学生情感体系的无序和混乱状态。大学生情感问题体现为亲情比较淡漠，渴望友情，但不会珍惜，责任感缺失，心理承受能力较弱。所以，大学生情感危机的内容可概括为：亲情危机、爱情危机、友情危机、师生情危机和自我实现的危机等。另外，自卑、闭锁、抑郁、虚荣等心理问题，既是容易导致大学生情感危机的原因，又是其表现。

3. 加强大学生生命观教育的对策

（1）汲取家庭和社会资源，打造生活教育课程

生命来源于也归根于生活，生命教育就是一种生活教育。日常生活的世界是大学生们充分展现其生命活动的场所，也是他们体验生命存在价值和寻求生命意义的舞台。大学生的日常活动场所包括家庭、学校和社会，由于大学生已经长大成人，走出家庭并逐渐走向社会，因此，社会生活对大学生生命教育的影响越来越深刻。大学生作为家庭、学校以及社会的一分子，必须在群体生活中找到自己的位置，在社会实践活动中追寻生命的价值，不断增强自己的社会责任感和使命感。因此，家庭生活和社会生活都是大学生生命教育最广泛的课程资源。大学生生命教育必须积极地开发家庭生活和社会生活中的教育资源。如果大学生生命教育课程局限于学校封闭或半封闭的状态，脱离外部的实际环境，那么就将无法满足生命主体的实际需要。因此，生命教育需要学校、家庭和社会形成三位一体的格局和育人模式，其中，任何一方都无法唱"独角戏"。

第一，校本资源的设计与开发。生命既是一个完整的统一体，又是各具特色的个体。生命课程既要从生命的整体需要出发，设计共性的课程；又要适应生命的个性化需要，设计多样化的生命教育课程。学校是学生生活、学习和活动的主要场所，相对于生命课程系统而言，它是一个大的生态系统；

相对于家庭和社会庞大的生命教育体系而言，它又是一个小的生态系统。因此，学校生命教育系统具有中介系统和转化系统的性质，链接着社会的宏观需求和学生的微观世界，它过滤和整合来自家庭和社会生活的资源信息，开发适合自身需求的校本课程，最终作用于学生的生命成长。因此，学校才是汲取家庭和社会尤其是社会资源的主体。学校可以因地制宜开发适用于所有学生的统一课程，不同学科专业可以根据自身的实际情况，开设具有本专业特色的生命教育课程。我国城市和农村、东部地区和西部地区在经济、文化等方面存在显著差异，各个学校的社区环境、办学条件以及师生文化等方面也存在差别，因此，学校需要对影响课程实施的各种因素进行全面地、系统地思考，合理、高效地利用社会资源，实现大生态系统内各个生态因子的协同发展，关注课程生态系统的整体利益。

第二，家庭资源的互动与配合。生命教育不同于其他学科的教育，它更多的是一种综合性的教育活动。生命来自家庭并回归家庭，家庭伴随生命一生，不离不弃；家庭给生命以温暖和慰藉，是生命赖以存在和发展的亲情土壤和温情环境。家庭是最直接、最深刻、最丰富和最触动心灵的生命教育资源。家庭教育可以使人更直接地体验亲情与责任，是人的个性和人格形成的首要条件和重要因素。因此，家庭与学校的积极互动与密切配合是很重要的，引导家庭参与生命教育，在家庭中营造生命教育氛围，可以巩固学校生命教育的成果。学校生命教育课程内容的选择应该是结合学生生命个体独特的家庭生活经历，与学生的日常生活建立直接的联系，理解学生的心路发展历程，从而引导学生超越家庭的自然亲情，正确地理解生命共同体的内涵，做到由人及己和由己及人。大学生生命教育应重视家庭生命教育的力量，加强与学生家庭的沟通和联系，及时反馈学生成长的相关信息，从家庭寻求学生生命发展问题的根源因素，共同营造生命教育的氛围，做好生命教育的家校衔接，保护学生生命安全，促进其健康发展。

第三，社会资源的支持与保障。任何个体的发展离不开社会环境。大学生命教育同样离不开社会大环境的支持，很多国家的生命教育最初都是先由社会或宗教团体推动建立的。社会人士的热心和积极地介入是生命教育得以发展的重要推动力。

（2）开发生命教育人力资源，形成生命教育对话机制

教育是人与人的精神契合，是人对人的交流活动。生命教育是生命对生命的理解，更是生命对生命的碰撞。与所有教育形式一样，生命教育典型地体现了教育"人为"和"为人"的属性。因此，生命教育内容的实施、课程的开发、实践活动的开展，离不开生命教育人力资源，即生命教育者（在学校表现为教师队伍）的投入，没有生命教育者执著的追求和坚定的信念，就不会有生命教育的显著成效。生命教育者和受教育者之间，只有形成平等和谐的对话关系，才能触动生命的灵魂，激发生命的光彩，因此，生命教育的对话机制是生命教育顺利实施的重要保障。

第一，生命教育师资队伍的建设。目前，由于生命教育在我国教育领域还是一个新生事物，它的教育对象众多，内容涉及面广，方法灵活多样，所以要在高校开展生命教育，需要一定数量、相对稳定的教师队伍；同时，教师的专业素质直接影响到生命教育的成效。因此，必须建立一支高素质、具有人格魅力的生命教育师资队伍。

当前，学校开展生命教育，研究的多，实施的少，喊的多，做的少；对生命突发事件和生命乱象，依赖心理学分析的多，依靠生命教育的少，批评的声音多，建设性的言论少。因此，在学校里，生命教育教师基本上呈现出匮乏的状态，没有形成专门的师资队伍，即便有，也是兼职，其知识体系和能力结构都无法满足实施要求，这就急需培养生命教育的师资队伍。一方面，建立生命教育师资培训机制。对专业任课教师、生命教育相关学科教师和学生管理人员，除了进行专业培训之外，还要进行生命教育基本理念和实践意义的培训，使他们具有生命意识、生命智慧和生命关怀等思想，并将之融入课程教学和学生管理的各个环节，实现教育的生命化。另一方面，参照心理咨询师的培训、考核和认证的方式，建立生命教育教师专业资格认证制度，培养和培训出更多的高水平生命导师。

第二，形成生命教育的对话机制。生命只有在不断地碰撞交融中才能激发出新的活力，才会有一种不断再生的充盈的生存状态。生命间的对话能极大地拓展人的精神生命的空间，使人回到本真的生命状态，给人的生命样式提供多种多样的规定性和可能性。

教育是人与人精神的契合，是人对人的主体间交往活动。教师与学生

是不同性质的个体，具有各自不同的生活背景、情感体验、知识结构和认知水平，也会有不同的价值取向和伦理规范，并各自与周围的环境构成生存的小环境。因此，教师与学生、学生与学生之间总会发生形式各异的冲突，阻碍教学的顺利开展和师生关系的和谐生成，只有展开师生平等对话并在此基础上共同体验、理解和实践，才能在生命培育上形成合力，不断构建新的生命意义，实现生命的共同成长，进而建立一种整体和谐、充满人性的人际生态环境。

因此，从生命的角度来看，课程实施中的教师，是以课程实施为途径对自身生命及学生生命进行创造的主体。教师应致力于将生命教育课程变成生命与生命对话的过程，引导生命关系走向完整、和谐的过程。

（3）推进教育管理方式的变革

开展好生命教育，还需要我们为生命教育活动做好各项支撑性工作，需要紧密融合教化的内在精神，实现管理育人，以具有生命关怀情结的管理方式实现对生命秩序的调控。

第一，提高管理者的素质。首先，管理者与教育者要尊重学生的个性，在教育管理过程中，要注意引导生命、感化生命，以良好的观念、态度服务于学生成长活动。其次，在管理制度和教育教学制度的制定中，要充分融合生命教化的思想，实现管理制度育人的功能，而不是通过对生命的压制实现对生命的控制，不能为了所谓的秩序、管理效率而抛弃了对生命的人文关怀。在大学生思想政治教育过程中，"人性化"制度最终要代替"枷锁式"制度。再次，管理者需要在学校文化和社会文明建设中，塑造包括风景、课程、礼仪等内容的生命依托要素，使生命教育在日常生活中，以潜移默化的形式发挥作用。最后，管理者需要建立畅通的沟通机制，实现与教育对象的沟通交流，不断完善改变生命教育中的不足。促进教育者向引导者、倾诉者和合作者角色的转变。

第二，规范教学管理。在以知识为核心的课堂中，教学目标、教学程序都是预设的，教师在教学中倾向于采用结构化、封闭化和权力化的控制方式。生命教育尊重学生，充分意识到学生生命的本质特征，提倡教学民主，提倡师生的互动和对话。这样就打破了传统的秩序和控制，从而成为开放的、动态的、生成的教育。学校应当积极设计生活化、融入式的生活教育课程，包括教材、活动及资源等；积极地推进探索性或研究型教学；积极改变传统的以教师为主体的单向灌输式教学，转向以学生为主体的参与式教学；改变传统的程式化、群体式教育而忽视个体教育的模式，采取个体教育，把群体教育与个体教育结合在一起进行。

第三，加强实践活动。生命的逻辑展开不是理论性的，而是实践性的。生命自身不会呈现意义、实现价值的，只有通过自身的体验、感悟，才能认识到生命的意义与价值。因此，教育管理者要让学生更多地走进生活、走向社会，变"封闭管理"为"开放管理"。通过实践才能思考、判断和体验，使生命获得感动、震撼。

（二）大学生廉洁教育

1. 大学生廉洁教育的意义

对大学生进行廉洁教育是全民廉洁教育的一部分，其目的在于培养大学生的廉洁意识，提高大学生的素质，自觉抵制腐败并举报腐败，从而使腐败无处藏身。

（1）有利于净化社会环境

一个廉洁的社会的构建，既需要公务人员廉洁自律，也需要其他社会成员遵守道德规范，严格要求自己。

干部廉政教育对抑制公职人员的腐败动机具有重要的作用。一些公职人员拥有一定的权限，面对种种诱惑，极易走向腐败堕落。在众多腐败案件中，不健康的社会关系等外部因素是加剧领导干部思想蜕变的重要原因。腐败交易通常存在需求和供给两方面，而且两者之间经常互相激发。因此，只对公务人员进行廉洁教育是不够的，还应从社会环境的净化入手，在全社会营造以贪为耻、以廉为荣的社会氛围，提升整个社会的免疫力。

高校是社会环境的重要组成部分，大学生是未来廉洁社会的主要建设者。在大学生中进行廉洁教育，意义尤其重大。没有廉洁的社会，清廉政治、廉洁政府也就无从谈起。

（2）有利于高校人才培养目标的实现

人才对于一个国家来说是最宝贵的资源，是保持一个国家综合国力和核心竞争力的决定性因素。高素质人才甚至决定一个组织、一个国家、一个民族的兴衰，我国历来重视人才的培养。为了不断地加强和改进大学生的道德教育，提高其道德素质，把他们培养成为合格建设者和可靠接班人，我国政府把大学生的培养及高等教育改革提到了重要的议事日程。对大学生开展廉洁教育是我国政府综合分析国际、国内形势，为培养全民的廉洁意识所做出的重要决策之一。

高校着力培养德、智、体、美全面发展的社会主义新型人才，要求在校大学生不仅要有健康的体魄，还要有优良的心理素质和道德品质。要实现这个目标，一方面要求大学生掌握好扎实的专业知识；另一方面要求大学生自觉砥砺自身品质，自觉地抵制社会不良现象的侵蚀，不断地提高自身素养。

（3）有利于大学生形成正确的世界观、人生观和价值观

大学生正处于世界观、人生观、价值观形成的关键时期，其思想容易受到外界不良社会现象的侵蚀。尽管当前大多数大学生把人类和社会的贡献作为衡量自身社会价值的标准，具有崇高的理想，积极规划人生道路，不断提高自己、完善自己，但也有一些大学生看到贪腐给一个人带来的眼前的、短浅的利益，思想观念出现扭曲，内心崇尚这种不正当的牟利手段。因此，高校要通过廉洁教育使大学生深刻认识腐败的危害性以及国家对腐败的打击力度，使大学生形成正确的价值观，扫除自身信仰上的迷茫，理想信念上的模糊。具体到大学生的日常生活，也存在一定的腐败隐患，如，论文抄袭、迟到旷课、考试舞弊、毁坏图书资源、偷窃公私财物、借钱高消费、违反校规校纪等不诚信现象等，这些现象成为侵蚀大学生品质的不良因素。

大学生要走向社会，成为党政机关、企事业单位的有用人才。因此，对大学生进廉洁教育，是大学生思想政治教育不可或缺的内容。

当前，大学生廉洁教育在思想政治教育中还处于薄弱环节，学校廉洁教育还没有形成体系，进行廉洁教育的经验还较少，廉洁教育活动还应进一步开展。因此，高校一方面要重视廉洁教育的作用；另一方面要开展廉洁教育理论研究，逐渐丰富完善大学生廉洁教育的内容体系，组织社会实践活动，提高教育的时效性。

2. 大学生廉洁教育的主要内容和途径

大学生廉洁教育的内容既要有别于公务员廉洁教育，又要有别于社会廉洁教育。大学生的廉洁教育应主要集中在了解腐败的有关理论，了解我国反腐倡廉的治国方略、大政方针，了解中外的反腐经验以及《联合国反腐公

约》等法规条约，认识社会发展趋势，培养廉洁意识和服务人民的思想。其主要包括以下四方面的内容。

一是有关腐败的基本知识和理论，如，腐败的概念、腐败产生的根源、腐败的类型、腐败的危害等。

二是中国及外国防止腐败的有效经验。通过中外反腐经验的比较，可以找到我们反腐工作中的优缺点，从而为改进我们的工作服务。大学生是社会的知识精英，他们毕业之后，很有可能在公共管理部门、工商部门和事业单位工作，有的甚至会成为各个部门的领导者。因此，在大学阶段掌握预防腐败的措施对他们今后的工作有帮助。

三是有关全球合作的反腐问题。随着经济的全球化，腐败不再是一国问题。只有全球联合起来，才能建立一个廉洁的社会、廉洁的地球村。

四是要通过腐败理论知识的学习来加强大学生的自身修养，这是进行大学生廉洁教育的最终目的。要把廉洁教育的内容落实于行动，要思考以后的职业选择，要思考整个国家和民族的命运，要遵守规则和程序，不仅自己不能通过不正当手段谋取利益；同时，还要积极、主动地监督公职人员的行为。换句话说，大学生廉洁教育的目的在于教育大学生不但要管好自己，避免成为国家廉政建设的阻力和负担，而且还要成为反腐败的带头力量。

与上述目的相对应，大学廉洁教育的内容应当侧重于腐败及反腐败战略理论等方面的知识。在内容设计方面，应尽可能地把国内外有关腐败或廉政方面的共同知识等作为廉洁教育的内容，从而建立起既有鲜明中国特色，又能与全球接轨的大学生廉洁教育体系。高校在利用这个教程进行大学生廉洁教育的同时，可开展其他廉洁教育实践活动与之配合。可采取下列活动形式，如，参观纪检监察、检察院等部门，参加研讨会、辩论、演讲以及政府、私营企业、学者和大学生共同参与的会议、反腐报告会等。各专业院系还可从实际出发，结合本专业特点，开展有声有色的活动，如，土木工程学院、设计学院、建筑学院、电气学院、机械学院等工科院系可开展"腐败与工程建设"研修活动；新闻学院可开展"腐败与新闻界"研修活动；政治与公共管理学院可开展"腐败与政府"研修活动；财经类院系和工商管理学院可开展"腐败与工商企业"研修活动；法学院可开展"腐败、法制与法治"研修活动；文学院可开展"腐败与文化"研修活动；其他院系可开展"腐败与学术"

研修活动；等等。

（三）生态道德教育

生态道德也称环境道德，是调节人与自然之间关系的行为准则总和。生态道德教育的核心在于引导受教育者正确地认识和处理人与自然的关系，培养人的生态意识、生态智慧和生态德行，形成生态良知、生态审美、生态责任等生态人格。生态道德的萌生和建构，是新时代人类处理环境问题的新视角，是重建人与自然和谐关系的新理念，是人类在自然界领域里思想道德的升华和文明进步的新成果。

开展生态道德教育，应从以下三方面展开：一是要提高大学生的生态道德意识。生态道德意识和观念是人们在生态环境问题上对是非、善恶、荣辱的认识、判断和评价。大学生应正确地认识人与自然的关系，树立生态危机意识、生态善恶意识、生态平等意识和生态审美意识，培育生态伦理精神。二是培养大学生生态道德情感。即要培育大学生热爱自然、敬畏自然、善待自然、保护自然的感情。要把人与自然的关系纳入道德关怀的视野，自觉承担起对自然环境的道德责任，培植大学生生态善恶感、生态正义感、生态良知感和生态义务感。三是锤炼大学生生态道德意志。生态道德意志是人们为实现一定的生态道德行为所作出的践行生态道德原则与规范的坚韧精神与顽强决心。教育大学生要珍惜和善待生命，特别是濒危动物生命，引导大学生树立适度、绿色、节俭、和谐的消费观念和消费行为，养成健康的生活方式积良好的生活习惯等。

总之，生态道德教育是一项复杂的系统工程，要使这一教育目标得以实现，需要将道德教育、规范约束和社会实践有机结合起来，以不断推进生态道德教育的发展。

第二节 高校思想政治工作创新的途径

一、继承和借鉴我国古代思想政治教育方法

方法的发展是历史继承性与现实创造性相统一的过程，继承是方法发展的起点和重要方式，当代高校思想政治教育方法的发展也是如此。

我国自古以来就是一个注重道德教化、崇尚德治的国家，统治思想与

伦理道德规范是合二为一的。因此，古代在道德教化长期实践中创造积累的体现思想道德教育规律的方法，是当代思想政治教育方法形成和发展的历史起点。它不仅为当代思想政治教育方法的发展提供着丰富的历史文化资源，而且作为政治文化传统，奠定了思想政治教育方法独特的文化遗传气质。

（一）"施教"方法

所谓"施教"的方法主要是指社会大众在统治阶级的领导下，被那些施教的社会力量有目的、有组织和有计划地理论灌输和说教，使得那些主要代表统治阶级意志和利益的道德规范和伦理思想被认同的教育方式。这种教育方式的实施使得在社会意识领域中代表统治阶级意志的封建伦理思想得到了巩固和强化，其统治地位更加稳固。具体表现为以下三方面指向和目的明确的率先施教。

1. 国家主导的圣王之教

国家主导的圣王之教在施教中起主导和支配的作用。在圣王之教过程中，由统治者及其官僚担任施教主体，以王权的名义和知识权威的身份把统治阶级的思想道德观念灌输给社会大众。封建统治君王大多非常注重用周朝之礼和孔孟之道来维护自身的统治地位，大多通过大兴文教将其统治思想施教于民。权力权威是支撑圣王之教的主要力量，这是其优势，但是君主日理万机，导致圣王之教的实施不具有持续性和日常性，不能很好地贯彻下去。

2. 乡里实施的宗社之教

为了保证国家政权所直接实施的圣王之教的有效性，封建统治阶级还在乡里设置和扶植了大量的施教机构，较为有名的是宗族、私学等，并在乡里这一社会基层中培养从事灌输和传播封建思想道德观念活动的施教者。由于这种施教关系是建立在乡里人的宗族关系之上的，因而称为宗社之教。封建社会的统治者通过各种制度和手段，鼓励这种宗社之教，从而使得这一方法拥有深入、持久与稳定的地位。

3. 家庭生活中的家长之教

家庭生活的家长之教是除了圣王之教和宗社之教外，古代社会实施思想道德教育的主要方法。我国古代的小农经济生产方式决定了家庭经济在个体生活中的重要地位和作用，决定了拥有家庭经济生产和支配权力的长辈在家庭关系中的权威。而儒家文化的家庭礼制又将这种权威进行了制度和文化双重的规定。在一个尊老敬长的家庭生活中，子女往往是家长的从属，父母长辈对儿女晚辈具有决定性的影响力，父母长辈的施教功能十分突出。古人重视在日常生活中对子弟及孩童实施家庭德教，在这一方面积累了大量的极具实效性的经验，留下了许多有关家庭日常性的道德教育的家训、格言。比较有名的如《颜氏家训》《治家格言》，还有各种家书、家诫等。

我国古代思想道德教育的"施教"，主要是通过上述三个层次的方法机制来实施的。从效果论的角度看，这些施教机制通过对人们生活空间的全面覆盖，对其他道德教育方法的施行起到了一种引领和推动的主导性作用。

（二）"默化"方法

"默化"的方法属隐性的思想道德教育方法，其主要特点是通过文以载道、大众化和心理感化，将封建社会道德要求渗透和贯穿于大众生产、生活和精神文化需要满足的过程之中，主要有以下四种方法。

1. 识文默化

文者，传道、授知之体，是提升人们智慧与素质的重要条件，人们为了实现自己在社会生活中的预期，必须要学习一定的文化知识，即识文也。识文默化就是利用人们学习文化知识的活动来达到用封建统治思想潜移默化目的的道德教育方法。这里的"文"指的是为满足社会大众生活和交往沟通需要所编写的基础性普及性文化读物，如识字的书，练习书法的帖，以及为满足大众精神文化需要的大众文化产品，如诗歌、传奇、曲艺等文艺作品。识文默化方法最典型的载体就是《三字经》。在朗朗上口的阅读、背诵和书写的识字过程中，文句中包含的儒家思想和基本的为国、为家、为人以及处事、处世之道德要求，也为幼童理解、记忆并认同了。另外，统治阶级还通过编写大量的益智性普及读物，如《增广贤文》《菜根谭》《唐诗三百首》等，将儒家伦理思想大众化了，实现"文以载道"，进而潜移默化地影响读书人的思想和观念。这种识文默化的方法，在古代社会中是非常重要并普遍使用的一种典型的"以文化人"的道德教育方法。

2. 礼制规化

礼制的存在就是为改变人们的思想态度，从而更好地规范人们的具体行为，并进一步促进新思想的创新。礼制规化就是指为了对人们的特定活动进行规范，从而制定出一系列相应的礼仪制度，达到改化人们思想的教育方法。我国古代通过实施礼仪制度来达到规划人性作用的方法在很早就得到了知识分子的认可，并且被广泛应用于改化民众上面来。

3. 风俗感化

风俗是指一定地域或社会群体所长期遵循的风俗习惯，是人们日常的生活性的行为规范，它是由一系列的规矩、习惯和准则组成的，包含着群体长期共同生活所积累的经验和感情，是与每一个人的现实生活直接相连的。风俗感化是将统治者所倡导的思想、制度和规章转化成乡约民俗，从而使民众在人际交往和日常生活中养成符合封建思想道德要求的价值体系和行为习惯。这种方法在具体运用上主要表现在以下三方面：一是，针对群众生产、生活和精神文化活动的需要设定符合儒家道德要求的基本的礼仪规范，通过生活实践，使其逐渐在生产、消费、节庆和婚丧嫁娶中养成的一定礼俗，将社会的主导道德价值观念转化成民俗文化；二是，制定乡规民约、家规族规；三是，设置地方官专职教化，树立道德典范。风俗感化的特点在于在无声之中感染、打动和改变人的内心情感，从而使人们的思想态度发生转变，达到默化人的目的。

4. 示范身化

示范身化是不言之教，是指施教者通过在日常生活中率先践行儒家伦理道德规范来对教化对象进行无声影响的方法。儒家，当然也包括其他学派，都是非常重视示范身化机制的，强调教育者以身作则，率先垂范。孔子认为，道德教育的真谛在于"其身正，不令而行；其身不正，虽令不从"。示范身化是一种以自身的德行感化人，以自身的德行说服人，以自身的德行引导人的不言之法。其传统已经融入国人的社会文化心理之中。示范身化具有一种自然的感召力，可以化解人们对教化内容和要求的排斥心理，使社会大众在不知不觉中受到影响并发生内在心理的改变。

（三）"修养"方法

修养，也即修身，是指在无外力要求的条件下，自己对自己的德行和德性进行培养和完善，以达到"内圣"的自觉过程。以下四类是被道德内化规律理论证实的，切实可行、行之有效的修身方法。

1. 志道与弘毅

"志道"与"弘毅"是儒家文化非常看重的修身方法。"志道"中的"志"

是立志的意思，修身首先要立志，要有一个明确的目标指向（志向），而这个"志"，必须要指向儒家思想的核心价值"道"。"道"在儒家的思想体系中的核心范畴是"仁"与"义"，所以，"志道"是志仁、志义，是首先要立下遵循"仁"与"义"的道德要求行事做人的志向。古代道德教育家认为，一个人只有从内心认同并崇尚"仁义"的道德要求和人格品质，并以此为指向立下高尚的修养目标，才能使修身有正确的方向和不懈的动力，否则就无所谓修养，所以，"志道"是修身的根本出发点。"弘毅"，是要培养自己的坚强毅力，弘扬不怕困难和挫折、勇往直前的精神，为实现确定的目标，发奋不已。志道和弘毅强调了确立正确、高尚的修养目标和树立坚韧不拔的毅力在修身过程中的首要地位和重要作用。

2. 好学与自省

儒家思想认为要完善和提高自身的德行必须"敏而好学"。将"学而时习之"当作不断提高自身智慧和道德境界的基本方法，当作人生一大乐事。在学的基础上，儒家思想家还特别强调自省（内省）在道德修养中的重要作用。孔子说，"见贤思齐焉，见不贤而自省也"，要求自己和学生以他人行为为镜，遇到德才兼备的人要以其为榜样，向其学习，努力赶上，遇到不贤良的人要对照自己加以检查，时时反省自己在"仁"和"礼"方面做得怎样。

3. 践履笃行

在古代人的道德修养中，践履笃行是被高度重视的方法。早在春秋时代，孔子就提出要以道德行为来衡量人的道德品质的主张。他指出："始吾于人也，听其言而信其行；近吾于人也，听其言而观其行。"孔子认为品德高尚的君子应是"讷于言而敏于行"，"耻其言过其行"。荀子积极主张"强学力行"，在知与行的关系上，他特别重视行，认为行比知更为重要。古代践履笃行的修身方法，强调将习得的道德理念用于实践，见之于行动，在行动中更深刻过去体会道德的意蕴，符合知行相促的规律，有助于人们在道德行动中改造主观心性，逐步实现道德修养的目的。

4. 慎独与存善

修身的最重要问题就是要能抵御和排除环境和生活中的各种诱惑和干扰，保持道德心的不断向善，古代慎独与存善的修养方法就是针对此提出的。慎独，是指"慎其独处之所为"，即在自己独处而无人监督的情况下也要自觉地考虑做有道德的行为。儒家的经典《大学》开宗明义就提出了"君子必慎其独也"的主张，并将其当作"人德之方"，认为一个人只要按照慎独的要求去做，就可以"内无忧患，外无畏惧，独立不惭影，独寝不愧衾，上可接神明，下可固人伦"。存善，是一种强调从小事做起、积善成德的方法。儒家认为人都有善良之心，但易在外部环境不良因素的干扰和诱惑下丢失，所以要求必须从小事做起，通过点点滴滴的积累来到达善的境界。

　　我国古代思想道德的施教、默化与修养方法虽然各具特色、各有其独特功能，但在思想道德教育的实践活动中，三者又是统一的。这种统一集中表现为三种方法不是分离的，而是相互补充、相互渗透、相互支撑、相互促进的。它们共同构成了一个以国家施教为主导，各基层社会组织积极响应以及以文化和个体自觉修养内化的完备方法体系。

二、对中国共产党思想政治教育方法的借鉴

　　在革命和建设时期的，中国共产党的教育者在复杂的思想政治教育实践中积极探索，积累了丰富多样的思想政治教育的工作方法。其中，一些方法集中体现了思想政治教育的基本规律，广泛地运用于各类不同群体。这些基本方法中的基本的方式和程序，不因时间的变化和对象的变化而发生根本性的改变，在工作方法体系中占据主干的位置，这些也是当代大学生思想政治教育可以借鉴的。

　　（一）宣传教育方法

　　通过各种文化形式和人际传播方式向广大群众进行中国共产党的性质、纲领和不同时期的路线、方针、政策的宣传教育，是革命和建设时期党引导广大人民认识和理解中国共产党的政治主张、积极地参与党领导反帝反封建和社会主义建设活动的主要方法。这一方法为新民主主义革命和社会主义建设时期的政治动员发挥了重要的作用。其主要的宣传方式有以下三种：一是，利用报刊等传统媒体进行革命的宣传；二是，开设专门的培训学校，利用学校进一步扩大马克思主义的传播并宣传党的思想和主张；三是，中国共产党还运用玩魔术、歌谣演唱、发放宣传品等多种特殊思想政治教育宣传方法。宣传教育法是中共共产党在革命和社会主义建设时期思想政治教育方法中最基本、最重要的教育方法，是占领思想阵地、影响群众思想认识的主要手段，最能体现中国共产党在革命和社会主义建设时期思想政治教育的特点。

在当代社会大众传播媒介和通信网络快速发展的环境下,如何在继承宣传教育方法优良传统的基础上,探索宣传教育法的新方式,提高其宣传影响效果,是当代大学生思想政治教育方法发展的重要问题。

（二）批评与自我批评的方法

批评与自我批评的方法是针对存在问题提出意见并加以改正的纠错方法。批评主要是通过指出缺点,分析产生的原因并提出改进的意见,说明带来的危害,进而引起当事人对错误思想和行为的警觉并督促其改正的方法。自我批评,是自觉公开自己的缺点,分析其产生的原因,并提醒自己纠正错误的自我意识方法。这种方法主要用于解决中国共产党在思想路线、军队上、正确地处理人民内部矛盾上所遇到的问题。在当代继续发扬批评与自我批评的方法,对于加强大学生党的建设,增强党的团结,保持党的先进性和纯洁性具有重要的作用。

（三）情理结合的说服方法

情理结合的说服方法是根据人的思想意识发展的一般规律形成的思想教育方法。其基本操作方式是,通过平等双向的沟通,向教育对象提供相关问题客观而丰富信息,让教育对象知晓问题的真实状况,同时辅之以关心、关爱之情,使教育对象从理和情的结合上,心悦诚服地接受思想教育的内容,形成与思想教育要求一致的意识倾向和行为动机。在当代,情理结合为说服教育方法对于强化思想政治教育的正面效果,提高大学生的思想认识,启发思想自觉,仍然发挥着重要的作用。

三、继承和借鉴国外大学生思想政治教育的方法论

简单来讲,方法论是关于方法的学说和理论。思想政治教育方法论则是有关思想政治教育方法的理论体系。当前,主要有以下三种方法论对国外大学生思想政治教育实践产生影响。

（一）实用主义方法论

实用主义方法论的创立者是美国著名的哲学家和社会学家约翰·杜威。在思想政治教育方法上,约翰·杜威等学者认为,个人在实际经验中获得道德观念和行为,倡导运用"间接法",在各个学科的各种活动中潜移默化地渗透思想政治教育,主张德育应该是一种稳固的、经常的、全方位的追求人格完善的行为,而改变以往只有几个简单的概念和伦理词汇来代替,从而充分发挥其在思想品质建构和塑造过程中的作用。他们倡导的思想政治教育的具体方法包括以下三种。

第一，探究式讨论法，即教师要为学生提供具体的道德疑难问题，引导学生通过讨论来提高道德思维和判断能力。

第二，活动式教学法，即创设真实的生活环境，让学生在生活场景中理解人与人之间的相处之道。

第三，情感熏陶法，充分依托思想政治教育中学生的情感体验，着重培养学生的爱善和好善之心。这与英国著名道德教育家彼得·麦克菲尔在20世纪70年代初创立的体谅道德教育法与情感熏陶教育法有异曲同工之处。他通过反复调研和实验，发现大多数青少年都以情感型和动机型的状态来对待成年人和伙伴们的行为表现，由此他认为，品德应该是通过感染而形成的，而不是教育出来的。另外，在青少年的人际交往中，最重要的是要尽力营造人们相互关心和体谅的氛围，教师应该在氛围的营造过程中起主导作用。

（二）道德认知发展方法论

柯尔伯格通过大量的研究，将儿童的道德判断分为三个水平，每个水平又包括两个阶段，提出了"三水平六阶段"。

1. 前习俗水平

（1）避罚服从取向阶段

这个阶段的道德价值来自对外力的屈从或逃避惩罚，他们衡量是非的标准是由惩罚来决定的。

（2）相对功利取向阶段

判断善恶时，根据行为是否有满足他人或自己需要的工具性价值，不注意行为的客观结果。

2. 习俗水平

（1）寻求认可取向阶段

这一阶段的道德价值主要是为了谋求大家的称赞，总是考虑到他人和社会的期望和要求。

（2）遵守法规取向阶段

这个阶段的道德价值以服从权威为导向，服从社会规范、公共秩序。

3.后习俗水平

（1）社会契约取向阶段

这一阶段，个体认识到，法律或习俗的道德规范仅仅是一种社会契约，是由大家商定的，为了求得一致，承认准则或期望的要求，尽量避免背离人的意志等。

（2）普遍原则取向阶段

这一阶段以价值观念为导向，个体有个人的人生哲学，对是非善恶的判断有独立的价值标准，考虑问题超越了现实道德规范的约束，行为完全自律。

柯尔伯格将自己研究的道德认知发展阶段论与学校的道德教育实践联系起来，创造设计了学校品格教育的重要方法——道德讨论法，即帮故事中的人物进行选择，进而训练儿童道德选择能力的方法。他设计的故事包含着一个在道德价值上具有矛盾冲突的故事，让儿童听完故事后进行讨论并回答提出的相关问题，以此判断儿童所处的道德认知发展阶段，诱发儿童的认知冲突，促进积极的道德思维和道德判断的发展。

（三）价值澄清方法论

价值澄清法重视价值观的选择和评价能力，并设计出多种评价方法，将德育寓教于校内各种活动中。价值澄清理论主张价值观的形成不是通过教育，而是通过澄清的方法，在评价的过程中实现的，是通过选择、赞扬和实践过程来增进富于理智的价值选择的。因此，价值澄清法对于我国改变长期采用理论教授的教育方式，教育过程中不尊重学生的主体性、选择性、填鸭式的灌输方式有很强的借鉴意义。但是，价值澄清法忽视说服教育、榜样教育的作用，强调价值来源与个人经验的同时完全忽视了传授价值知识和间接经验的必要和教育的导向作用，重视价值观教育的过程、方法、技巧的研究，不重视内容的研究，割裂了价值教育的方法与内容的内在统一。另外，应该注意中西方在文化传统等方面还是很多差异，我国是群体本位为主的国家，西方是个体本位为主的国家，所以在思想政治教育中我国还是肯定主流价值、主流文化的作用，而西方注重个体的权利、个体的价值。

四、大学生思想政治教育方法创新的现实对策

（一）将现代信息技术方法引入大学生思想政治教育

随着现代信息技术的高速发展，思想政治教育信息技术方法的综合性

发展是当代思想政治综合教育方法发展的又一形态，也是一种势不可当的必然趋势。

1. 利用"电教化"的教学方式进行大学生思想政治教育

"电教化"是指以电脑、音响、投影仪等电教设备为手段进行思想政治教育的新形势。过去，由于经济条件和技术条件的限制，市场上的电教设备既少又贵，同时高校用来购置电教设备的经费也不多。随着内外环境的改善，电教设备迅速走进了大学校园，而且大有加速普及之势。在这种形势和条件下，思想政治教育也面临着如何有效地实施教育电教化的问题。"电教化"的好处是不言而喻的，它相当于给施教者安装了"左膀右臂"，使人与机完美结合，达成最佳的视听效果。因此，利用好"电教"，一定会大幅提高思想政治教育的感染力和吸引力，取得更好的教育效果。

目前，许多高校都设立了电化教室，以期通过思想政治教育"电教化"来切实提高思想政治教育的实效性。高校电化教师定期向学生开放，并购置了大量优质的教育碟片，及时向学生公布播放讯息，吸引学生观摩学习。例如，举办大型室内校园文化活动时，可以利用影像设备在活动准备期间拍摄有关相关校园文化活动的短片，并在活动中间播放，这一措施提高了活动的现代感与现实感，为活动增添了现代化的元素；人文素质教育专题讲座、形势政策教育讲座、专题辅导报告等，越来越习惯于使用图文并茂、多媒体综合运用的"电子课件"；"党、团、学"组织生活会开始前，往往先播放一段相关的背景视频，而中心发言也是依靠制作好的幻灯片来进行，使生活会在形式上更加丰富生动。总之，通过将"电教化"引入到思想政治教育过程中，一方面很好地继承了传统的教育方式；另一方面也促进了教育的便捷化、丰富化、生动化。

2. 实现大学生思想政治教育的"网络化"发展

随着互联网的高速发展，大学生思想政治教育的"网络化"成为必然趋势，评价当代大学生现代化程度的一个重要参考标准就是其校园网建设的力度。部分高校在大学生思想政治教育已经开始全面实施"网络化"，如，在线生涯辅导，对学生从人生态度、生活情趣、职业规划、理想信念等方面进行正确地引导，使其能够正视成长中的烦恼，鼓起生活的勇气，尊重生命，乐观进取，努力学习；在线职业心理辅导，在保护学生的个人隐私方面具有独特的优势，不仅可以舒缓学生的心理压力、排解学生的心理困惑、提高学生的心理调适能力，而且在心理危机干预方面也发挥着极其重要的作用；由教师充当"版主"或"坛主"的社区、论坛、聊天室，成为学生进行思想交流、休息放松的"精神家园"；校园"BBS"成为校园学生舆情的汇集地，在这里问题的提出与问题的解决，思想的交锋与思想的引导不间断地进行着；网络信箱的开设，可以将学生的意见、建议直接反映到校领导和相关部门负责人处，缩短了信息沟通的时间，大大地提高了信息沟通的效率。

思想政治教育的"网络化"正在以其"身份的隐蔽性""表达的自由性""传播的迅捷性"等特点逐步成为大学生思想政治教育的主要渠道之一。

（二）显性方法与隐性方法的有机互补

所谓大学生思想政治教育显性方法和隐性方法有机互补是指，大学生思想政治教育工作者在教育实践活动中，根据教育目标、教育对象、教育环境等因素的具体情况而综合运用显性方法与隐性方法，力求达到最佳效果的一种思想政治教育综合方法。其中，包括各种显性的理论教育方法、实践教育方法与家庭、学校、社会因素潜隐方式的结合。但由于每一种显性方法和隐性方法都有其固有的功能和适用范围，因此，在实际运用过程中，应当把二者有机结合起来，使显性方法的鲜明导向、直接影响、快速反应与隐性方法的浸润、弥散、自我教育等功能相结合，最大限度地发挥思想政治综合教育方法的功能和作用，有力促进思想政治教育方法的创新。

（三）以主体间性理论为核心的同构式大学生思想政治教育方法

所谓主体间性，指主体与主体之间的相关性、统一性和调节性。主体间性以个人主体性为基础，如果人不成为主体，不具有主体性，人与人之间就不会有主体间性。而"同构"在抽象代数中是指在数学对象之间定义的一类映射，能揭示出这些对象的属性或操作之间存在的关系。

发展以主体间性理论为核心的大学生思想政治教育同构式方法就是要根据教育"以人为本"的根本要求，突出受教育者的主体地位，寻找教育者与受教育者之间的共同属性或者对应关系作为思想政治教育的切入点。

第一，要围绕高校的国际化人才培养目标，立足大学生自身发展的主观需求，实现思想政治教育社会目标与大学生个性发展目标的一致。一方面要在思想政治教育的课堂中增加国际理解教育和跨文化教育内容，加强大学生对世界的全面理解，引导学生理性面对文化选择；另一方面要通过进一步优化大学生社区模式和思想政治教育基地模式，帮助大学生开启观察跨文化的视窗，拓展吸纳跨文化的渠道，搭建体验跨文化的平台，使跨文化的理念、实质和具体表现经过大学生这一跨文化交往主体的亲身实践而最终化教育为素质。

第二，要打破传统的主客体教育方式，建立双主体教育协商模式。具体来说，就是要加强教育的师生互动，引导学生以主体的身份通过"角色进入—体验—选择"参与教育过程；要研究大学生的思想"兴奋点"和语言环境特点，及时更新教育者的"语料库"和"思维系统"，使我们的表达方式和交际方式符合大学生的期望和习惯，实现思想政治教育的政治话语、学术话语和教学话语与社会生活话语的对接。

第三，要加强思想政治教育的"技术含量"，通过在主题网站、信息平台和辅导员博客的建设中注入学生喜闻乐见的时尚科技元素，牢牢把握教育的网络话语权，同时鼓励学生创设个人主页、班级博客等自我教育平台，完成他律到自律的转变。

（四）以协同理论为借鉴的协同式大学生思想政治教育方法

协同学理论认为，形成系统之间、系统各要素之间相互作用、相互协调关系，有助于形成子系统之间时间、空间、结构、功能上有序。大学生思想政治教育方法创新是一个复杂的系统工程，也需要各要素之间的协调与合作，只有系统各要素态势平衡，才可能出现结果的"质变"。

第一，要进一步推动思想政治教育学及相关学科的发展，增强大学生思想政治学教育方法系统的兼容性。要适当打破原有方法系统的封闭性和平衡性，在摒弃、完善或改革传统教育方法的过程中，不断结合当代大学生的新特点研究和引入一些新兴教育方法，通过不同方法间的渗透、弥合和嬗变，创造思想政治教育方法系统与外界进行信息交换、资源共享的有利条件。

第二，要加强政府、学校、家庭和社会教育资源的协同，实现思想政治教育从"孤军奋战"向"协同整合"的转变。在我国，思想政治教育的"5+2=0"的效应时有发生，即学校对学生5天的正面教育被社会对学生2天的"负面影响"抵消了。在西方国家，思想政治教育从来就不是一个部门的事情，而是由全社会共同承担的"伟大事业"。针对我国目前大学生思想政治教育"孤军奋战"的格局，学校教育必须在苦练内功的基础上获得外力支援，尽早形成一个全民参与的大学生思想政治教育网络。学校教育是主导，家庭教育是依托，社会教育是主线，政府政策是保障。

一方面，在学校教育中，我们要树立"大学工"的工作理念，将社会学家、心理学家、教育学家充分吸纳到思想政治教育工作的队伍中，通过提供更专业的心理咨询和就业服务解决大学生的实际问题，提高思想政治教育的针对性和适用性；另一方面，要突出家庭教育的基础性地位和社会教育的熏陶作用，在把家庭回归作为大学生接受思想政治教育的第一课堂的同时，充分运用文学艺术、先进典型、大众传媒、改革开放和现代化建设的巨大成就、重要节日纪念日、爱国主义及社会实践教育基地、祖国大好壮丽河山等资源，丰富思想政治教育的载体。另外，西方国家还有大量从事思想政治教育的社会团体和公共机构，我国政府也应该通过政策引导、财政拨款和奖励机制扶持这类团体和机构，鼓励社会各界参与到思想政治教育工作中，形成政府"掌舵"，学校、家庭和社会"划桨"的育人格局，将我国的大学生思想政治教育在国际化背景下推向"全面协同"的新境界。

第三节 高校思想政治工作环境创新

思想政治教育环境是一个由众多子环境构成的巨系统，其中与人的日常生活、生产联系较为紧密的是家庭环境、学校环境、社区环境。在人思想品德的形成和发展过程中，这三种子系统发挥着重要的影响作用。因而，思想政治教育环境优化要求充分发挥这三种子环境的积极作用，坚持三位一体，形成强大合力，推动人的思想品德水平不断提高。

一、优化大学生思想政治教育的学校环境

学校是专门培养人才的特殊单位，是建立在一定社会关系基础上的社会组织体系。在学校中接受教育的青少年，他们的很多时间都是在学校中度过的，因此在对学生进行文化教育的同时，对他们思想道德的教育也不能放松，这对未来高品质人才的培养具有重要的作用。学校环境指的是，由学校的教职工、教育内容、校园文化、校风、教风、学风等诸多因素构成的境况。因此，想要提高对学生思想政治的教育水平，为他们提供一个良好的学校环

境也是必不可少的，这是当前学校工作的重点。

想要提高学校对学生的思想政治，就必须要引起学校的重视，这样才能为学校思想政治教育提供足够的资金和硬件设备，在整体上为学校的教学环境创造一种健康向上的校园环境，这样才有助于实现思想政治教育工作内容和形式的统一，从而获得良好的教育成效。也只有在这种情况下，才能鼓励广大教师对思想政治教育不断进行研究和探讨，提高自身的教学方法和模式，全面提高学生的思想政治水平。

积极地进行校园文化环境的建设，这对于大学生思想政治素质的提高能够起到潜移默化的作用。

二、优化大学生思想政治教育的家庭环境

在所有的教育方式中，家庭教育是最有影响力和感染力的一种。这是因为，家庭成员之间具有特殊的血缘、依赖和亲情关系，其对青少年教育的人格形成和发展具有重要的影响作用，甚至会影响孩子的一生。家庭这种微观环境对教育对象具有启蒙奠基、信赖易感、潜移默化、连续不断的特点。从家庭教育的特殊性来看，其既是一种启蒙教育，是青少年最先接触的"老师"，同时也是一种终身教育，是孩子的"终身教师"。

优化家庭教育环境，学校要保持与家长的沟通和联系，对家长进行思想政治、教育学、心理学等方面的理论教育，从整体上让家长认识到家庭环境在子女成长过程中所承担的重要责任，实现子女教育的科学性。在对孩子进行教育的过程中，还要不断提高自身的思想素质，为子女的教育起到良好的榜样作用，为孩子的教育创造一个和谐、民主、进取的家庭环境，以促进青年大学生的健康成长，促使教育效果的实现。

三、优化大学生思想政治教育的社区环境

社区环境与家庭环境和学校环境相比，具有很大的不同之处，它犹如社会的一个缩影，成分复杂、良莠不齐。良好的社区环境既可以为家庭生活、学校工作提供必要的物质和精神保障，也可以成为家庭教育和学校教育的有益补充。在大学生思想政治教育过程中，社区环境起着不可替代的作用。

（一）创建导向正确的社区文化

在为大学生思想政治教育创造优秀的社会文化的过程中，应充分发挥

大众媒体和社区宣传栏等的宣传作用，树立正面典型，宣传先进人物、先进事迹，创造积极健康的良好的社会氛围，引导大学生树立正确的思想观念、价值取向、行为方式、生活情趣。

（二）优化社区的文化环境

社区环境中对大学生影响最大的是社区文化环境，因此，必须切实加强社区文化环境的建设和管理，为全面实施思想政治教育创造条件。对社区内已经存在的文化设施要不断进行完善，同时还要不断增加新的文化设施，保证社会环境的新鲜性、趣味性与教育性的结合，提高娱乐活动的质量，丰富人们的精神文化生活，使社区文化真正起到教育、调节当代大学生身心健康的良好作用。还要加强社区文化设施的管理，维护社区正常的文化环境，从而保证社区文化设施发挥良好的教育作用。

（三）净化社区中存在的不良环境

社区毕竟是社会环境的小缩影，有很多方面高校是无法调控的，因此，要想为学生创造出一个良好的周边环境，就必须要对学校内部加强管理。对大学生的教育不能仅是文化教育，同时还要对其进行安全教育、法制教育和大学生自我保护教育，提高大学生的自我保护能力，促使学生能够自觉地抵制不良文化制品的侵害，尽量远离非法网吧和酒吧、歌舞厅。

需要注意的是，在对学生进行自我保护教育的过程中，还应当重视教师的正确地指引和教导，主要表现在以下三方面。

一是，教师要教育学生不要接触不良网络和录像，防止暴力和色情对自身精神的荼毒。

二是，教师要告诫学生远离对自身身心健康发展有害的娱乐场所，避免自身的思想或是身体受到侵害。

三是，教师应与学生之间建立良好的师生关系，经常与学生进行教育与沟通，帮助学生解决生活或是学习的难题，教育学生珍爱生命、关爱他人。

第九章 高校思政工作的教学模式创新

第一节 "慕课"与高校思想政治理论课

一、慕课运用于高校思想政治理论课的理论依据

慕课运用于高校思想政治理论课,受到学界以及高校思想政治教育理论和实践工作者的极大关注。高校思想政治理论课为什么要引入慕课,慕课为何能够运用于高校思想政治理论课,是否具有合理性和必要性,这都需要一定的理论依据作为支撑。马克思主义关于人的全面发展的理论是慕课运用于高校思想政治理论课的根本出发点。同时,关联主义学习理论、行为主义学习理论、建构主义学习理论都是高校思想政治理论课应积极引入慕课的重要理论依据。

二、传统模式、慕课模式中高校思想政治理论课的比较分析

慕课模式中的高校思想政治理论课,与传统模式中的高校思想政治理论课具有鲜明的区别。下面将从教学时空、教师、学生、教学反馈途径等方面对二者进行比较。

（一）教学时空的变化

在教学的时间和空间上,两者的转变主要体现在从"限制性"转向"无限制性"。

传统模式中的思想政治理论课教学是以固定教室为空间、规定时段为时间的时空确定性教学。教师和学生必须在规定的时间和固定的教室中完成授课、学习。在这样的限制性教学中,教师需要付出"重复劳动",学生的学习效率、学习需求难以保证和满足。首先,对于教师而言,他们每学期都固定为多个班级承担思想政治理论课的公共教学任务,因此在面对同一个教

案时，第一次授课是充满激情的，但是在进行多次"重复劳动"后，教师对同一份教案的多次重复使用，难免会出现倦怠和抗拒的情绪。其次，对于学生而言，由于他们学习思想政治必修课的学习兴趣和能力水平参差不齐，教师很难顾及各种情况的学生。为了保证完成教学任务，教师无奈地选择让每一名学生"按照同样的分量进食"，其教学也许只对 1/3 的学生有效，其他 2/3 要么"吃不饱"，要么"吃不消"。思想政治理论课的课程内容还具有偏政治性、严肃缺乏趣味性的特点，学生很难在一节 45 分钟的课堂上对所有思想政治理论的教学内容保持兴趣和热情。

慕课模式中的思想政治理论课，基于互联网、人工智能、多媒体技术处理、云计算等技术的发展，可以不受时空限制，其教学时空表现与传统模式恰好相反。首先，对于教师而言，其讲授内容只需要提前精心准备并录制成为片段式视频即可满足所有教学班级的上课需求，可避免教师的倦怠情绪，并在一定程度上减轻教师的工作量。其次，对于学生而言，学生在任何时间和任何地点都可以参与慕课教学中的片段式教学视频、阶段性小测验、网上辅导反馈、网上批改作业、网上社区讨论等环节，实现了学习的"无限制性"，是时间的无限制性。在慕课环境下，教学录像视频主要为片段式，每段约 8—12 分钟，学生可以根据自己的时间、学习节奏安排学习，"吃不消"的学生则可以重播和后退观看，"吃不饱"的学生节奏可以快些，或者根据慕课提供的大量延伸性学习资料，进行深度学习，各得其所，是学习空间的无限制性。例如，当学生需要进行思想政治理论课的学习时，无论他们是在学校食堂、在公车上，还是在旅途中，都可以利用移动设备获取各种形式的学习资源，也可以与教师或者其他学生进行交流。无论学生身在何处，他们都可以根据自己的学习意愿和需求，并结合周边的实际环境和情况使用一定的电子设备，灵活地选择学习资源和学习策略。

（二）教师的变化

教师是课程实施的组织者和促进者，也是课程的开发和研究者之一。任高校思想政治理论课改革与创新何一项教学改革，其实施的成功与否，与教师有着直接的关系。

1.授课形式的变化

传统模式下的思想政治理论课，其面对的学习内容是相对固定和特定的，具有非常明确的思想政治教学指向与稳定的教学体系。传统的思想政治理论课教师，根据教学大纲的要求，以教材内容为依托，借助其他辅助性工具，以课堂传授为主，辅以课堂讨论和实践性教学，进行思想政治理论教育。因此，教师的讲授和课本的内容构成了授课的主要因素。此外，由于思想政治理论课具有其他学科不可比拟的特殊政治性，教师在授课过程中必须遵循一定的既有要求和准则。在常规的思想政治理论课中，最主要的授课方式采用直线型的授课方式，即从概念、原则、意义等出发，直接给出结论，将思想道德、党和国家的政策方针灌输给学生。虽然这几年高校思想政治理论课的教学方法在不断创新，如，使用多媒体教学、实践性教学、探究式教学等手段，教师在课下费尽心思地准备，在讲台上积极尽力地讲授，却仍无法得到满意的课堂效果的局面还是部分存在，而这种局面正是当前思想政治理论课教师面临的最难应对的问题，急需通过改革教学模式来解决。

慕课模式下的思想政治理论课，在教学模式方面有较大的创新。课程前期，教学团队要进行课程内容、教学过程、学习探究活动、社会实践的设计。主讲教师在教学团队的配合下录制高质量的教学视频并将课程视频切割成数个独立的"微课程"，重点在于理论和知识要点的讲述。教学团队在平台上介绍课程的教学计划、课程设置及学习考核等事项。课程中期，辅导老师和助教按照教学进度和课程内容有计划地组织若干次讨论、社会实践，把讨论成果和实践成果进行转化并展示。主讲教师与辅导教师、助教一同合作，组织、监控整个教学活动进程，并及时观察学生的思想表现、心理变化。课程后期，教师布置作业并进行结业考核。一般来说，一门慕课的课程周期约为 12 周。

2. 职业角色的变化

教师职业角色最主要的变化是由"知识的传授者"转变为"学习的指导者和促进者"，从"讲台的圣人"，转变为走到学生中间，巡视、观察和帮助学生学习的"启发者"。

传统模式下的思想政治理论课一直都是知识的传播者，他们以言语和板书、多媒体为手段，进行思想政治理论的讲授。在这种传统的授课方式中，教师基本上仍保持了一种施教者、而非互动分享者的授课角色，教师常常把学生当作接受教育的被动者，课堂讲什么、怎样讲，讲得深、广、多、寡，对学生的要求等，主动权始终在教师手里。思想政治理论课具有意识形态教育的功能，形式单一、原则性强，教师对于政策理论的讲授，难免会给学生留下一种"教条维护者"的形象，从而导致学生不敢、也无兴趣与其进行更多的沟通、交流。这样的教育是单向性的知识传输，而处于该状态下的教师，美其名曰"知识传授者"，实则是"知识的传输带"。

慕课模式下的思想政治理论课，教师不再只是思想政治理论的呈现者，而是更加注重学生思想行为、道德素质、政治表现的观察者和指导者。课前，学生已经借助网络，通过微课程进行纯理论、纯知识的学习，课内，学生提出自己的疑惑点和问题，与辅导老师或者同伴进行大规模互动和讨论，以求解疑。并且，在互动过程中，由于个体经验背景差异，不同学生对于某一现象或某一问题的理解常常各异，而这又源源不断地成为宝贵的课堂生成性学习资源。因此，在慕课环境下，教师已经不是单纯呈现知识，而是根据学生对各种现象的认识和理解，进行调整、引导或强化。

此外，职业角色的变化还体现在群体分化上，会出现思想政治理论课明星教师与普通教师的分化。慕课不断发展，教师群体的职能不断分化、重组。那些教学能力突出、科研能力显著的著名教授肯定是学生的首要选课对象，而大部分教师则有可能由思想理论的线上讲授者转变为线下的辅导老师或助教，从事辅助性的工作，如，解答大学生的疑难问题、组织学生讨论、教学内容收集及幕后制作编审等。

3. 职业能力要求的变化

当代教育正从"知识本位"走向"综合素质本位"。毋庸置疑，随着慕课的发展，国家、学校、社会对思想政治理论课教师队伍的职业要求必将不断提高，并成多元化的趋势。

传统模式下的思想政治理论课，对教师职业素质最基本的要求是具有坚定的马克思主义信仰和社会主义信念，善于运用马克思主义的立场观点开展世界观、人生观、价值观教育，能把握学生思想品德形成、发展规律，分析、解决学生思想问题与实际问题。归根结底，这主要包含马克思主义理论素养、教师基本职业技能两方面。符合这两项要求，就具备了成为一名合格的思想政治理论课教师的基本条件。

慕课模式下的思想政治理论课，教师仍然需要具备较高的马克思主义理论素养和教师基本技能，能够正确引导学生情感态度价值观发展，并以自己的言行促进学生道德的发展，这是思想政治理论教育工作者应具备的素质和本领。除此之外，慕课对教师提出了更高的能力要求。首先，要求教师具备现代网络信息技术能力。目前，我国大部分思想政治理论课教师在教学中都运用了形式多样的多媒体教学手段，积累了较为丰富的技能和经验。但是慕课这种全新的教育模式，不再仅仅局限于简单的课件制作、内容开发，而是囊括了一系列在线互动、在线考评等技术环节过程。其次，教师要有多元的知识背景和渊博的知识储备。在互联网里，人人平等，教师能使用的素材和资源，学生也同样能接触到。现在更多的情况是，学生还能掌握教师所没有了解到的知识、信息，而且，在慕课环境下，互动性越强，学生提出的问题就有可能越多、越复杂，这些情况教师难以作出准确的提前预估。为了很好地应对以上提到的这些情况，也就意味着，教师不仅要将整个课程内容烂熟于心，还要掌握更为多元的知识，并且能根据社会发展的实际情况和发展进行拓展性地解读与回答。

（三）学生的变化

教育的本质是学习，"学"才是教育的本体，"教"原本就是用来帮助"学"的，学生居于教育活动的中心。在思想政治理论课的改革中，引入慕课模式，不得不探讨其对学生的影响和改变。

1. 学习态度的改变

思想政治理论课引入慕课，是否有效，关键点在于学生是否能够将被动的学习态度转变为主动的学习态度，从"要我学"转换到"我要学"。

传统模式下的思想政治理论课，尽管教师不断地改善教学手段，改善教学方法，但最终实效性都不高。究其原因，是学生在接受学习时的态度问题。一些学生对思想政治理论课持有一定偏见，学习热情较低，认为"思想理论与现实不符""课程内容枯燥无味""理论高大上"。因此，在课堂上消极被动，或是忽视教师，自顾自地阅览自己喜欢的书籍，或是索性逃课躲避。还有一些学生迫于这是公共必修课，勉强应付。

慕课模式下的思想政治理论课，要求学生以更为主动的姿态进行交互学习、自我学习。首先，开放的网络环境下，学习资源更为优质丰富，学习途径更为便捷，即使对思想政治理论课存在偏见，但总能从众多选择中找到自己喜欢的课。其次，慕课这种近乎自由的学习方式，要求学生有更强的自主性和自我控制力，在没有外界监督的情况下，自觉地屏蔽一切干扰因素，抵制互联网其他分散注意力的信息，冷静思考，专心学习。这一切对学生的自主性、理解水平和学习能力等要求较高。最后，需要学生从应试教育、被动式的"要我学"状态转变为积极、主动的"我要学"状态。

2.学习方式的转变

学生的学习方式由"填鸭式学习"转变为"交互式学习和移动式学习"，由原来的"课上学习、课后巩固"变为"课前学习、课堂研究、课后巩固"，学生不再被动地接受知识，而是主动地带着疑问积极建构自己的知识体系。

传统模式下的思想政治教育理论课，学生接受知识的主渠道还是学校课程。通常情况下，必修课占据了大部分课时，而且限于校园环境的相对封闭性，他们难以接收到外部的学习资源。思想政治理论课中的思想观点和内容几乎都是结论性的，学生只有在课堂上机械地、统一地、单向地接受。这样，学生对知识的吸收和掌握发生在课堂上，而对知识的内化过程则发生在他们课后对现实生活的观察、思考和感受中。但是，这样的方式容易导致学生在内化过程中的疑惑和问题，没能进行适时地解答和引导，而且内化过程中，学生思想、情感、心理发生的各种细微变化，教师无法及时感受到，这最终会影响思想政治教育的实效性和有效性。

慕课模式下的思想政治理论课，知识的吸收和内化过程发生了改变。布鲁姆的认知分类法由六种不同认知层次的思维水平组成，即识记、理解、应用、分析、综合和评价。其中，识记、理解、应用三个层次属于比较低层次的认知水平，对于具有一定学习能力的学生来说，在课前完成知识的识记、理解，以及简单的应用不成问题，处于大学阶段的学生由于知识储备和社会阅历有限，对于分析、综合尤其是评价，需要教师的适当引导。根据心理学研究表明人的高效专注时间为15—20分钟，因此在慕课环境下，课程内容通常按照这个时长将一段完整的视频剪辑成多段微视频。课前利用碎片化的时间，并根据自己的学习水平有选择地学习。课中针对课前发现的难点和疑问，学生之间进行充分的协作探究和互动交流，相互启发，使思想在一次次交流中升华。学生对知识的识得过程发生在课前，知识的内化与悟得过程发生在课堂上。学生"不再是张嘴待填的鸭子，而是积极主动觅食的小蜜蜂"。

3.学习效果的变化

传统模式下的思想政治理论课，由于一些主观和客观因素的影响，导致学生的学习效果普遍不好。教师的授课内容与学生身边的现实需求之间缺少快速而直接有效的回应、对接，学生想听的教师没有讲授，学生不关注的事件，教师也没有努力引发学生的关注兴趣，这样教师和学生很难在感情上产生共鸣。

慕课模式下的思想政治理论课，由于运作方式的新颖性、教学内容的丰富性、教学方式的多样性，其在学生范围内受到的欢迎程度和所能达到的课堂效果，与上述情况截然不同。学生通过慕课平台进行自由选择，可以获得来自不同大学的不同教学风格的不同教学版本，因而，可以产生不同的教学感受。多元的选择，能极大地满足不同学生的兴趣差异，不同类型的学生都能从自己喜欢的慕课中寻找到自己的兴趣点。在兴趣的帮助下，教育内容中所蕴含的思维认知和价值判断的导向，就能够自然而然地以充分满足学生视听习惯和欣赏习惯的方式，对他们的思维与行为产生潜移默化地引导。

（四）教学反馈途径的变化

教学反馈贯穿于教学过程的始终，是教学的重要组成部分。在教学过程中，教师既要负责教学信息的传送，又要重视学生的反馈信息。学生也不是单纯地接受知识，他们要将加工与处理的信息通过一定的方式输出。对教师来讲，学生输出的信息就是对教师教学的反馈，教师必须根据这些合理的教学反馈信息分析自己的教学活动过程，并作出及时和必要的调整与修正。对于学生来讲，他们要从教师那里获得关于自己学习行为、学习效果的反馈，并根据教师的反馈，对自己的学习活动进行总结、反思，并及时改进自己的学习方法及方式。这样，教师和学生双方才能在教学中处于一种正常而积极的状态。可以说，没有教学反馈，就不是完整的教学。

传统的思想政治理论课，师生之间的教学反馈存在不对等、不平衡的问题。学生对教师的教学反馈体现出单向性、滞后性特点，教师对学生的反馈评价介质以纸质评价为主。首先，在目前思想政治理论课的教学反馈中，更多的是学生对教师的单向反馈，而教师对学生、学校教学分管领导的反馈少之又少，这是教学反馈单向性的表现。并且，通常是在思想政治理论课结束后，学生才对教师的教学进行评价、反馈，这不利于满足学生某段时刻的利益诉求。课程结束后，教师接收到教学反馈并作出教学调整，但反馈信息的当事学生可能已没有机会感受。而且，由于教育对象的更换，教师为上一批教育对象所作出的调整有可能无法适用于下一批教育对象，这是教学反馈滞后性的表现。其次，当前教师对学生的学习反馈，主要是以纸质的作业和期末考试为主，其间其他语言上或活动上的沟通反馈较少，这样的反馈是片面、单薄的。

慕课模式下的思想政治理论课，其教学反馈具有交互性、即时性的特点。互联网的社交平台是一个虚拟的学习社区，师生、生生之间的交流互动快速而便捷。首先，大数据能深入分析每个学生学习过程的各个环节，使教师随时掌握每个学生的状况并能及时、即时地进行反馈和指导，反馈时间大大缩短，对学生的潜在帮助会更大。其次，教师能在授课前、授课中、授课后的任一时间段接收学生的信息反馈，这有利于教师调整、改进教学内容和思路。

三、慕课模式下高校思想政治理论课的建设策略分析

慕课以其自身独特的教育观念、教学理念和教学模式冲击着传统高校高等教育的授课形式、教学过程和课程设计。慕课为高校思想政治理论课的教学改革提供了良好的契机和平台。对于慕课运用于思想政治理论课表现出的不足和提出的挑战，我们要积极应对，扬长避短。为此，我们要努力做好慕课模式下高校思想政治理论课的课前、课中、课后三个阶段的建设。

（一）慕课模式下高校思想政治理论课的课前阶段

在课前阶段，需要达成"知识与能力目标"。因此，该阶段师生之间的活动主要围绕知识性内容展开，主要涉及微课程的设计与制作、学生的自主学习等环节。

1.依托教学大纲，构建微课程的教学逻辑体系

教学团队在对教学目标、教学内容总体认识和把握的基础上，围绕教学重点、难点、疑点，以提出问题、分析问题、解决问题为线索，细化主题层次，构建逻辑体系。教学团队根据教学大纲，对具体章节的内容进行梳理、归纳后，通过逻辑层次的细化，预设一级主题，然后把主题细化为二级、三级层次，如有需要可以再细化到第四级层次。围绕一级主题的二级、三级主题构成若干个微课程教学单元。

2.录制微视频，制作微课程

慕课教学中主题设计这个最主要的部分已经解决，接下来就是微课程视频的制作。教师通过集体备课，选择擅长某一部分教学内容的教师分别录制四段微课程视频，每个微视频的时间各为8—10分钟，组成1个课时的教学内容。每段微视频的尾声均设置1—2道问题作为通关游戏的条件，只有通过上一段微视频的游戏关卡，才能进入下一段微视频的学习。最后将录制好微视频、课程的参考资料、时事政策、社会热点问题等学习资料，一并放到慕课平台以供学生学习。

3.发布课程资源，开展线上自主学习阶段

教学团队将课程信息发布到学习网站上，学生通过浏览网站基本了解课程的内容和时间安排，可以根据自身实际需要在网上注册。学生的注册信息将被汇总，由教师组成的教学团队根据注册人数进行分班管理。

线上自主学习的阶段，学生在教师的教学计划的引导下，进行某一课时的自主学习。值得指出的是，在每一段微课程单元的视频中都会穿插小测试的游戏闯关环节，学生需要成功闯过上一关小测验，才能开始下一关的学习，只有成功闯过1个课时内所有小测验，自主学习阶段才算完成，而测试的结果也会马上反馈给教学团队。这样，原来课堂上用于传授知识的时间就被节省了出来。

（二）慕课模式下高校思想政治理论课的课中阶段

此阶段主要包括线上的社区交流以及线下见面、小班讨论等。该阶段应特别突出学生的主体地位，教师只扮演学习活动的协调者和促进者的角色。在此阶段，目前国内较为成熟的思想政治理论课的慕课教学中，分别按照1：50和1：25配备见面课和论坛讨论的辅导老师和研究生助教。辅导老师和研究生助教主要负责积极引导与组织学生就某个问题进行讨论，加深对知识的理解，让学生学会用理论分析和解决实际问题的方法，最后负责归纳、总结课堂讨论的观点。一方面，在讨论互动中，学生体验着感情、思想不断变化的过程，最终对抽象的政治理论形成新的认知；另一方面，课堂讨论为学生营造了一个快乐、轻松的学习氛围，将知识的接受变为知识的互动，这种思辨式、互动式的教学，比单一的理论灌输效果要好，能达到知识培育的最大优化。

1. 借助见面课，教师转变为学生学习的协助者

在慕课模式下的课中阶段，教师由决定者变为协助者，教师的实际工作量并未减少反而有所增加。教师要确保课程结构编排的合理性，还要及时调整、优化课程内容，建立与学生的联系渠道，提供支持服务，协助学生学习，并学会运用信息技术等手段收集信息，及时掌握学生的学习动态等。

课中阶段的见面课，主讲教师、辅导教师、助教的工作重点就是组织课堂讨论、对学生的问题进行实时的答疑解惑，这是传统教学所无法实现的。在传统课堂中，教师按照教学计划授课，为保证正常教学进度，无法在课堂上间断性地、及时地解答学生的疑惑，而思想政治课的主要任务就是帮助学生形成正确的世界观、人生观和价值观。因此，师生之间的实时交流对于思想政治理论课意义重大。利用慕课平台，可以实现学生有问题即时提、教师即时解答的模式，一方面，能够真正形成师生之间的良性互动，推动思想政治理论课的转型；另一方面，一般学科中慕课所体现出来的"教师人格魅力难以彰显"的劣势，就能得到有效解决，进而最大限度地发挥慕课的优势。

2. 利用交流社区论坛，学生开展自主讨论

学生在完成自主学习后，将自己对课程知识的疑问，以发帖的形式放到学习网站的讨论区，同时利用诸如贴吧博客、微博等网络平台，将自己的心得体会、学习笔记与其他学生分享。这种互动对人文类课程来说尤其重要，很多时候不同观点在网络空间上的碰撞就会激发出新的灵感和火花。

学生的讨论与发言，成为学生最终考核的重要组成部分，有了分数的激励，大家会很积极地发言。在课堂上经过小组讨论和共同探究等环节，学生之间思想激荡、观点交锋，相较于令人昏昏欲睡的灌输式教学，无疑提高了教学效率，促进了学生思考，并有利于更好地培养学生的民主参与意识、合作互助精神等品格，这相较于照本宣科的道德教育更有现实意义。

（三）慕课模式下高校思想政治理论课的课后阶段

此阶段对于思想政治理论课而言，最适合的是安排实践教学，进行期末考试，颁发结业证书。

1. 进行实践性教学

该阶段，我们可以从无变有，从少变多，切实增加实践性教学的课时数，以弥补"一般情况下，慕课实践教学环节缺失"的劣势。这里所说的实践性

教学，包括社会实践、校内实践，即将政治理论与实际相结合，指导学生到实践中去调查研究，分析和解决社会问题。学生可以围绕一个主题，组成社会实践小组，在教学团队的支持下开展各种形式的社会实践。这不仅有利于促进学生加深对马克思主义基本理论的理解，而且可以帮助学生建立起协作学习的关系网络，将知识学习变为社会协作化活动，学生将原本限于个体自身的知识培育变成了集体智慧的构建；同时，针对学生在课后继续学习所产生的新的认知，教学团队可以最终完善课程内容。为了更大地发挥慕课的优势，弥补其劣势带来的消极影响，建议在一般慕课流程的"进阶自主学习""见面讨论课"的基础上，增加一定课时量的"实践教学"环节。在课后阶段适当安排融入社会实践活动、系列的专家辅导报告辩论比赛、事实热点比赛、知识问答等实践教学环节。

社会实践方面。无论是在思想政治理论课的课内、课外，社会实践活动都是大学生了解社会、认识社会、深入社会的一个很好的途径。同时，大量的学术报告和讲座也在大学中开展，学生平时大多是基于自己的兴趣有选择性地听一部分，但如将一些与课程相关的讲座纳入课程的考核体系中来，则会督促和激励学生去听讲座和报告，从而拓宽学生思路，丰富知识。

校内实践方面。校内实践也是学生交流、学习的重要环节。在慕课的课程设计上，除了小组内的讨论与交流之外，还可以在课后组织小组间的辩论赛，如，对马克思主义价值观和非马克思主义价值观分别进行准备的小组就可以针对一些具体问题进行辩论。辩论的过程中不仅是这两个小组受益，针锋相对、唇枪舌剑的辩论也会让课堂更有趣味，吸引学生的关注。同时，时事热点比赛和知识问答等活动形式也能达到类似的效果。

当然，慕课模式下的思想政治理论课实践教学环节的具体操作仍然需要教师团队的统筹和安排，由主讲教师布置时间专题或设计调研内容，由助教带领小组参与社会实践或者开展其他第二课堂活动。将实践教学的精彩过程通过 PPT、视频、调研报告或其他载体形式表现出来，发布在论坛或社区上公开分享。

2. 进行期末考核

在慕课模式下，对学生的期末考核仍然采用线上测试的方法完成，这样可以不受空间的限制。但这要求教师和教学管理者必须建立一套完备的在线试题库，进行合理的试题管理。

期末考核，不仅要参考学生的期末测验成绩，更重要的是依据大数据，参看学生平时学习、交流的各项细节数据，对学生做出公正、合理的评价。

以上的策略建设分析，主要是运用慕课的教学理念和技术，从课前阶段、课中阶段、课后阶段三个方面对高校政治理论课的教学进行全方位地再造。目的是在一种轻松互动的非正式学习的氛围中，帮助学生在不同的阶段获得不同的学习体验，充分享受自我参与、自我组织的学习快乐，使得思想政治理论课的学习不再是一味的枯燥知识的搬运，而是知识的生成与增长。

第二节 "微课"与高校思想政治理论课

一、相关概念

随着"微"时代来临，"微课"以碎片化的学习方式渗透到高校大学生思想政治教育的方方面面，我们必须要清楚地认识"微课"的本体、特点问题，将"微课"应用到高校思想政治理论课教学中，就必须对"微课"的基本情况有着全面的认识，只有这样，才能充分发挥"微课"在思想政治理论课教学中的作用。

（一）概念界定

1.微格教学

微格教学（Micro teaching or Miniature teaching）是指利用现代化教学技术，在有限的时空内，培训师范学生和任职教师掌握某一技能技巧的教学方法。"微"是微小、碎片、奥妙的意思；"格"是推究、考察、讨论的意思。

微格教学是一个有控制的实践系统，它使师范生和在职教师有可能集中解决某一特定的教学行为，或在有控制的条件下学习，它是建立在教育理论、视听技术的基础上，系统训练教师教学技能的方法。

2.微视频

微视频应该定义为：时长从30秒到几十分钟不等，适用于多种移动终端，制作周期短、制作成本低、内容和形式涵盖面广，展示非主流大众文化形态，受众可以广泛参与并表达自我的新媒体形式。

3."微课"

"微课"以在线学习或移动学习为目的，具体针对某一专题的学习内容和教学活动，以时长控制在 10 分钟以内的教学视频为主要载体。

（二）"微课"的特点

1.课程学习时间短

"微课"以"微"为最突出的特征，无论从时间、内容还是形式上都要体出"微"的特点，要求必须短小精悍。"微课"教学时间有限，与传统意义上 45 分钟的课堂不一样，时间一般是在 5—8 分钟（最长不能超过10 分钟）。由于"微课"时间短，相应的容量也很少，数据量在几十兆，大大缩短了学习者学习的时间，减轻了学生的学习压力和课后负担，当遇到难点时，可以在短短几分钟内将问题解决，提高了学生的学习效率，有益于促进学生高级思维能力和解决复杂问题能力的提高。

2.课程内容选择灵活

"微课"的灵活性主要表现在课程内容的选择、组织和应用等方面，这是由它"微型"的特点所决定的。"微课"的时间比较短，课程内容可以摆脱学科知识系统性和逻辑性的限制，只是围绕某一个知识点，内容是多种多样的。教育者以学生的兴趣和日常教学活动中常见的问题为出发点，结合现实的需要，开发形成"微课"。在应用方式上，在线学习、移动学习变得越来越普及，学生可以在不同的时间、不同的情景下自主进行学习，对于自己无法理解的重点和难点，也可以反复地进行学习。"微课"的灵活性使得高校大学生的学习变得越来越简单、便捷和及时，给传统的教学方式带来一定的挑战。

3.课程之间相对独立

"微课"的课程单元是根据高校的课程标准、教学要求、学生的兴趣、教师的能力等来决定的，是来自教学中的某一个具体知识点，并不像长期课程单元那样，具有严格的逻辑性和系统性，"微课"各单元之间都是相互独立的，具有知识上的层次性，没有直接的联系。对于同一个知识点，"微课"设计者的能力和思维方式是不同的，每个人都可以充分利用自己的特长设计和开发"微课"，具有开放性和自主性，"微课"之间的相互独立性既可以让学习者节省学习时间和精力，也可以让高校大学生根据自己的需求有针对性地进行学习。

4.课程主题性强

"微课"主要是为了解决教学过程中重难点、疑点等内容，所以，每一个"微课"都有自己明确的主题，教学目标相对单一，指向性明确。它的存在就是为了通过主题，明确本章的学习内容，让学习者一眼可以分辨出是否符合自己的学习需求。当学习者在学习过程中遇到不明白的地方，可以通过鲜明的主题直接选取相关内容进行学习，明显能提高学习效率，因此，"微课"是传统课堂教学视频浓缩的精华。

二、"微课"在高校思想政治理论课教学中应用的现状

进入微时代，传统的课堂教学模式在教学过程中逐渐显露出它的不足。时代的发展呼吁我们要培养现代化的新型人才，课程改革的深度也在不断加大，迫切需要我们对当前高校的思想政治理论课教学方式进行改进与完善，在这样的背景下，开设新型"微课"教学显得必要且急迫。

（一）"微课"在思想政治理论课教学应用中取得的成绩

1.拓展了思想政治理论课教学的内容和空间

高校开展思想政治理论课的目的就是选择丰富、有趣、正确的信息影响、熏陶、感染大学生的思想观点、道德观念和精神信仰，培养符合社会主流价值的人才。在这一过程中，信息的获取是大学生思想政治教育的基础，短小精悍、主题鲜明的"微课"极大地拓展了大学生思想政治教育的外延，丰富了思想政治理论课的教学资源。

传统思想政治理论课教育由于受主客观条件的限制，一般只能以报纸、杂志、书本、广播等媒介进行传播，收集的信息有限，仅仅涉及思想政治教育的某些方面，内容缺乏时效性、吸引力和说服力，而且大部分是在课堂中进行面对面的交流沟通，难以达到预期的效果。随着互联网的发展，微时代的出现，网络成为大学生获取信息的主要渠道，"微课"的兴起为学生提供了一个方便快捷、及时有效的手段，成为当前大学生获取知识、了解动态的新窗口。网站上大量关于思想政治理论的"微课"资源，打破了传统思想政治教育中内容贫乏、资源有限的缺陷，能够使大学生们开阔视野、增长见识，丰富知识体系。"微课"极大地丰富了教育资源：一是为学习马列主义、毛泽东思想和中国特色社会主义理论提供了新的平台；二是为了解当前党的路线、方针、政策提供了便捷高效的信息渠道，可以及时报道国内热点和焦点信息，既为学生提供了读圣贤书的理论资源，也为学生忧天下事提供了良好平台；三是为社会主流文化和价值观的传播开拓了有益的空间。

在传统的思想政治理论课中，教育者由于受主客观条件的限制，资源储备较少、涉及面窄，影响了高校思想政治理论课的教学效果。现在，"微课"作为一种新兴的网络传播媒介，其最大特点是资源共享，高校思想政治教育者可以收集到来自不同地域和背景下的思想政治教育资源，并借助网络的互动性特点实现师生互动，从而最大限度地实现教育资源的共享，使原本狭窄、封闭的传统课堂教学空间变成了全社会、开放性的教育空间，思想政治教育的渠道变得畅通，思想政治教育工作者可以在任何时间、任何地点上传"微课"视频，学生能在任何时间、任何地点对这些资源进行观看、下载，丰富了思想政治教育的内容。

当然，面对浩瀚如海、良莠不齐的"微课"资源，思想政治教育工作者不能全盘接收，而应主动从网络上"去粗取精""去伪存真"，选择一些高质量、能引起青年大学生共鸣的学习内容，扮演好领袖的角色，引导大学生在开放的网络世界里明辨是非、正确应对和处理各种信息、提升分析问题和解决题的能力。"微课"在高校思想政治理论课教学中的运用，潜移默化地对大学生进行思想政治教育，真正使思想政治教育渗透到学生生活的各个方面。

2. 丰富了思想政治理论课教学的方式和手段

传统的思想政治理论课教学方式较为单一，多采用上课、听报告、参加讲座等面对面的一对多的形式，这种由上而下、被动式的灌输式教育方式会使学生言而不尽、言不由衷，不能全面而真实地体现受教育者的想法，导致思想政治教育的实效性日益下降。"微课"的出现，给高校思想政治教育工作者提供了改变这种局面的新契机，使传统的思想政治理论课教学转变成多样化的教育模式，能够实现双向、多向的交流与互动，注重以学生为主体，顾及学生的思想和情感。在"微"时代背景下，思想政治教育主客体之间的地位及其关系发生了相应的变化。在传统的思想政治教育模式下，教育者是思想政治教育活动的组织者、实施者，而受教育者则是被灌输的对象，面临投入多、收效少的尴尬境地。通过"微课"教学，学习者从被动接受转变为主动学习，原有的主体地位得到充分发挥，师生之间架起了信任与尊重的桥梁，双方在平等、愉悦的情景下相互交流、实现角色相互转化。

"微课"推进了思想政治教育的"以人为本"。传统的思想政治教育以大班教学为主要模式，在统一教学目标、教学进度方面具有一定的优势。但是每一个学生的成长环境、教育背景、政治观点、道德发展水平各不相同。"微课"教学为大学生思想政治教育工作有针对性地开展，对学生进行层次性教育、因材施教、突出学生的个性品质提供了条件。思想政治理论课也是一门实践性较强的学科，不能只停留在课堂上，而是要在实际生活当中将理论转化为实践，并在实践中得到检验，"微课"作为传统课堂以外的第二课堂，克服了思想政治教育中对生活实际的隔绝现象，教师通过"微课"深入学生的日常生活，对他们潜移默化地进行影响。

传统大学生思想政治教育主要靠理论灌输，通过念文件、作报告、开大会等单调的教育方法对学生进行世界观、人生观和价值观的教育，容易引起高校大学生的反感情绪。"微课"以简洁的视频、微小的容量、方便的发布受到高校大学生的欢迎。通过"微课"这一方式增加思想政治教育内容的趣味性，以文字、音频和视频相结合的方式增强思想政治教育的吸引力，改变了传统的"强灌硬输"的教育方式，更多地采取示范、启发等疏导的方式，将强制性的信息灌输转变为指引大学生有效地选择和利用信息，增强受教育者的能动性。从长远来看，促使受教育者养成分辨、选择和利用有价值信息的能力，增进教育者和受教育者相互之间的了解，实现双效互动，教育者能够更加理解当代大学生的所思所想，受教育者也更能接受思想政治理论课所传达的教育理念。

3.增强了思想政治理论教育的生动性和吸引力

在新媒体应用技术迅速发展和普及的形势下，将"微课"应用于高校思想政治理论课教学当中，有助于增强思想政治理论教育的生动性和吸引力。当代大学生在成长成才的过程中，崇尚自我，迫切地想要展示一个不寻常的自我，强调自我价值，喜欢追求个性，乐于接受新鲜有趣的事物。这一时期的大学生在思想上和心理上可塑性很强，极易受到新事物的影响，以"微课"为载体进行思想政治教育，符合大学生喜欢追求时尚、潮流的性格特点，自然会受到大学生的极大欢迎。

高校思想政治教育工作者可以利用"微课"这一平台，搭建一条与大学生快捷交流的渠道。在"微课"上发布大学生感兴趣并且承载着思想政治理论课信息的教育内容，了解大学生的心理需求和思想动态，进而因材施教，在潜移默化中对大学生进行思想政治教育，可以明显增强思想政治教育的效果。教育者还可以针对一些社会热点、学生关注的话题制作"微课"，使理论课教学内容贴近大学生的实际，激发学生的学习和关注热情。当学生遇到困惑时，会通过各种方式发出求助信号，教育者通过及时浏览这些信息，准确掌握学生的学习困惑，第一时间发现问题并帮助其解决问题双向互动的交流过程不仅能促进学生学习和帮助其成长，更有利于教师掌握学生内心的真实想法，拓展了思想政治教育的时间和空间维度。

目前，各大高校充分利用"微课"不断创新思想政治理论课的教学方法，引导大学生积极参与讨论、发表观点、获得知识，学生的学习不再受时间和空间的制约，扩大了学习的覆盖面。"微课"为我们提供了丰富的教学资源，可以随时获取自己所需要的信息资源；同时，"微课"还具有内容灵活的特点，能够接触到不同的观点，利于打破思想的局限性，拓宽视野，培养发散性思维。此外，随着"微课"制作技术的提高，可以设置多种多样的思想政治教育情境，营造图片、声音、视频结合的良好视觉效果。

（二）"微课"在高校思想政治理论课教学应用过程中存在的问题

"微课"在高校思想政治理论课教学中的应用，从一开始的构想到现在的发展，是一个逐渐走向系统化、成熟化的过程，以其便捷化、高效化和移动化的特点，受到学生、教师的关注。但是，"微课"在其应用的过程中也出现了一些问题：

1."微课"在应用过程中存在过度使用与简单排斥现象

微课是一种优质的教育教学资源，思想政治理论课教学是一种教学方式，将"微课"合理有效地应用到高校思想政治教育中，既能增强理论课教学的吸引力和感染力，又能增强传统课堂教学的实效性。但是，目前"微课"作为一种教育手段和方式在高校思想政治理论课教学中的应用存在过度使用与简单排斥两种现象。

年轻教师大多是硕士或博士毕业后投入教育岗位，参加工作的时间较短，事业心和成就感都比较强烈，渴望自己的付出能够得到学生的认可与肯定，愿意投入更多的时间与精力，对现代化的教学设备、声色兼具的多媒体教学手段的接受能力更强。为此，有些教师把大量的备课时间投入"微课"的制作上来，将课程的制作、视频素材的搜索作为备课的重点，认为只有制作出合适的"微课"才是一节完整的课，只要有了"微课"，就有了信心，感觉不使用"微课"，课程就会枯燥无趣，就无法调动学生的积极性。最终导致盲目的追求感官刺激，学生沉浸于"微课"中不愿去动脑主动思考，这实际上是教师对"微课"的地位和作用产生了认识上的偏差，盲目跟风，过度抬高"微课"的地位。

部分年长教师对教学内容的思考、教学方法的使用、教学方式的偏好受传统教学模式的影响比较大，更乐于接受面对面的、直接的讲授方式，他们认为"微课"只是一种噱头，对于知识的传授，理论知识的掌握并不能起到任何实质性的作用。况且"微课"对网络技术的要求比较高，有些年长教师也不乐意接受并花费大量的时间去学习，宁愿把时间花在思想政治理论课的备课当中。实际上，采用"微课"教学只是一种辅助性质的教学手段，并不是唯一有效的手段，教学应在教育科学理论和学生身心发展规律的指导下，师生之间不断探索、磨合，找到适合的教学模式，我们的思想政治理论课才能取得真正意义上的理想效果。

2."微课"开发和设计的水平不高

"微课"的设计与制作是一个系统性的过程，也需要有完整的课程结构，包括导入、授课、互动、检查等，并不仅仅是从课程视频简单地截取一段，还牵涉很多细节上的工作，而且开发和设计不仅需要技术的支持还需要理论上的支撑。"微课"是一种基础教学资源，教学资源需要凝聚起来，才能更好地服务于思想政治理论课的教学工作。"微课"发展的不足还体现在多媒体技术的应用上，同时也有部分教师对"微课"概念的理解或多或少有些偏差，所以导致出现良莠不齐的现象。

在"微课"的设计与制作中，存在的问题有"微课"的课件制作过于简单，教学内容趣味性不强，页面简洁，层次感、整体感不强；"微课"教学视频画面不够清晰，声音不够清楚，对拍摄环境要求极高，容易受外界环境因素干扰；"微课"的配套资源不齐全；等等。

3."微课"与传统课堂教学结合的程度不够

"微课"教学与传统课堂教学的关系存在处理不当。一些教师在教学过程中忽视了"微课"教学与传统课堂的有机结合，生硬地认为两者是代替与被代替的关系，没有正确认识到"微课"是对传统课堂的有效补充，要么就完全使用"微课"教学，要么就坚持使用传统的教学方式。

对于在具体一节课中"微课"使用时间的长短上，大部分教师认为"微课"是应该在课堂之中被使用的，区别只是使用时间的长短、使用频次的多少，没有辩证地看到两者在教学中的优势与弊端。"微课"以其短小精悍、使用方便、资源多样、情境真实、内容生动形象而受到欢迎，传统课堂有利于师生面对面情感的交流，更能深入细致地帮助学生学习。同时，两者又都各自存在着缺点，因此就需要将两者有机地结合起来，取长补短，充分发挥各自的优势，互为补充。在需要突出重点时可以使用"微课"教学，直观简明，在课堂互动、小组讨论时切换回传统的教学方式，深入细致。教师在这方面的研究和实践也存在着不足，一般都是一种课堂进行到底，不但没有发挥两种课堂优势，反而更暴露出了两者的不足。所以，"微课"必须要与传统课堂分工协作、有机融合，这样就能克服传统教学方法乏味无趣的不足，既促进了师生的互动，又充分发挥了"微课"提高课堂教学效率的作用。

4."微课"在应用过程中课堂互动出现问题

"微课"在思想政治理论课教学中的应用可以通过活跃课堂气氛、释放话语权、展开平等对话来实现师生之间的课堂互动，但是在有些课堂中互动出现了变化。在"微课"中，教师展现了一些形象性、趣味性的素材，学生的积极性、参与性大大提高，但是有些素材片面追求轰动效应，以课堂气氛热闹为优，在之后的小组讨论中，不少学生还沉浸在素材的演绎当中，分散了学生的注意力，实质性的互动难以开展。教师的指导要起到引玉之砖的作用，启发学生举一反三，留给学生进一步思考的空间，深层次探究的悬念，培养学生的发散性思维，最终学会思考，学会学习。学生的知识能力在活跃的课堂气氛中有所锻炼和进步，教学目标也能在积极的有效氛围中达成。

语言是我们互动的主要凭借，也是思维的外衣，课堂互动主要是通过师生、生生之间的交流与对话来实现的。但是在一些思想政治理论课课堂上，学生们面对充满生活气息和时代感的"微课"却出现了表达不好、害怕表达的情况。教师在制作"微课"中，会提供一些浅显的信息，也会借鉴一些专家学者对事件的深度解读，学生只能看懂浅显的信息，对学者的解读却一知半解，在接下来的发言中，有些学生可能会认为认知受限，不敢发表意见，导致课堂讨论陷入沉寂。同时，大学阶段，学生对于社会问题有自己的认识与思考，但由于生活阅历的缺乏，容易走向片面化、表象化甚至是极端化，往往扩大了事物的某一方面而忽略了另一方面，在课堂教学中导致一些突发情况的出现。有些老师会采取忽视、绕行的办法，避免正常的教学活动收到干扰，此时的互动便成了假动。

（三）"微课"在教学应用过程中出现问题的原因

1.重视程度不够

"微课"作为课程发布、获取及分享的工具，是知识传播的新渠道，师生互动的新平台，同伴联络感情的新方式。但在目前的高校当中，广大教职工依然"微观念"薄弱，对"微课"应用于思想政治理论课教学不够重视，传统的教育观念教育模式根深蒂固，没有从发展的角度理解"微课"这一新的教学方式对高校思想政治理论课的应用价值，以消极的态度对待"微课"。

当前大学生思想政治理论课教学面临着教育观念、教育内容、教育方法的改革创新。受传统思想政治教育模式的影响，一些学校的领导和教师很难认可以新媒体技术为载体的新型教学方式的思想政治教育功能，他们认为依靠"微课"进行思想政治教育是不可控的，存在太多的不稳定性因素，很难达到理想的教学效果，从而使得"微课"在思想政治教育理论课教学的开发过程中始终处于被动地位，导致"微课"分享和发布思想政治理论信息的功能始终没有得到重视。

高校思想政治理论课教师精力有限，集教学与科研于一身，对"微课"的设计和开发没有深入学习，只是停留在浅层次的认识上，缺乏相关实践经验，尽管有丰富的教学经验，但是也很难把想法衔接到"微课"的制作上，对"微课"难以接受，缺乏热情，不会专门去制作、上传"微课"，以此进行思想政治教育。工作队伍的不健全，研究人员的匮乏，缺乏"微课"运营的相关经验等等，这些都使得"微课"在思想政治理论课教学中很难对学生具有吸引力和影响力。

"微课"是一项集网络课程的设计、策划、研究与使用的系统性工作，教学设计是"微课"制作的起点，需要从理论、策略、方法和模式等方面对广大教师进行培训。高校管理者应研究制定相关政策，在学校中建立一些鼓励、奖励机制，将"微课"的建设纳入思想政治理论课课程的建设体系当中。同时还要大力开展"微课"培训，对"微课"的概念、特点以及在思想政治理论课教学中应用的优势进行详细解说，最重要的是开展"微课"设计与制作的培训，让教师能够迅速掌握"微课"的开发技术，并熟练地应用到实际教学当中，高校还要注重"微课"的宣传与推广，扩大"微课"的影响面与覆盖面。

2. 理论指导不足

在对"微课"国内外研究现状进行叙述的过程当中，我们不难发现，目前对于"微课"的研究还停留在尝试和探索阶段，主要是在理论上进行阐述，在实践教学中的应用还有所欠缺，特别是在"微课"的设计与开发当中，这就阻碍了"微课"在教学实践中的应用和推广。

国外有关"微课"的研究主要集中在中小学的课堂教学当中，美国的部分高校已经使用"微课"替代了传统的教学方式，主要是可汗课程和"翻转课堂"。学生通过可汗课程进行自主学习，课堂时间主要用来做练习或者是答疑解惑，实现了教学重点的转移，由老师讲授变为独立学习；"翻转课堂"也赋予了学生更多的自主时间，知识的传授放在课堂外的任意场所，内化吸收过程放在课堂上，师生在课堂上进行交流与答疑。国内的研究主要是发表在期刊杂志上的一些理论方面的研究，也只是对"微课"的概念、特点、发展趋势等进行概述，而对"微课"在实际教学中应用的研究少之又少，既缺乏理论上的指导，也缺乏实践上的操作。

目前，网易公开课将一些可汗课程翻译成中文，供学习者自主浏览学习。但是，可汗课程的教学设计与中国学生的学习实际还是有一定差距的，如果我们能结合自己的实际，自主开发一些适合高校大学生并内含思想政治教育内容的微课程，思想政治理论课的教学效果会更好。

3. 培训机制不健全

"微课"的制作从资料收集、选题确定、脚本撰写到信息的呈现方式等，都必须经过反复讨论和仔细打磨，要学会用镜头说话，会用更有表现力的语言，每一句话都能经得起反复推敲，要拥有雄厚的学术背景的支撑，将课程化繁为简，对自己的课堂质量有充分的自信。教师既要学会梳理知识图谱，又要精心制作"微课"，会在一定程度上加重教师的工作负担，但这个过程也是教师本身专业素养不断提升的过程。

"微课"至今还是一个新鲜事物，尽管在应用中迎来一片叫好声，但"微课"的制作成本高，投入产出效益低，导致其无论是在激励机制、培训方式、评价方式还是培训者素质等方面都需要进一步的提升。在目前的培训过程中，缺乏外部监督机制，存在单一化、机械化的"满堂灌"现象，使培训流于形式，降低了培训效果；与此同时，有些教师没有意识到自身教学实践中存在的不足，认为自身的专业素质以及现有的知识结构能够满足现有的教学需求，不需要进一步的提升与改造。

良好的考核机制是确保教师培训有效开展的基础，通过合理的考核方式能够正确反映教师在日常操作中存在的不足以及教师本身对于培训效果的认知度和参与度。目前，对于教师的考核仅仅是通过简单的书面考试或者是面谈的方式来了解他们的学习状况，缺乏严格的审核以及评定制度。在现有的考核制度下，一些教师应付了事，以为获得一份结业证书就万事大吉。毫无疑问，这没有办法形成真正有效的激励与监督机制，提高教师参与培训的积极性，同时也无法正确反映出现有培训制度的不足之处。

4.平台缺乏针对性

我国有很多高校在思想政治理论课教学中开始运用"微课"，并举办了很多"微课"教学比赛。"微课"作为一种新的教学手段，已经逐步在课堂教学过程中得以应用，但是后续发展却略显乏力，原因在于我国高校思想政治教育"微课"平台缺乏针对性，高校利用"微课"开展思想政治理论课教学还处于初步探索时期，在平台建设、人员培训、课程开发及奖惩方面都还未形成系统的管理制度。运用"微课"进行教学的人才队伍不够壮大，教师的网络操作技术水平有限，无法深入挖掘教学设备的性能，在设计和使用"微课"的过程中也受到诸多限制，很难根据学生的认知规律和心理特点灵活应用多媒体教学设备，导致"微课"的教学优势不能充分发挥。

我国的"微课"大多针对的还是中小学的课程，而针对高校思想政治理论课的"微课"少之又少。"微课"的发展是以网络技术为载体的，但有些高校现代化教学设施落后，网络基础建设薄弱，要在实践中开展"微课"

教学，就要获得物质技术条件设施的规划与建设，思想政治理论资源的获取、使用、维护也都需要物质保障，但目前各大高校少有专门资金扶持高校"微课"思想政治教育平台的建设和发展。"微课"教学还处在创始阶段，教师对于"微课"的制作与使用也处在一个观望的阶段，还需要教学效果的反馈，但作为对传统课堂教学的一种创新，高校应该采取必要的措施激励思想政治教育的人才去进行这项工作，但目前还缺乏相应的激励机制，导致"微课"教学发展缓慢。

三、"微课"在高校思想政治理论课教学应用过程中的途径

"微课"，作为网络新媒体出现，符合高校思想政治理论课教学要与时俱进的要求，作为一种新的教学手段，与思想政治教育的功能密不可分。如何有效解决"微课"在思想政治理论课教学中面临的困境，使"微课"的独特优势在思想政治教育中得到充分体现，从而提高思想政治理论课的教学效果，以此探讨提高"微课"在高校思想政治理论课教学中应用水平的措施，是当前高校教育者面临的一项重要任务。

（一）"微课"应用的原则

1.实用性原则

实用性原则是指在设计与开发"微课"的过程中要坚持实用为主，**够用为度**。"微课"是依据高校思想政治理论课的课程标准和实际教学需要所开发的一系列具有针对性和独特性的主题，能够抓住具体学科知识点和重点，并结合实际的教学活动，设计与制作的系统化的基础教学资源。"微课"是为高校大学生的学习服务的，所以不管是哪种教学思路和模式，最终目的都是提高思想政治理论课教学的效率和将思想政治教育的实用价值最大化。课程设计之前，需要关注学习者想要的是什么，在看完本节"微课"后，能否将所学知识应用到现实问题的解决当中。

我们还要认识到并不是任何知识点或教学内容都可以制作成"微课"，在课程标准的指导下，对知识点进行合理、适度地剖析和选取，并且与整个学科课程在整体上连贯一致，内容恰到好处，才能将其效益最大化，不然就是耗时耗力，做无用功。一切以学生的实用为中心，在实际教学过程中一定要追求实效，杜绝空泛。

2. 简明性原则

简明性原则是指"微课"在设计与开发的过程中坚持画面简洁，内容少而精，能够简单明确地反映客观事物，重点突出，一目了然，画面越简单，学习者的注意值也就越高，同时还要注意给学习者留下想象的空间，易被青年大学生掌握和使用。"微课"是能够让学习者的学习不受时间和地域的限制，能够实时地进行学习的教学资源，因此，教学视频要兼容不同的播放环境，既可以在电脑上播放，也支持各种移动终端设备。所以，视频界面的设计必须直观，既简洁又美观，便于学习者操作。

简明性原则主要体现在：首先，"微课"内容要简明，不要列入无关紧要或没有价值的信息，同时还要避免出现知识点的重复，力求以最小的容量最快地解决问题，当学生对一个知识点不明确时，只需要观看相应的视频资源即可，而不牵扯其他的内容，针对性、目的性更明确；其次，"微课"时长要短，限于5—8分钟，符合视觉驻留规律和学生的认知特点，时间过长不利于受教育者注意力的集中，容易视觉疲劳，达不到预想的效果；最后，教师在录制"微课"时，语言一定要简洁凝练、清楚明白、诙谐有趣，同时还要插入相应的字幕，避免教师表述不清或学生没有听清的弊端。此外，"微课"要便于学习者易读、易懂，既具有趣味性，又具有易学性。

3. 灵活性原则

灵活性原则是指在"微课"设计与开发的过程中做到技巧的灵活使用。内容的灵活调整，教师能够根据教学的不同内容选择相应的教学方法，激发高校大学生的学习动力，吸引学生的兴趣，牵引学生的思维和情感。坚持"微课"教学的灵活性原则，是为了解决在实践教学过程中随时出现的突发情况，避免出现由于缺乏灵活性而降低教学质量的现象，教师在课堂教学过程中，要预先设置多种组织方案，教学设计要留有余地，当出现突发情况时能及时修改和调整原定方案。教学内容和学生认识在教学过程中都是动态的、不确定的、变化的因素，随时都有意料之外的情况发生，教师要随着课堂情况的变化对教学方法不断地进行调整，使教学能够顺利地进行下去，不至于偏离教学主题，从而达到启发学生发散性思维、多角度思考的作用。

"微课"可以灵活地应用到教学的任何环节，"微课"的开发与设计具有相应的配套课程，可以在课前、课中、课后任意地引入教学过程，"微课"因其时长短小的特点，不会对日常课程的教学活动产生干扰或影响。在课前，高校学生可以通过观看"微课"视频，自主进行学习，预习授课内容，直至掌握该知识点；在课中，"微课"只是课堂教学的一种辅助手段，课堂是答疑解惑的场所，当对知识有疑问时，集中统一播放，更加形象直观地理解该难点；在课后利用微练习、微反思等，通过反复观看课程视频，帮助学生自主补习、反复学习，直到能够熟练地应用到实践中为止。

4.适度性原则

适度性原则是指在播放"微课"时要做到适量、适时，采用适当的方式和配以适宜的解说，简言之就是要把握"微课"使用的"度"。只有做到"恰当""适量"，才能最大限度地将"微课"扬长避短，发挥其最大的教育作用。具体来讲，就是在使用"微课"时做到以下四点。

（1）适量

在教学过程中"微课"的使用要适量，长短、多少都要适度，根据具体的教学内容和教学目标来设定，片段不宜过多，容量不宜太大，否则会使思想政治理论课课堂教学节奏失控，教学过程前松后紧，教学内容受到挤压，教学主题受到冲击。

（2）适时

播放"微课"时要善于把握学生的心理状况和实际需求，选择合适的切入点，在学生遇到困惑或参与性不高时播放，能够起到事半功倍的效果。

（3）适当的方式

教师要根据教学内容的特点来选择恰当的呈现方式，对重难点问题和一般知识点采取不同的讲解方式，确定播放的顺序、次数和手段。

（4）适宜的解说

教师在课堂引入"微课"之前，最好构思好相应的解说词，合理地引入"微课"当中，观看完"微课"之后，适时地提出问题。适宜的解说可以对"微课"起到锦上添花、画龙点睛和升华主题的作用。

"微课"始终是传统课堂教学的辅助工具，在教学过程中起着配角和助手的作用，"微课"的使用不在于多而在于精，不是用得越多越好，而是越恰当越好。在思想政治理论课课堂教学过程中，应根据所讲课题的具体内容、学生实际情况与需要选择性地使用"微课"进行教学，提高课堂教学的质量。

（二）"微课"在高校思想政治理论课教学过程中的应用方法

1. 创建长效激励机制

思想政治理论课最重要的一个特点就是内容的时效性。信息的高频、持续更新是"微课"应用于思想政治理论课的一个重要前提，内容老旧、过时信息，必然导致大学生思想政治教育的活性度和黏性度大大降低，造成思想政治教育手段和教育受众的脱节。利用一些外在的措施给予思想政治教育工作者们更大的鼓励，激励他们不断更新自己的理论知识和充实自己的理论框架，提高参与制作"微课"的积极性，高校应建立长效的激励机制，促进"微课"持续更新，多方面、多途径地促进"微课"在课堂教学中的应用。

教师、学生的肯定和赏识所产生的影响力和推动力，是保证"微课"在课堂中得以应用的重要原因。高校思想理论课的教师一般教学任务比较重、科研压力很大，通过"微课"进行理论课教学势必要占用教师更多的个人时间和精力。把"微课"纳入思想政治理论课教学的整体规划当中，制定切实可行的教学方案、教学大纲和课程内容，确保"微课"能够长期运用。在高校教师的绩效考核当中，建立一些相关的鼓励、奖励政策，建立配套的工作量计算和劳务报酬机制，调动教师的积极性，同时也必须建立相应的精神奖励，在各类职务评聘中，建立相应关联机制，否则会挫伤教师的积极性。

高校还应建立相应的评价激励制度，定期或不定期地进行"微课"教学比赛，将"微课"上传到学校的网站上，采取在线投票的方法，对关注量和点击率进行统计和排行。设立多种奖项并配套一定数额的奖金或奖品，同时颁发荣誉称号等，以此激励教育工作者们能将这种热情和积极性保持下去，不断地创新思想政治理论课的教学方法。

2. 加强现代教育技术培训

建设一支政治素养高、业务水平精练、生活作风正派的思想政治教育队伍是"微课"应用于高校思想政治理论课教学的保障。人才培养的关键在于教师，教师的理论水平和实践能力的高低决定了高校人才培养的成败，教师队伍的素质决定着"微课"在思想政治理论课教学中的实效性。但是，当前高校的思想政治理论课教师队伍普遍地存在着对"微课"认识不够、理论水平不高、管理不到位、教学与科研能力不强等问题，实践能力受到一定的限制。有鉴于此，我们必须加强对高校师资队伍的培训，保证大学生思想政治理论课的可持续发展。

建立和完善培训体系，为高校思想政治理论课教师制定培训规划，有重点、分层次、多形式地逐步进行"微课"培训，提高教师"微课"开发技能，使培训工作制度化、系统化，推动思想政治教育者职业化、专业化发展。提高教师的"微课"制作与理论研究水平，鼓励教师组织开展社会实践、外出考察活动，开展各高校教师间的交流与合作，大家相互学习，开阔视野，不断丰富"微课"素材，提高队伍的整体素质和教学能力。支持教师开设小班研讨课，运用研究性、探究式的教学方式，引入"翻转课堂"、慕课等新思路新方法，不断创新教学手段和方法，在"微课"应用于高校思想政治理论课教学中发挥好引导人的角色。

开展专家讲座，加强教师对"微课"的理解，掌握"微课"开发与设计的原则，提高利用和管理的意识，进行与"微课"开发相关的课程培训，提高教师对视频、文字信息的处理能力，包括如何搜索和采集素材，如何加工和整理成课程资源，能够熟练掌握常用制作软件技术。同时也对教师进行认知心理学和美学教育，使其能够从心理学的角度掌握学生的心理变化，了解他们的需求，开发出符合他们认知水平的微课程。另外，"微课"还要形式新颖，有较强的艺术感染力，能够牢牢抓住学生的兴趣，还需要从美学的角度巧妙设计。

3. 开发相应的教育平台

高校思想政治理论课教学方式的创新效果如何，在很大程度上取决于是否有相应的教育平台。大学生"微课"思想政治教育平台有利于打破传统思想政治理论课课堂教学在时间、空间上的限制，提高教学的效率和质量，对于实现真正的"微课"教学和灵活多样的教育有着重要作用。

平台的结构内容主要有以下四个方面。

第一，"微课"思想政治教育平台设计的理论研究和框架结构。包括思想政治教育目标的设计、教育环境的设计、教育资源的设计、学生自主学习的设计、指导性学习的设计、学习评价设计等。

第二，数字化教学环境。在现有多媒体教室的基础上建设数字化教室，数字化教室配备交互式智能白板、传感器、自动跟踪录播系统、实时编辑生成系统、网上直播系统等软硬件，满足以"学"为中心的新型课程组织形式的教学要求。

第三，丰富教学内容。一是要注意内容的质量；二是要以平台内容引导学生学习。保证教学平台内容的质量就是要提高资源的权威性和实用性。确保平台内容对思想政治理论课教学有帮助，与思想政治课教学目的一致，能够满足学生需要。教学内容要贴近生活、贴近实际以满足学生的实际需要，激发学生兴趣。同时在教学平台上设置自学材料、拓展材料和在线测试。自学材料是每个单元的课件，课件主要是基础知识和重点难点，拓展材料包括教学案例（视频案例、文字案例）和阅读材料，在线测试为单元测试，单元测试中客观题基本都在自学材料中，主观题从教学案例和阅读材料中选取。

第四，平台的管理和维护。平台的管理和维护主要是管理和维护平台资源、平台技术设施，以确保平台正常运行。首先是加强监控，防止不良信息的传播扩散，及时清除有害信息，净化网络教学平台环境，为大学生提供积极健康的学习环境；其次是定期对网络服务器进行检测，以确保教学平台正常运行，同时在网上设立报修系统，教师、学生在使用平台遇到技术问题时，随时报修或咨询，以尽快解决问题。

4.深入开展相关理论研究

"微课"在思想政治理论课教学中应用的理论研究不够务实。应用理论研究应该具有鲜明的实践品质，主要是为"微课"的发展以及"微课"在思想政治理论课教学中的应用提供具体的理论支持与指导，着力于解决思想政治理论课教学实践中所出现的各种理论和认识问题，使理论能够真正转化为具体可行的实践方案与方法，解决各种实际问题。纵观发表在各种期刊杂志上的有关"微课"应用理论研究的成果，会发现教育研究者也是在近几年才开始关注对"微课"的研究，主要还是在"微课"的概念及对当前的教育影响方面，它的设计、开发与在学科应用方面的研究还是比较少的，停留于表面现象的简单描述，不具备普遍适用的借鉴与指导意义，也谈不上理论的升华与总结。

"微课"在思想政治理论课教学中应用的理论研究应以"学习"为起点，重点放在如何借助"微课"这一新型教学手段促进学习上，而不是放在"微课"的概念、原理、"微课"的设计与制作上。虽然"微课"的优点和局限对于思想政治理论课教学的应用具有一定的影响，但是这并不是主要矛盾，重点是"微课"的运用能否对学习起到促进作用，能否达到教育目的。

"微课"在思想政治理论课教学中应用的理论研究要考虑学习者的初始能力。学习者的初始能力是对进行特定的学科内容的学习已经具备的有关知识与技能的基础，以及对有关学习内容的认识与态度。虽然明确了"微课"在高校思想政治理论课教学中的作用，但是对于不同初始能力的学习者来说，"微课"的作用也是不同的。对于同样一个学习内容，是用"微课"的形式还是传统的课堂讲授，对不同的学习者起到的作用是不同的。对于先前知识储备较少的学生来说，传统的课堂讲授更具明显优势，而对于先前知识积累较多的学生来说，差距不明显。

第三节　"翻转课堂"与高校思想政治理论课

一、"翻转课堂"的概念界定

"翻转课堂"是相对于传统课堂而言，将课上学习新知、课下练习的教学过程进行翻转，学生课前通过老师提供的教学资源（以教学视频为主）进行知识的学习，课上通过问题讨论、课堂测验、教师答疑等方式实现知识内化的一种教学模式。

二、传统教学模式下高校思想政治教育工作中存在的问题

（一）未能根据学生能力和特点的不同而进行差异性教学

传统高校思想政治教育工作的方式是课堂集中学习，属于"同步学习"，但这种方式，并不能达到学习效果上的"同步"，不能体现学生在专业、地区、学习能力、学习特点等多方面的差异。对于基础水平较高的学生，在知识的需求量上要求多一些；对于基础水平较低的学生，在学习的时间上需要长一些，学习的次数上多一些，而传统教学方式并不能灵活满足学生的这些需求。按照认知负荷理论，传统课堂这种"同步学习"的方式会加大基础水平较低学生的认知负荷，从而影响学生的学习效果。

（二）教学方式传统、单一，需要改变

高校思想政治教育工作的开展形式以结合多媒体课件，口头讲解为主，少数教师会让学生自主探究。课堂活动单一，主要是教师讲课，学生处于接

受学习的状态，主动参与的机会少。依据学习金字塔理论，这种被动式的学习，学生只能记住知识的30%左右。学生参与的学习活动基本是听教师讲解，教师讲课方式单一，基本是理论上的传输，课堂上师生或生生交流互动的机会少。对于乐于表达的学生而言，课堂活动没有为他们提供展现的平台；对于需要锻炼的学生而言，课堂活动也没有为他们提供锻炼的机会。学生在课堂上的成就感和主体意识被淡化，这是造成学生的积极性不高、课堂气氛不活跃、学习效果不佳的重要原因。因此，教师要考虑丰富教学内容，改变讲课方式、增设学生活动，改变课堂上教师"一家之言"的现状，给学生参与学习活动的机会和表达的权利，使课堂活起来。

（三）课堂时间有限，需要扩充

有限的课堂时间，使得教师不断讲授，学生主动性的发挥受到限制。另外，教师每节课要完成规定的教学任务，如果组织学生活动，学生人数越多，课堂活动占用时间越长，规定的教学内容就可能无法完成。因此，需要将有限的课堂时间进行扩充，使课堂时间既能保证教师完成规定的教学任务，又能让学生有时间参与课堂活动，调动学生的积极性，发挥学生作为课堂主体的作用，培养学生自主探究以及合作交流的能力。

（四）学习效果不佳，有待提升

学生课堂上以听老师讲解为主，对知识的理解和掌握程度较低，学习效果不佳。此外，学生在课堂上遇到自己无法解决的问题时，不能及时通过老师或同学得到解答，会使问题积攒，影响学习的积极性和学习效果。另外，学生课上学习效果保留时间短暂，遗忘率高，需要课下反复巩固，传统教学模式具有即时性，不具有可重复学习性。因此，学生需要能够进行反复学习的学习资源，能够在课下时间随时复习。

三、"翻转课堂"在高校思想政治教育工作中应用的必要性和可行性

（一）教学目标

高校思想政治教育工作是培养大学生高尚思想品质和良好道德修养的主阵地，能够帮助大学生树立正确的世界观、人生观和价值观。高校思想政治教育工作开展得有效与否，不仅影响学生个体的综合素质，甚至关乎学生品性与道德的优劣。然而，目前高校的思想政治教育工作存在一些问题：教师存在"满堂灌"现象，教学方式单一，学生的主体地位未能体现，课堂积

极性不高，教学效果不佳等。"翻转课堂"教学模式注重学生主体性的发挥，能够给学生提供自由支配的时间，课前自主学习，课上交流讨论并答疑指导，课后随时复习。这种教学模式注重师生和生生之间的交互，有助于提高学生的积极性，培养学生自主探究、合作交流、分析问题、解决问题的能力，实现教学目标。同时，对于培养和提高大学生的创新创造能力也有促进作用。

（二）条件支持

目前高校的教学资源丰富，网络便利，加之各种新媒体层出不穷，如QQ、微信等，这些都为"翻转课堂"的实施提供了有利的条件。学生可以利用各种学习资源实现自主学习，通过网络平台实现交流互动以及资源共享。此外，我国高校也开始进行优质教学资源的建设，如精品资源共享课、教育资源云平台、大规模网络公开课等网络教学资源共享平台，为"翻转课堂"的实施提供了丰富的教学资源，一定程度上减轻了教师教学设计和教学资源的压力。

（三）师资力量

第一，高校教师知识层次相对较高，教学观念相对前沿，更容易接受新的教学理念；第二，高校教师很少存在学生升学的压力，更注重对学生综合素质的培养，注重学生学习能力、问题解决能力、交流沟通能力等多方面的提升，这也符合"翻转课堂"的教学特点；第三，高校教师除了具备扎实的专业知识外，现代教育技术的应用能力和信息素养也较高，对于"翻转课堂"在实施过程中的技术层面能够起到支撑作用；第四，高校的教学评价机制相对灵活，赋予了教师更多的权利，教师可以根据学科特点制定合适的评价机制，根据学生的综合表现进行过程性评价和总结性评价。

（四）学生需求

首先，大学生的知识水平仍然存在参差不齐的现象，"翻转课堂"教学模式为学生提供课前学习资源，学生可根据自己的知识水平和理解程度进行自主学习，为接下来的课堂学习奠定基础。按照认知负荷理论，这种方式能够减轻学生的内在认知负荷，同时拉近师生之间的认知差距，更容易达成共识，一定程度上降低了教师教和学生学的难度。其次，大学生相对成熟，具有一定的是非观念和分析判断能力，思维活跃，喜欢表达自己的观点，喜欢活跃的课堂气氛。"翻转课堂"教学模式能够满足学生的需求，给学生更多的时间和机会进行交流探讨，也给学生提供表达和思考的平台。

四、基于"翻转课堂"的高校思想政治教育工作的模式设计

（一）准备环节

准备环节主要是学习资源的制作，如，教学视频、图片、文字资料、作业等的准备工作，学习资源制作的重要参与者是学生，教师加以指导和审核。让学生参与制作学习资源的原因有以下三点：第一，考虑到学生的特点和需求，大学生主观能动性较强，具有独立思考的能力和比较清晰的是非观，遇到问题具备一定的分析和解决能力，这是选择让学生制作学习资源的前提；第二，让学生制作学习资源，既能体现学生的主体地位，又能增强学生的主人翁意识，学生既是课堂的学习者，又是课堂的建设者；第三，在前期的调查中发现有的教师对于制作视频资源有畏难情绪，让学生制作视频资源能够减轻教师这方面的压力。

准备环节的具体说明：首先，教师按照合适的原则对学生进行分组，每组选择（或教师分配）主题；其次，每组合理分工，开始制作学习资源，在制作的过程中，如有疑问或困难，可向教师寻求帮助；最后，教师审查学习资源，学生进行修改，直至审核通过后，即完成了学习资源的制作。在此过程中，教师记录各组学生的整体表现并进行过程性评价。

让学生参与制作视频资源，教师需要注意以下两方面。

（1）提前了解学生的信息技术水平，了解学生是否具备制作视频资源的操作技能

考虑到因年级、专业、地区的不同，学生之间信息技术水平的差异，教师可以在开课前或开课初设置先导课，讲解视频资源的制作方法，例如，如何使用录频软件，如何制作视频等，并向学生推荐优质资源课程网站。

（2）合理分组

教师需要结合课程内容的不同和学生的特点进行合理分组，综合考虑教学内容、教学目标、教学活动、实施效果、可行性等方面因素，可以参照学号、专业、宿舍、家乡、座位等进行分组。总之，合理分组的目的旨在便于组内开展活动，实现活动目的，达到教学目标，提高教学效果。

（二）课前环节

学生课前自主学习所提供的学习资源，同时，可借助网络平台进行交

流讨论。教师对学生的问题进行总结分析，对于共性问题和个性问题设计解决方案。教师需适时抛出讨论问题让学生发言讨论，并对学生的讨论情况进行记录。本环节的过程性评价，主要是对学生的学习进度、学习资源点击或下载次数、网络交流讨论情况等方面的评价。

学生课前自主学习环节，没有教师的监督，如何了解学生的学习情况和效率，这也是"翻转课堂"在实施过程中的一个难题。结合这一问题和学校的教学条件，教师需要观察和记录学生的学习状态，其目的是：第一，能帮助教师了解学生的学习情况；第二，能对学生的表现起到实时的激励和督促作用；第三，能发现学生在课前学习过程中存在的问题。这方面的解决方案可以根据学校的教学条件和学生的实际情况确定，如果学校有 Blackboard 或类似的学习管理系统，教师可以利用这些平台收集学生在课前学习的相关信息。另外，教师也可以选择使用 QQ 群，QQ 是在大学生群体中使用相当普遍的一种网络交流平台。教师将学习资源上传至 QQ 群共享，学生下载学习，教师可以查看下载量，同时能够了解学生的交流讨论情况，总结学生在学习过程中出现的问题。

（三）课中环节

基于"翻转课堂"教学模式的课堂中，教学活动的主体是学生。在课前自主学习的过程中，学生已经根据所提供的学习资源对本节的知识进行了初步学习，并且借助网络平台进行交流讨论；同时，教师也将问题进行共性、个性分析。因此，在课中环节，教师的角色是辅助和引导学生学习的"导演"，学生是完成整个活动的"演员"。

课中环节共分为七部分：检测自主学习情况、组内或组间交流分享、教师讲解并点评、完成课堂任务、组内或组间互评、师生共同总结、过程性评价。在教学实践中教师可以根据实际情况对这七部分进行顺序或形式上的调整。

各部分具体内容如下：

（1）检测自主学习情况（教师活动或师生活动）

教师在课堂上通过提问或小测试等方式对学生课前自主学习情况进行检测。此环节也可按照实际情况选择在课前完成，由教师根据学生所提交的作业进行检测。

（2）组内或组间交流分享（学生活动）

学生根据在课前自学过程中所发现的问题进行交流分享，交流形式可根据课堂人数选择组内或组间交流，一起解决部分问题，然后将未解决的问题快速发布在交流群中（也可在课前提出）或在课堂上现场提出。

（3）教师讲解并点评（教师活动）

教师根据学生发布在交流群中或在课堂上提出的共性问题进行讲解，强调学习内容的重点和难点，并对学生在这一环节中的表现做出点评。点评时需具体说明学生哪些地方表现优秀，鼓励学生继续保持，同时应指出不足并提出建议。

（4）完成课堂任务（学生活动）

学生按照要求完成教师在课堂上所布置的任务。

（5）组内／组间互评（学生活动）

学生通过纸质或网络交流平台，如 QQ 群进行组内和组间的匿名评价，主要是对学生在课堂上的学习状态和表现进行综合评价，如参与讨论情况、回答问题情况、对小组活动的贡献等。

（6）师生共同总结（师生活动）

教师和学生共同总结学习内容，并对学习重点和学习难点进行点拨，帮助学生进一步加深对学习内容的理解。

（7）过程性评价（教师活动）

教师对学生在课中环节的表现进行记录，作为本环节的过程性评价，主要观察学生在课堂上的学习状态和表现，如，参与讨论情况、回答问题情况、任务完成情况等。

（四）课后环节

学生课后通过观看学习资源或完成教师所布置的任务实现对所学内容的巩固，实现知识的进一步内化。学生对本节内容的教学资源、教学设计、学习效果等内容进行反馈，教师收集学生的反馈和建议，并实时查看学习资源下载量，对学习资源和教学设计进行修改和完善，对教学进行反思和总结。在此环节教师可进行过程性评价，主要是对学生学习效果的反馈和提出建议的积极性以及对学生所制作的学习资源等方面进行评价。

五、"翻转课堂"与高校思想政治理论课的协同耦合

思想政治理论课在中国的高校普遍开设，是由中国的社会主义制度性质决定的，指导思想是在高校传播实施党的执政理念，培养学生树立科学的世界观。高校思想政治理论课有感悟的启迪、知识的传授、信念的确立、行动的引导等作用。这与大学生世界观的形成、人生价值的选择和高素质人才的培养有密切关联。思想政治教育内容是在实践中产生，服务于实践，在创造中实现发展的。传统的课堂教学模式已经跟不上时代的变化，"翻转课堂"的实践可以弥补传统课堂的不足。

随着"翻转课堂"在高校思想政治理论课堂上的运用，增加了课堂设计、视频制作的步骤。2014年5月，中国教育部与爱课程网联合推出了中国自主知识产权的慕课平台。慕课平台的学习时间、地点不受限制的特点，既可以使学生根据个人的学习计划来安排整个课程的学习，又可以根据自己在学习过程中的实际掌握程度来合理分配学习时间，提高学习的效率。以知识为核心的微型视频课堂，在讲解视频知识的过程中，运用形象化思维，结合了图像或列表来解释知识，使知识生动有趣。这有利于互联网和移动设备的广泛应用传播，便于教师之间交流教学经验和方法。在微型视频学习过程中，学生能很好地理解教师的思维过程，使知识更加立体化。但是若全国每一所高校都自建慕课背景下的"思想政治课"，一方面由于师资力量差异会导致思想政治课建设的良莠不齐；另一方面也会造成资金浪费。因此，教育部有关部门应统筹全局，集中全国相关优秀师资以及资源，以招投标的方式进行慕课平台思想政治理论课建设，并向全国各个高校免费开放和使用。只有高质量的投入与建设，才能对学生产生吸引力，激发学生学习思想政治理论课的热情和兴趣。"翻转课堂"在慕课中的应用，共享优质课程资源，并逐步实现教育的均衡。微型视频实现了教育资源的共享，为更多的学生，尤其偏远山区教育资源贫乏的学校提供了优质的学习资源，较好地实现了教育的公平均等。

"翻转课堂"突出了学生的自主学习，把知识的迁移和内化放在课堂上。这种课堂教学模式具有良好的互动与合作，学生提出的问题更为中肯。"翻转课堂"的学习模式，满足了学生自主学习的需要。这种学习方式，学生可以根据自己的学习情况掌握进度，既可以紧随教师的学习进度，又可以前进

式进行学习，为学生学习知识内容提供了很大的灵活性。这种教学模式使学生能够满足自学的需要，高校思想政治理论课教师可以根据自己录制的教学视频以及借鉴慕课视频，给学生们进行知识的传授，使"翻转课堂"与传统教学相互结合。慕课平台能使思想政治理论课教学对象的范围扩大，传统思想政治理论课教学的对象主要是在校大学生，主要讲授高校思想政治课内容，但是大学之外也有很多人需要了解、学习这些知识内容。由于慕课具有开放性等特征，使得思想政治理论课讲授对象的范围不再仅仅局限于在校大学生，同时也为广大社会成员学习思想政治理论课内容提供了便捷的渠道。学分互认使慕课背景下高校思想政治理论课建设成为了可能。随着我国高校学分制的推行，特别是全国高校思想政治理论课教材使用上具有一致性，为慕课的发展提供了便利。思想政治理论课作为中国高校特色的课程体系，各级各类高校在课程学分设置、具体课程开设以及考核评价等方面存有很多共性。在此情况下，学生通过慕课平台，可以自由选择相关课程学习，从而避免了因学分认可上的差异性等因素而导致学习无效问题的发生。因此，高校学分制的推进与发展，为慕课的跟进、发展提供了便利。

六、"翻转课堂"在教学实践中的问题

面对一个新鲜事物，不能过于乐观，要理性地看待。"翻转课堂"为传统教学模式注入了新活力，但在实践过程中要认识到其可能出现的不足之处。知识建构需要有系统的学习资源，在碎片化与系统化之间需要找到一个契合点，才能发挥"翻转课堂"的最大优势。教师在选择"翻转课堂"教学材料时应以生动有趣的事例为教学题材，正确引导学生运用网络平台进行学习，但是大量的视频制作和问题分类需要花费很多时间。在实际教学中，教师不仅承担正常的教学任务，还需要进行精心准备，包括录制和上传视频，学生的课堂参与，这些都要求教师付出大量的精力同时也挤占了教师进行科学研究的时间。另外，教学软件程序缺乏人性化，教室使用的软件设备在程序设置上与实际脱节，软件程序过于复杂，教师和学生不习惯进行操作，影响了教学进度，限制了信息课程资源的开发和课程的实施，使得在慕课模式之下教育主客体之间缺乏情感碰撞，最终影响了教育效果。思想政治理论课作为高校思想政治教育的主要方式，其根本目的就是帮助大学生树立社会主义理想信念，增强对实现中华民族伟大复兴中国梦的信心。要完成这个任务，授课教师只单纯地传授知识是很难奏效的。因为在讲授的过程中，教师与学生之间的眼神互动、情感之间的碰撞等也是非常重要的。但是，这些都是在慕课平台中思想政治理论课教学里所欠缺的。为了保证课程视频的质量，在录制过程中没有学生参与进来，从而使得课程视频中缺乏传统课堂上教师与学生之间的情感交流，难以实现教师学生之间的心灵沟通。

慕课背景下高校思想政治理论课的相关内容很难及时更新。思想政治理论课的特点之一在于授课教师须将党中央的路线方针，以及重大决定等内容及时准确地传递给学生。如，在新常态下，要将加强社会主义生态文明建设，建设美丽中国等内容纳入大学生思想政治教育当中去。在传统课堂教学中，授课教师可以简单及时地更新自己的授课课件。但在慕课背景下，很难及时地更新相关课程的视频，从而使得这些重要的内容不能及时有效地传递给学生。当前我国高校思想政治理论课的相关课程主要以大班形式展开教育，尽管授课教师采取了如签到、点名、抽答问题等形式来避免学生逃课，但在现实中逃课现象仍然存在。慕课对于我国来说还是一个新鲜事物，相关平台建设还处于初级阶段，若将其运用于高校思想政治理论课相关课程教学中，在监控学生的学习、考核方面还存有一定的难处，甚至会影响思想政治理论课本身的知识传授、坚定理想信念等功能的发挥。

七、基于"互联网＋"思想政治理论课的路径构建

（一）网络思想政治教育载体建设

网络为人们开启了一扇全面了解社会政治、经济、科技、文化信息的崭新窗口，成为人们传播新知识、新思想、新信息的重要渠道。在网络新媒体背景下，构建大学生网络思想政治教育载体，创新大学生网络思想政治教育内容，对于增强大学生思想政治教育实效性具有重要的实践意义。一是要将思想政治教育内容融入微电影、网络剧以及其他互联网图文中去。思想政治教育工作者与互联网运营商合作，制作符合社会主流价值观的微电影、网络剧，并通过校园互联网平台、主流影视软件进行传播。开展大学生网民影音评论活动，设置评论区，供网民发表意见，同时进行正面引导与思想纠偏。二是要渗透到主体参与型网络娱乐中去。在国家政策支持下，思想政治教育机构与网络娱乐软件开发商合作，开发融入思想政治教育理念的、具有娱乐性和挑战性的网络娱乐软件，使之成为培育人们良好行为规范的载体。

（二）网络思想政治教育平台建设

一是构建基于互联网的互动性交流平台。互动性交流是人际沟通最有效的方式。由互联网技术衍生出来的QQ、博客及其他网络社区具有即时性、互动性的交流沟通功能，借助互联网技术建立起的自由、开放、共享和协作的网络思想政治教育平台，有助于实现思想政治课教师、高校辅导员及其他思想政治教育工作者与大学生的互动交流，有助于强化教育者对大学生思想养成与过程性指导，有助于拓宽双方感情交流的渠道，提高高校思想政治教育工作实效性的。二是正确使用"微信"等微媒体。微信是基于手机移动终端的应用程序，是互联网时代普及率最高的即时性通信与社交软件。思想政治教育工作者应当积极开发微信的思想政治教育功能，一方面可以通过"朋友圈"及时掌握学生的思想动态，并通过"回复"等功能与学生进行思想互动，实现思想纠偏的效能；另一方面可以通过开设微信公众号，通过内容"推送"功能，积极传播社会主义核心价值观等社会正能量，从而实现对大学生思想的正面引导。

第十章 高校思政教师队伍建设的重要性

新形势下，高校思政教师队伍建设所处的环境已经发生了很大变化。从大环境方面看，国际政治经济新秩序正在形成，我国社会主义建设事业正处于崭新的发展阶段；从小环境方面看，高校各项改革正在稳步向前推进，德育教育全球化、学校管理自主化、知识传输信息化、办学体制市场化、相互竞争激烈化、教育对象复杂化正成为新时期高校的显著特点。面对新形势、新任务、新要求，高校思政教师要更好地适应时代发展的需要，完成自身肩负的历史使命，勇敢地应对各类挑战。

第一节 国际国内形势的变化对高校思政教师提出了更高要求

当前国际国内政治经济格局正在发生重大变化，致使高校思政教师队伍建设面临着一系列新情况和新问题。

一、经济全球化对高校思政教师提出了更高的要求

国际政治经济格局的变化，最集中体现在经济全球化趋势中。经济全球化对各国的意义在于使各个国家都尽可能在整个世界范围内，进行本国资源的最佳配置，获得最佳的经济效益。对广大的发展中国家来说，要实现经济跨越式发展，就必须参与经济全球化。与其说这是一种理智的行为，毋宁说是一种唯一的选择，如果不参与，必将走向末路。但是当今经济全球化是从资本主义的扩张和资本主义生产方式的变革中日渐形成的。它一方面有可能使各国实现资源的更优配置；另一方面由于发达国家在各方面所处的优势以及霸权主义的作用，很容易使发达国家与发展中国家之间不公正、不公平、不合理的分配导致世界范围内经济两极分化现象的加剧。同时，世界经济全球化趋势与政治格局变化之间有着紧密的互动关系。一些发达国家利用经济

全球化的优势地位，企图进一步改变世界政治格局，把经济一体化看作"西方化"。对发展中国家来说，在经济全球化的竞争中，面对世界政治格局的急剧变化，如何维护国家主权、国家利益、国家安危具有更重要的意义。当今国际政治经济格局的这些新变化，对人们思政素质的培养提出了更高、更新的要求。所培养出的人，一方面要能够了解经济全球化的走势，能够适应和参与经济全球化的运作；另一方面又要能够深刻理解世界经济政治格局变化的性质及趋势，能够冷静应对这一变化过程中可能出现的各种不同的复杂局面。从人的素质角度看，既要有现代科技、运营管理等方面的知识和素质，也要有维护国家主权、维护国家利益和国家安全的政治素质，以及热爱祖国、热爱集体、热爱社会主义的思想素质。这些不仅是高校思政教师队伍建设面临的新内容，而且是必须加以解决的新课题。

二、市场经济对思政教育工作的冲击使高校思政教师面临新挑战

我国正处于改革开放的新时期，市场经济制度的确立使社会发生了翻天覆地的变化。这一制度的确立必将带来经济成分和经济利益的多样化、收入分配方式的多样化、社会生活方式的多样化等多方面的变化。同时也必然带来社会上一些人观念上和行为上形形色色的不同表现，比如，社会上一些与马克思主义、社会主义相悖的言论时有出现，有的公开鼓吹"全盘西化"、"多党制""议会民主""私有化"等，有的公然违法乱纪，做出危害国家和人民利益的事。这些错误观点和行为通过各种途径涌入学校，对教师和学生难免产生消极的影响，使部分教师和学生对一些基本理论产生模糊的认识。拜金主义、功利主义思潮冲击着身居"象牙塔"内的高校思政教师，传统的重义轻利教育观念在一波波思潮的裹挟下渐渐退缩，代之以重利轻义。因此可以说，在以经济建设为中心的社会发展时期如何正确认识和处理经济与政治、经济发展与思想道德升华、经济增长与人的全面发展之间的关系，成为高校思政教师需要潜心研究和探讨的重大课题。

三、精英教育向大众教育转变使高校思政教师的工作难度增加

高等教育的大众化，使学生入学时的基本素质相对有所下降。原本在精英教育时代被排斥在大学校园外的学生，一些在中学里没有养成良好学习习惯、学习目的性不强，甚至厌学的学生纷纷涌入大学校园。同时，学生中

的独生子女越来越多，他们的学习适应性、生活自理能力极差。这些无疑给高校思政教师的工作增加了难度，并对高校思政教育提出了新的要求。

特别是近几年高校在校生人数出现了较大数量的增加，给高校教学、管理、后勤等工作带来了更大压力，提出了更多的考验。为保证教学、生活的秩序，维护高校的稳定与发展，增强学生思政教育工作的实效性，建设一支政治素质好、工作扎实的高校思政教师队伍势在必行。

第二节 应对现代科学技术发展对传统教育模式和人才培养方式的冲击

现代科学技术的迅猛发展以及由此引发的社会生产力的巨大变化，在极大地丰富社会物质财富，扩展人类生活空间，改善人们生活质量的同时，也深刻地影响着人们的意识形态。人们易于产生崇尚物质力量而轻视精神力量，热衷物质创造而忽视政治方向，关注物质世界而忽视自身修养等倾向。由此应该看到，在现代科学技术迅猛发展的条件下，伴随着网络信息文化的出现，人们的传统思想、传统习惯和传统操作方式在方方面面都会受到巨大而深刻的影响，生产方式、生活方式和思维方式，也将面临重大变革。这必将改变传统的教育模式和人才培养方式，给高校思政教师队伍建设带来新的挑战。

一、传统思政教育模式已不适应新时期人才培养的需求

长期以来，高校思政教育工作往往采取以正面灌输教育为主的教育方式，对形形色色的社会思潮往往采用"堵"的应对办法，禁止学生接触，让学生处于封闭状态，管理手段也局限于开会、谈话等正面接触的方式。但随着知识经济和信息时代的到来，信息技术迅猛发展，网络文化、多元化文化渗透到社会方方面面。学生的生活空间、交流空间处于开放状态，学生的选择范围、交流手段不一而同，并且学生的思想问题经常与心理问题、政治问题交织在一起。故而那种单一的思想教育方式，简单的管理手段已经很难再解决学生的思想问题了，也无法教育、引导学生健康成长。也就是说，过去形成的防御型、任务型、被动型的思政教育管理模式，严重影响和制约了素质教育的实施，已不再适应新时期人才培养的需求。

二、网络技术的发展要求改变传统的人才培养方式

21世纪是一个高度信息化的时代，其主要特征是信息网络化。信息技术的蓬勃发展使经济全球化、政治多极化、教育国际化的趋势变得更为突出。网络信息技术在全球的迅速扩散，使人类社会面临着一场全方位的、意义深远的革命。

当前，互联网已将大学生置于一个广袤无垠的网络空间。网络的互联性彻底改变了人们被动接收信息的方式，实现了信息的双向交流，调动了学生学习的积极性，改善了教育效果；网络的开放性丰富了思政教育的资源和视野；网络的迅捷性可以使高校思政教师及时发现学生中存在的思想问题，并采取措施加以疏导。信息网络的出现以及其在教育领域中的运用，给高校思政教育工作的手段、方式、条件、效果乃至教育价值观都带来了全新的变化和发展。

因此，更新传统的教育方法、管理手段，创造全方位的教育环境，充分利用先进的技术手段特别是网络技术，多方位了解大学生的思想，提高他们的政治敏锐性与鉴别力，对他们进行科学有效的引导、教育和管理，显得愈发重要。只有这样，才能扩大思政教育工作的覆盖面和提高其实效性，才能应对好信息技术的发展给学生思政教育工作带来的严峻挑战。

三、网络信息的多样化使思政教育的原则受到极大冲击

可以说，信息网络是发达资本主义国家在政治、经济、文化和思想意识形态上进行新殖民主义扩张和精神污染的重要渠道。网络文化对"网民"思想的影响是在不知不觉中产生的，是通过潜移默化的方式影响"网民"的政治取向、道德观念、人生价值和文化素质的。而大学生正处在好奇心强、求知欲旺盛、易于接受新鲜事物的年龄阶段，极容易受到这种思潮的影响，受其蒙蔽，迷失方向，最终导致对本国优秀传统文化的淡漠或遗忘。这种利用网络进行的政治势力扩张要比武力达到的效果强大得多、便捷得多、阴险得多。西方国家的意识形态和文化通过网络加剧渗透，对于思想较为单纯的大学生来说，无疑是一场严峻的考验，很容易引起他们政治观念的淡漠和民族意识的淡化。可以说，网络的发展给育人环境的可控性造成了极大的影响。

网络文化的发展使人们接受事物的环境完全处于开放状态。过去由于信息技术不发达，大学生能够接触信息的方式主要是报纸、电视、广播，学

校和高校思政教师可以对这些载体传递的信息进行取舍，将不正确的、不恰当的信息删除，甚至可以直接参与信息的制作。而当前在国际互联网上，以声情并茂的形式和各种一扫传统的新奇手段传播的不健康甚至是下流庸俗的信息比比皆是，这给尚不谙世故、是非辨别力不强的大学生带来了极其有害的影响，也给从事思想教育的高校思政教师的工作带来了更大的难度。

四、网络交际使人际交往产生新的障碍

在网络中，上网者的行为常常是在"世外桃源"的环境下进行的，人与人之间的交往不是面对面、实实在在的交往，而是在虚拟的环境下进行的，人人都可在网络中乐自己之所乐，想自己之所想，做自己之所做。因此，过多地与网络打交道，必然会影响和改变大学生的生活方式，使之产生新的人际障碍。长此以往，难免造成性格孤僻冷漠、人际关系淡漠、人际交往疏远，产生新的心理困惑。比如，现在有的大学生长期沉迷于网络之中，经常脱离班级和集体，陷入疏懒、空洞、倦乏的心理亚健康状态；有的沉迷于网上交友或网络游戏，对现实社会中的人和事淡漠，即与网友"天涯若比邻"，与同学和老师却"比邻若天涯"；有的面对瞬息万变的现实社会不知所措；有的甚至连国家大事都不予关心，专意留心花边新闻、小道消息等。如此这般，导致大学生无法安心学习，甚至出现心理问题。

五、学分制、公寓化管理对高校思政教师的工作提出了更高的要求

随着市场经济的不断深入，我国的教育体制随之发生了相应的改变，以人才培养为目标的高校教学管理制度也发生了变化。一种以注重学生个性发展，符合学生个性发展，具有学习内容选择性、学习进程弹塑性的学分制模式应运而生。学分制的全面实施，一方面使学生的主体地位得到了充分的体现；另一方面，在给学生创造宽松环境的同时，由于学生缺乏自主学习的能力，容易使之产生学分制就是给予充分自由的误解，致使少数学生怠慢学习，无限度地放飞自我。同时，由于各高校都实行了公寓化管理，学生的生活条件得以改善，加之有的高校将公寓私人化，致使学生管理双重化，造成学生产生逆反心理，不听指挥，不服管理，这些都给高校思政教师的工作带来了难度，向他们提出了更高的要求。

第三节 加强高校思政教师队伍专业化、职业化建设的需要

一、顺应我国高等教育发展的趋势要求

随着我国科教兴国理念不断深入人心，高等教育已成为国家科技进步、经济发展的重要支撑。近年来，我国高等教育快速发展，呈现出五大发展趋势：第一，发展方向大众化。由于我国经济的快速发展，民众对高等教育的需求日趋旺盛，经过连续多年的扩招，我国的高等教育已由"精英教育"走向"大众化教育"；第二，办学方式多元化。一是办学体制多元化，二是投资渠道多元化；第三，办学模式市场化。由于市场经济体制的确立，高校价值的确认越来越注重社会的认可。高校的毕业生要接受社会的严格挑选，高校的科研成果同样要接受市场的严格选择，高校正从"象牙塔"走向社会，并最终完全融入国民经济的主战场。一些高校的专业设置、招生就业越来越考虑社会的需求。高校与高校之间、高校与科研院所之间、高校与企业之间的分割正在被打破；第四，办学途径国际化。随着科技的不断发展和经济全球化步伐的加快，特别是加入世贸组织后，我国高等教育得以更加广泛地参与到全球范围内的教育服务竞争之中。国内高校与国外高校、研究机构间的国际交流合作空前活跃；第五，办学手段信息化。信息技术的应用与普及较早地在高校得以实现。现代信息技术渗透到了高校教学、科研的每一个环节，并彻底改变了传统的教学模式，大幅度地提高了教育资源的利用效率，多媒体教学、数字化校园、网上大学已被人们所熟悉，我国高等教育正全面走向信息化。

二、高校思政教师队伍的专业化、职业化建设不能适应发展的要求

自 20 世纪 90 年代末高校实行扩招以来，一方面高校在校生人数大大增加，学生数量突发性膨胀，新生素质下降，大学教育资源紧缺，贫困生增多；另一方面，取消年龄、婚姻等入学条件限制导致生源复杂。同时就业市场化，学生成为高等教育的"用户"和"消费者"，大大改变了对原有大学教育和学生工作的态度和评价。学生有较强的平等意识、公民意识、法律意识，他们比以前更关注自身的合法权益，比以前更懂得运用法律来保护自己

的权利。因此，高校思政教育的强度、难度明显增加。尽管高校思政教师队伍一直在进行着专业化、职业化的建设，但仍存在着职责不清、素质不高、结构不合理、管理不规范、流失严重、队伍不稳定和出口不畅等弊端，这种状况远远不能适应高等教育发展的要求。因此，必须加强高校思政教师队伍专业化、职业化的建设。

三、高校思政教师队伍建设专业化、职业化的内容及要求

高校思政教育工作是一项育人工程，既有自身的规律和特点，又有很强的专业性。高校思政教师是思政教育工作最直接的承担者，其队伍建设必须实现专业化，这是由大学生的特点和形势发展所决定的，是适应思政教育新形势的客观需要。

所谓专业化是指经过专业培训的专门人员专门从事某项工作并不断提高自身能力的过程。高校思政教师队伍建设专业化，不仅仅指一般狭义上的专业化，即高校思政教师要成为以学生思政教育工作为职业的专业型人才，还包括广义上的专业化，即高校思政教师应该面向职业生涯规划、心理咨询、就业指导等方面，向专家学者方向发展。这就要求高校思政教师必须要承担一定的教学和科研工作。有条件的学校要对高校思政教师进行教学培训。安排他们承担思政教育理论课、形势政策课或人文类公共选修课的教学，同时学校应鼓励高校思政教师结合自身工作，积极申报思政教育或党建课题，承担一定的科研工作，从而使高校思政教师在教学、科研的磨砺中，不断充实自己、完善自己、发展自己，逐步实现向专家型的跨越。

高校思政教师职业化建设不仅要研究高校思政教师的职业"出路"，更应着力研究如何增强思政教师岗位的职业吸引力，如何增强他们工作的事业感、成就感，如何构建他们职业的人生价值。同时，也要逐渐破除高校思政教师"出路在于转行"的观念，逐步完善高校思政教师"岗位成才""岗位发展"、"岗位奉献"的激励机制，建立包括考核、奖惩、晋升等在内的一系列思政教师培养长效机制，从而强化高校思政教育工作的职业化。

所谓职业化，就是建立高校思政教师职业的准入机制，严把进门关，选拔高质量的人才进入到高校思政教师队伍中来；建立高校思政教师职业培训机制，通过岗前培训、调研学习、学历学习等各种形式，加强对高校思政教师的培养，在工作实践中提高高校思政教师的能力；建立高校思政教师职

业考核机制，明确其职责，根据高等教育发展的需要和大学生的特点对高校思政教师进行定期的考核与淘汰；建立高校思政教师职业晋级机制，对考核中表现优异的高校思政教师要积极向学校组织部门推荐，使其成为党政后备干部培养对象，在学校选拔干部时优先考虑，从而吸引一大批优秀人才加入学生思政教育工作的行列。

参考文献

[1] 陈金平著. 多媒体时代高校的思政教育研究 [M]. 北京：北京工业大学出版社，2020.

[2] 潘子松著. 创新创业教育与高校思政教育的融合研究 [M]. 北京：北京工业大学出版社，2020.

[3] 秦艳姣著. 全媒体环境下高校思政教育新探索 [M]. 北京：北京工业大学出版社，2020.

[4] 李娟. 全媒体环境下高校思政教育改革创新研究 [M]. 北京：北京工业大学出版社，2020.

[5] 王俊棋，王昕编. 大学生文化素质教育课高校课程思政教学示范教材全球化与中国文化 [M]. 成都：西南交通大学出版社，2020.

[6] 曹东勃著. 新时代高校思政育人探索（第一卷）新时代·新青年 [M]. 上海：上海财经大学出版社，2020.

[7] 张锐，夏鑫著. 大数据时代高校思政工作创新研究 [M]. 北京：北京工业大学出版社，2020.

[8] 崔岚著. 高校思政课程建设与大学生人文精神培养 [M]. 北京：北京工业大学出版社，2020.

[9] 田士永主编. 中国政法大学教育文选第 27 辑 [M]. 北京：中国政法大学出版社，2020.

[10] 曹东勃著. 新时代高校思政育人探索（第三卷）新观察·新思考 [M]. 上海：上海财经大学出版社，2020.

[11] 王静主编. 全球治理人才培养背景下的思政教育体系建设 [M]. 北京：中国商务出版社，2021.

[12] 张喜华. 北京高校大学英语课程思政报告 [M]. 北京：北京旅游教育

出版社，2021.

[13] 山述兰主编.四川高校网络思政优秀工作案例 [M].成都：西南交通大学出版社，2021.

[14] 钟家全著.互联网与新时代高校思想政治教育队伍建设 [M].成都：西南交通大学出版社，2021.

[15] 刘仁三著.新时代高校思政育人理论研究与实践探索 [M].北京：中华工商联合出版社，2021.

[16] 杜姗姗，周爱华编.地方高校地理学的学科专业思政建设探索与实践 [M].北京：知识产权出版社，2021.

[17] 汪广荣.新时代高校思政课 STEMP 教学设计模式探究 [M].厦门：厦门大学出版社，2021.

[18] 陈文海，熊建文，莫逊男主编.高校课程思政优秀教学案例选编 [M].广州：广东高等教育出版社，2021.

[19] 谈娅主编.新时代高校思想政治教育创新研究 [M].重庆：西南师范大学出版社，2021.

[20] 姜雅净，程丽萍编.三全育人理念下高校课程思政改革实践 [M].上海：立信会计出版社，2021.

[21] 范福强著.高校思政教育与大学生择业的研究 [M].延吉：延边大学出版社，2022.

[22] 寇进著.全媒体环境下高校思政教育创新研究 [M].延吉：延边大学出版社，2022.

[23] 刘珺，彭艳娟，张立军著.社会主义核心价值观与高校思政教育工作理论创新研究 [M].北京：新华出版社，2022.

[24] 尤广杰作.高校英语思政教育理论与实践汉文英文 [M].北京：中国旅游出版社，2022.

[25] 蒋瑛主编.高校课程思政的思考与探索 [M].成都：四川大学出版社，2022.

[26] 黄河，朱珊莹，王毅著.高校思政课程实践教学探究 [M].长春：吉林大学出版社，2022.

[27] 陆官虎著.高校课程思政工作建设研究 [M].长春：吉林大学出版社，

2022.

[28] 李鸿雁，张雪著.高校思政课教学改革与创新研究 [M].延吉：延边大学出版社，2022.

[29] 宋红波，陈尧.高校外语课程思政理念与实践研究 [M].武汉：武汉大学出版社，2022.

[30] 杨懿.最美思政课 [M].北京：人民日报出版社，2022.